«Die Geschichten von Doris Knecht hauen einen um.» (*Brigitte Woman*)

«Ein großes Lesevergnügen.» (*WDR*)

«Zeitgemäß und vor allem klug erzählt.» (*Der Tagesspiegel*)

«Böse und lustig, versaut und auch zart.» (*emotion*)

«Ein rasant-komischer, äußerst unterhaltsamer Roman.» (*Die Presse*)

«Voller hochkomischer Absurditäten über Treue und Untreue.» (*Focus*)

«Wie hier ein Mann mit einem ganz unverwechselbaren Sound seziert wird, ist nicht zu toppen. Knecht ist Klasse!» (*Myself*)

«Sie ist klug, witzig und unerbittlich. In ‹Alles über Beziehungen› seziert Doris Knecht mit gewohnter Schärfe die Bedeutung von Exklusivität in der Liebe: Bedingt das eine das andere?» (*Donna*)

«Ausgesprochen witzig … Knecht porträtiert umwerfend treffend, wie in unserer schnelllebigen Gesellschaft Beziehungen geführt und beendet werden.» (*Freundin*)

«Ein sehr komischer Roman mit Tiefgang.» (*chrismon*)

Doris Knecht, geboren in Vorarlberg, ist Kolumnistin («Falter», «Der Standard», «Vorarlberger Nachrichten») und Schriftstellerin. Ihr erster Roman, «Gruber geht» (2011), war für den Deutschen Buchpreis nominiert und wurde fürs Kino verfilmt. Sie erhielt den Buchpreis der Stiftung Ravensburger Verlag und den Buchpreis der Wiener Wirtschaft (2018). Zuletzt erschien der vielgelobte Roman «Wald» (2015). Doris Knecht lebt in Wien und im Waldviertel.

Doris Knecht

Alles über Beziehungen

Roman

Rowohlt Taschenbuch Verlag

4. Auflage Dezember 2025
Veröffentlicht im Rowohlt Taschenbuch Verlag,
Rowohlt Verlag GmbH, Kirchenallee 19, 20099 Hamburg
Zuerst veröffentlicht im Rowohlt Taschenbuch Verlag,
Reinbek bei Hamburg, August 2018
Copyright © 2017 by Rowohlt · Berlin
Verlag GmbH, Berlin
Die Nutzung unserer Werke für Text- und Data-Mining
im Sinne von § 44b UrhG behalten wir uns explizit vor.
Umschlaggestaltung any.way,
Barbara Hanke / Cordula Schmidt,
nach einem Entwurf von Anzinger und Rasp, München
Umschlagabbildung: plainpicture / Pia Pützfeld
Satz DTL Dorian bei
Pinkuin Satz und Datentechnik, Berlin
Printed in Germany
ISBN 978 3 499 27285 1

Kontaktadresse nach EU-Produktsicherheitsverordnung:
produktsicherheit@rowohlt.de

Vorher

Reiche, weiße Menschen haben auch Probleme. Wobei Viktors Sorgen im Moment noch gering waren, verglichen mit später an diesem Tag. Viktor war auf dem Weg in eine Arztpraxis im ersten Stock, und da dort der Status seines Fit- und Gesundseins festgestellt werden sollte, entschied er sich gegen den Aufzug und ging zu Fuß. Natürlich hätte Viktor aus der hellen, hohen, Jugendstil-gekachelten Eingangshalle des Gründerzeitbaus schließen können, dass der erste Stock nicht im ersten Stock lag, aber tja, reingefallen, schon wieder, denn wie in jedem typischen Wiener Altbau aus einer Zeit, in der die Häuser nur eine bestimmte Anzahl von Stockwerken haben durften oder jedes Stockwerk besteuert wurde, Viktor wusste es nicht so genau, war auch hier getrickst und eine Etage mehr herausgeschwindelt worden, die man eben nicht Stockwerk nannte. Hoffentlich nicht gleich zwei, auch das gab es.

Viktor stieg die weite, geschwungene Treppe mit den blau-weiß gemusterten Zementfliesen hoch, die Fenster gaben den Blick frei in einen schmalen, von Veitschi überwucherten Innenhof. (Veitschi: Viktor kannte das jetzt, seit Magda den Schrebergarten hatte. Also korrekt, seit sie den Schrebergarten hatten, Magda, er, die Kinder. Aber Fakt war nun mal: Magda hatte den Garten und die kleine Hütte darauf – Magda nannte es: das Hausi –, Magda kümmerte sich darum, Magda war mit den Kindern und mit Freundinnen und deren Kindern dort, sobald das Wetter es zuließ; Viktor kam, man musste es so sagen, zu Besuch. Seltener, als Magda es wünschte, öfter, als es ihm gefiel. Er hatte das Hausi nicht gewollt. Wegen Viktor hätte man das Hausi nicht mieten müssen, noch mehr Arbeit, noch mehr Verpflichtungen, aber wie so oft hatte seine Meinung keinen interessiert. Immerhin, die Wohnung hatte er jetzt öfter mal für sich allein, manchmal für Tage, zum ersten Mal, seit er achtzehn war oder neunzehn, und er konnte nicht behaupten, dass es ihm nicht gefiel.)

Unter zusehends nötigerer Zuhilfenahme des hölzernen Handlaufs erreichte Viktor das Mezzanin und zog sich dann in den ersten, also eigentlich zweiten Stock hinauf, stark keuchend, was im Kontext mit dem Betreten einer Arztpraxis zum Zwecke eines Gesundheitschecks jetzt vielleicht nicht so günstig war.

Das ging schon länger so. Alles war viel anstrengender als früher. Er hätte doch den Lift nehmen sollen, aber das könnte einen falschen Eindruck erwecken, nämlich jenen, dass Viktor unfit sei. Wie es Magda zu seinem Unvergnügen permanent behauptete: Schau, Viktor, hier bist du zu mager, hier gehören Muskeln her und hier auch, dafür hast du viel Bauch, zu viel für deine Größe, Viktor, aber schöne, feste Waden hast du.

Viktor hasste das, denn Viktor war der Meinung, dass er, trotz Glatze, insgesamt wesentlich besser und jünger aussah als alle anderen Fünfzigjährigen, die er so kannte, und auch wesentlich fitter, er selbst hätte sich, erblickte er sich zum ersten Mal, so grob auf Anfang vierzig geschätzt. Erst am

Abend zuvor hatte er das seinem Spiegelbild wieder erklärt, zweiundvierzig, höchstens dreiundvierzig, und hey, Augenringe hat doch jeder. Speziell in einer Position wie der seinen. Viktor hielt sich zudem für ganz schön sehnig und zäh, also für sein Alter. Tatsächlich war er vor allem mager und verfügte über entschieden zu wenig Muskelmasse, was er schon sehr bald erfahren würde, zu seiner erheblichen Verblüffung und zu seinem Ärger, denn es gab Magda recht.

Jetzt wusste er erst mal sicher, dass er unbedingt besser den Aufzug genommen hätte. Und er sollte weniger rauchen. Viel weniger. Viel, viel, viel weniger. Und er überlegte, wie lange eigentlich MDMA im Blut nachweisbar ist, länger als zwei Tage? Das wäre nicht so gut, wenn das noch nachweisbar wäre. Daran hätte er auch denken können, am Montagabend, was für ein Mann in seinem Alter und in seiner Position machte überhaupt so was? So eine Blödheit. Aber dann halt eben auch wieder gut und lässig. (Nora: Sie war Künstlerin, und sie kannten sich schon lange. Aber diesmal hatte sie zugelassen, dass er übrig blieb bei ihrer Party. Sie hatte MDMA und VH1, und der Sex war unglaublich, selbst für einen Sexmenschen wie Viktor war der Sex ziemlich toll, wegen ihr, und wegen dem MDMA, das das Knutschen verstärkte und das Fühlen und Festhalten und das In-die-Augen-Schauen, alles war stark und echt, endlos und großartig; Liebe machen. Und auf VH1 liefen die unglaublichste Musik und die unvorstellbarsten Videos, was Nora gar nicht sehen konnte, weil sie ihre Brille nicht trug, aber Viktor schon, Boney M., Dolly Parton und Kenny Rogers, Eurythmics, John Denver und Whitney Houston, Simon and Garfunkel und Marvin Gaye. John Farnhams «You are the Voice» sang er den ganzen nächsten Tag vor sich hin, *We're all someone's daughter, we're all someone's son*, und ihren Geruch auf seiner Haut, er musste sie dringend wiedersehen, dringend wieder Liebe machen mit ihr. Das war nur das MDMA, hatte sie gesagt, das MDMA und das VH1, und als er sie am Tag danach anrief, hob sie nicht ab.) Es hielt einen jung, wenn man sich hin und wieder so richtig deppert aufführte. Alt wurde man vom Bravsein, vom Daheim-vorm-Fernseher-Sitzen. Nur die Kinder brauchten nichts davon erfahren, also, die älteren nicht. Und die Ärztin brauchte es auch nicht unbedingt zu wissen. Allerdings fand man Spuren solcher Mittel bei einer Blutuntersuchung vermutlich ohnehin nur, wenn man eigens danach suchte, und er glaubte nicht, dass die Ärztin danach suchen würde. Doktor Haider. Was für ein Name. Er war schon gespannt, wie sie aussah.

Seine Akut-Erschöpfung kam allerdings nicht von dem bisschen MDMA und den paar Nasen am Montag, auch nicht vom Gras am Dienstag und dem Wein am Mittwoch, nicht einmal von den vielen Zigaretten, sondern resultierte wohl hauptsächlich aus dem Umstand, dass diese Haider ihn bei der Terminvereinbarung ausdrücklich ermahnt hatte, nüchtern zu der Untersuchung zu erscheinen, nein, keine einzige Tasse Kaffee, nein, auch nicht, wenn Viktor ihn ohne Milch trank. Kein Kaffee, das war nun eine für Viktor beinahe unüberwindliche Hürde, er konnte für gewöhnlich kaum aufstehen ohne Kaffee, und obgleich er wusste, wie umweltböse und verantwortungslos das war, hatte er kürzlich auf die Anschaffung einer Kapsel-Espressomaschine bestanden, gegen Magdas ausdrücklichen Willen, einfach weil er in der Früh ohne Kaffee nicht einmal Kaffee machen konnte. Schon aufstehen und einen Knopf drücken zu müssen, war eine kaum packbare Zumutung, aber da die stets morgengrantige Magda sich weigerte, ihm Kaffee ans Bett zu bringen, blieb ihm nichts anderes übrig. Wenn Viktor dann endlich aus dem Bett kroch, war Magda meistens schon munter, hatte die Kinder geweckt und befrühstückt und die älteren in die Schule geschickt. Aber bitte, Viktor war nun einmal ein Nachtarbeiter, ein Kulturbetriebsnachtarbeiter, und die Nächte, die er mit Mitarbeiterinnen, Kollegen und anderen Kulturbetriebsnachtarbeitern verbrachte, ressortierten bei ihm auch unter Arbeit, er hatte da Besprechungen, das war Socializing, Fact-Finding-Mission, kreativer Input. Er würde seinen Job nicht gut, nein: würde ihn *nicht* machen, wenn er abends daheim vor dem Fernseher säße, mit einem Kind und einer Katze auf dem Schoß. Okay, Katze hatten sie keine, aber Kinder.

Viktor stand nun vor der Tür der Praxis, die Hände auf die Knie gestützt, leicht keuchend, in der großen Hoffnung, dass in diesem Moment keiner durch die Tür kam, vielleicht sollte er besser da vorne um die Ecke verschnaufen. Und ja, er sollte definitiv weniger rauchen. Und wenn bei diesem Vorsorgecheck alles okay war, würde er das auch, nein: Er würde aufhören, er würde endlich mit dem Rauchen aufhören, und diesmal endgültig, nicht wie die letzten drei, nein, vier, fünf Male, da er es versucht hatte. Aber es wurde ihm auch wirklich nicht leichtgemacht in dieser Stadt, in der absolut jeder rauchte, immer und überall. Viktor ging zurück zur Eingangstür der Praxis und schnaufte noch einmal durch. Neben ihm kam der Lift knarzend zum Stehen, die Tür ging auf und eine mittelalte Frau trat heraus, sie kam genau auf Viktor zu, mit einem etwas belustigten Blick, sie drückte auf die Klingel, und als der Summer ertönte, drückte sie die Tür auf. Auch für Viktor, der ihr bedeutete, sie solle ruhig vorgehen, er brauche noch einen Moment. Er fischte sein Handy aus der Tasche, um diesen benötigten Moment mit Sinn zu füllen, aber sie sah es schon gar nicht mehr. Viktor allerdings sah auf seinem Handy eine SMS. Die Tür fiel schon wieder zu, Viktor gab, während er seine Atmung beruhigte, schnell seinen Code ein. Von Lisbeth, einer abgelegten Affäre, schon ein paar Monate her. Aha. Was wollte die jetzt. Merkwürdig, aber: jetzt nicht, später. Viktor straffte sich und drückte auf die Klingel, die sofort einen Summer auslöste. Viktor stieß die Tür auf.

Helligkeit schlug ihm entgegen, der Raum war viel größer, als das Haus hatte vermuten lassen, und viel moderner: durchzogenes, lackiertes Schiffsholz überall an den Wänden und an der Decke, ein glänzender, ozeanfarbener Fußboden. Rechts standen bequem aussehende Sessel mit gelben Polstern, auf denen nun die Frau saß und Zeitung las, Typ Anwaltsgattin. Links entdeckte Viktor den Empfangstresen, ebenfalls aus Holz. Er musste fünf oder sechs große Schritte machen, um ihn zu erreichen, der Bodenbelag fühlte sich weich an und dämpfte seine Schritte, und Viktor schritt mit bewusster Gelassenheit durch den Raum, langsam und federnd. Denn er hatte hier nichts zu befürchten, das war jedenfalls der Eindruck, den er zu machen trachtete, der aber leider durch die Rötung seines kahlen Schädels etwas gestört wurde. Die junge Frau hinter dem Pult blickte erst auf, als Viktor direkt vor ihr stand, mit einem professionell fragenden Blick.

«Viktor Kirchner. Ich habe einen Termin mit Frau Doktor …»

«Ihre e-Card bitte, Herr Kirchner.»

Viktor nestelte die grüne Karte aus seinem Portemonnaie, es dauerte länger, als es sollte, das Mädel nahm sie, zog sie durch ein Lesegerät, zog sie noch mal und energischer durch und gab sie Viktor zurück. Dann tippte sie konzentriert in den Computer, während Viktor sich unauffällig umsah: hinter ihr ein großes Regal mit Broschüren und ein paar …

«Waren Sie schon einmal bei uns?»

«Nein.»

… Medikamentenpackungen, daneben stand ein bequem …

«Ihre Adresse bitte.»

… aussehender Sessel mit Beistelltischchen, Viktor nannte seine Anschrift, langsam und deutlich, die Frau tippte. Auf dem Tischchen erkannte Viktor ein Blutdruckmessgerät und ein Fieberthermometer, und er stellte sich vor, wie dort die Greise hinsanken und erst einmal festgestellt wurde, ob sie überhaupt noch am Leben seien. Er war überrascht, als die Frau ihm bedeutete, auf dem Sessel Platz zu nehmen. Er zog seine Jacke aus und krempelte – das Blutdruckmessgerät – schon mal seinen Ärmel hoch, aber die Frau ignorierte das und maß seinen Blutdruck am Handgelenk. Aha, so machte man das heutzutage, Viktor war schon länger nicht beim Arzt gewesen. Beziehungsweise: Er war ein alter Sack, der mit der technischen Entwicklung im einundzwanzigsten Jahrhundert nicht mehr nachkam, hier der Beweis. Die Frau schrieb etwas in ein Formular, ohne Kommentar. Viktor krempelte seinen Ärmel herunter, lautes Amselgezwitscher ertönte aus seiner Tasche. Die Frau blickte missbilligend.

«Bitte das Telefon ausschalten.»

«Sorry», sagte Viktor, obwohl es ihm gar nicht leidtat. Das Handy zwitscherte weiter, es schien lauter zu werden, bis Viktor es endlich aus seiner Tasche gewühlt hatte. Lisbeth. Jetzt rief sie auch noch an. Sehr ungewöhnlich. Sehr beunruhigend. Er schob den Regler auf lautlos. Er hätte jetzt doch gern ihre SMS gelesen, wagte es aber nicht in der Gegenwart der strengen Frau vor ihm. Die Sache machte ihm langsam Sorgen.

Die Arzthelferin drückte ihm, als Viktor seinen Ärmel wieder heruntergerollt hatte, einen Kugelschreiber und zwei Zettel in die Hand, die er bitte drüben im Wartebereich ausfüllen sollte, wo die Anwaltsgattin gerade aus einer geöffneten Tür aufgerufen wurde, von einer schlanken Frau in einem gut geschnittenen, schneeweißen Kittel. Sie nickte auch Viktor zu, und Viktor, bepackt mit Jacke und Tasche, iPhone, Zetteln und Kugelschreibern, nickte hilflos grinsend und heftig unterkoffeiniert zurück und ließ sich dann auf den nächsten Sessel und seine Sachen auf das Tischchen vor ihm fallen, auf die Zeitschriften, die dort lagen. *Geo.* Zwei alte *Vogues*, eine Jagdzeitschrift, eine *Brigitte* (Brigitte: lange her, unvergesslich. Sie war eine junge Schauspielerin in Viktors erstem Stück gewesen, Viktor also selber noch

jung. Sie hatte in einer schmutzigen, überfüllten WG gewohnt, mit strangen Mädchen und merkwürdigen Kerlen,
einer von ihnen war Tätowierer gewesen und hatte Viktor
sein erstes Peckerl verpasst, einen nicht ganz exakten Bar-
code. Sie hatten hin und wieder in ihrem Hochbett gevögelt,
bis sie eines Nachts nach tüchtig Flaschenbier abgestürzt
waren, Viktor unten, sie oben, er brach sich zwei Rippen.
Hätte auch sein Hals sein können, Glück gehabt. Seither hat
er eine strikte No-Hochbett-Klausel. Brigitte hatte er kürzlich wiedergetroffen, sie sah immer noch gut aus und spielte
jetzt eine kleine Rolle in einer nicht besonders hochwertigen
Vorabendserie, die sie aber wohl über Wasser hielt).

Viktor fand Platz für die Formulare und begann mit dem
Ausfüllen. Er war müde. Er hätte so dringend einen Kaffee
gebraucht. Der eine Zettel fragte Viktors medizinische His-
torie ab, Operationen, Allergien, nein, nein, ja, nein, sein
Handy leuchtete auf, eine Erinnerung an die Vorsorgeuntersuchung, jaja, danke, er war ja eh da. Viktor füllte den Zettel
ohne Energie, aber routiniert aus. Er hatte erst kürzlich, wegen anhaltender Magenschmerzen, eine Magenspiegelung
im Krankenhaus gehabt, er kannte das schon. Diagnose:
chronische Gastritis, Reflux, die üblichen Stresskrankhei-
ten, nichts Schlimmes, zum Glück, außer dass er sein Leben
ändern sollte, aber. Das Handy leuchtete wieder auf, diesmal
war es Lisa, seine Assistentin, er blickte sich kurz nach der
Arzthelferin um, aber die hatte ihren Platz verlassen und
war nicht zu sehen.

«Ich bin beim Arzt, Lisa. Ich ruf dich gleich an.» Viktor
flüsterte trotzdem.

«Okay», sagte Lisa, «ist dringend», und Viktor fühlte, wie sich in seinem Nacken ein Muskel verkrampfte, noch einer, und er öffnete schnell die Nachricht von Lisbeth.

Ich glaube, wir können das besser, Viktor.

Das stand da, sonst nichts. Merkwürdig. Was meinte sie? Er hatte ewig nichts von ihr gehört, jetzt das, sehr merkwürdig war das, in der Tat.

Aber jetzt musste Viktor erst einmal diese Formulare fertig ausfüllen. Das zweite war anders, hellblau, ein sehr zartes, mit den Sesseln in diesem Raum korrespondierendes Babyblau, auch darauf gab es Antworten anzukreuzen, na gut, noch mal, seinetwegen. Viktor las gar nicht erst, worum es ging, sondern setzte sofort den Stift an. Erste Frage: Wie oft trinken Sie Alkohol? Viktor kreuzte bei «zwei- bis viermal in der Woche» an, obwohl siebenmal in der Woche vermutlich zutreffender gewesen wäre, aber Viktor war zu müde, um sich auf eine hundertprozentige Antwort konzentrieren zu können. Auch die nächste Frage drehte sich um Alkohol, und nun wurde Viktor misstrauisch, was war denn da los, wieso wurde er hier so ausgefragt? Viktor fühlte seinen Lebensstil unhöflich ins Licht gezerrt und überflog den Rest des Bogens: Ach, da ging es überhaupt nur ums Trinken. Hier sollten wohl Alkoholiker überführt werden, aha.

Das weckte Viktor ein wenig aus seiner entkoffeinierten Apathie, vielleicht sollte er doch ein bisschen besser aufpassen beim Beantworten, das ging vermutlich direkt an seine Versicherung, und wer weiß, wo so was letztlich landete und welche unangenehmen Folgen das dann haben könnte. Da saß vielleicht irgendein trauriger grauer Spießer an einem traurigen grauen Laminatschreibtisch und legte Viktor in die Alkoholikerschublade, weil sein eigenes Spießerleben so freudlos war und er anderen auch keinen Spaß gönnen wollte. Aufpassen, Viktor, dachte Viktor, aufpassen. Bei den restlichen Fragen kreuzte er nun also immer die bravste Antwort an, so unwahr war das ja jetzt auch nicht. Wenn er zu Hause war, trank er zum Beispiel kaum etwas, ein Glas Wein zum Abendessen, manchmal danach noch eins oder zwei, drei auf dem winzigen Balkon mit Magda, höchstens vier. Gut, er war nicht oft daheim, aber dafür konnte er ja nichts, das war sein Beruf, und in seinem Beruf gehörte Trinken nun mal zur Jobanforderung, was sollte er machen. Es war Schicksal.

Allerdings störte ihn das jetzt, was er zu Beginn angekreuzt hatte. Auf einen Laien, auf jemanden, der mit dem Kulturbetrieb, seinen Anforderungen und Gepflogenheiten nicht vertraut war, auf eine Ärztin oder auf den Spießer an seinem grauen Schreibtisch könnte viermaliges Trinken pro Woche vielleicht einen falschen Eindruck machen, so als würde Viktor den Alkohol benötigen, was selbstverständlich nicht der Fall war. Viktor übermalte das angekreuzte Kasterl der ersten Frage mit seinem Kugelschreiber und kreuzte ordentlich die zweite Antwort an: «Zwei- bis viermal pro Monat», das klang doch moderat und erwachsen. Auch bei der zweiten Frage verfuhr Viktor in dieser Weise, bei der dritten ebenso, gut, das passte. Aber das Blatt sah natürlich jetzt etwas lädiert und bearbeitet aus, unordentlich und nicht besonders überzeugend. Drei gedokterte Fragen, das könnte wirken, als hätte er aus taktischen Gründen günstigere Antworten gewählt. Das könnte den Verdacht auf Viktor werfen, ein versteckter Alkoholiker zu sein, der gerade noch klar genug im Kopf war, diesen Umstand vor seiner Ärztin und seiner Versicherung verbergen zu wollen, allerdings nicht besonders professionell. Diese drei mühsam ausgestrichenen Antworten, das sah doch erst recht und ganz besonders so aus, als habe Viktor ein Problem. Gar nicht gut sah das aus. Wenn einer drei Fragen noch einmal neu beantwortete, da würde doch jeder misstrauisch, ganz besonders aber eine Medizinerin, die würde einen Blick auf den Fragebogen werfen und vermutlich nichts sagen, aber Viktor würde schon wissen, was sie dachte. Und Viktor wollte nicht, dass diese Ärztin, bei der er nie zuvor war, die ihm nur empfohlen worden war, sich so was dachte. Etwas Falsches nämlich. Er war ja kein Alkoholiker, er nicht. Paul hatte vielleicht ein bisschen ein Problem, auch der Kühn schlug gerade ziemlich heftig über die Stränge. Und dass dem Ratzinger ein Zahn nach dem anderen ausfiel, ohne dass der Ratzinger Anstalten machte, diese Zähne zu ersetzen, setzte ihn in ein wenig positives Licht. Und wie der Miller, der Nachbarin von nebenan, die Hände immer schon in der Früh zitterten, war auch nicht mehr schön. Aber er nicht. Viktor nicht. Und deshalb konnte er diesen Fragebogen so nicht abgeben, so viel war ihm jetzt auch in seiner koffeinentzugsbedingten Semidämmerung klar.

Viktor nahm das Blatt und faltete es vorsichtig und unauffällig zusammen, dann stand er auf und ging über den ozeanfarbenen Boden zum Empfangstresen. Die Arzthelferin saß wieder an ihrem Platz und war auf irgendwas im

Computer fixiert, jedenfalls tat sie so, wahrscheinlich aktualisierte sie gerade ihren Facebook-Status, twitterte oder schickte ihrem Freund Nacktfotos. (Ursel: Sie hatte so einen unglaublichen Körper. Und sie hatte ihm erlaubt, sie zu fotografieren, hatte ihm auch selber ganz schön versaute Fotos geschickt. Erstaunlicherweise war der Sex mit ihr trotzdem nicht gut, mechanisch, kantig, unsinnlich, und sie beendeten die Sache schnell und in gegenseitigem Einvernehmen. Die Fotos hatte Viktor allerdings behalten.) Sie blickte auf, als Viktor seine Hand auf den Tresen legte, ungerührt: «Ja, bitte?»

«Können Sie mir bitte noch mal den blauen Fragebogen geben? Ich habe da was falsch verstanden. Hatte heute noch keinen Kaffee.»

Viktor lächelte sein Verführerlächeln, beziehungsweise das, was er dafür hielt. Die Arzthelferin lächelte nicht zurück.

«Bitte, gerne. Hier.»

Sie reichte Viktor ein neues blaues Formular. Falls seine Bitte sie mit Misstrauen erfüllte, ließ sie sich das nicht anmerken.

«Ich danke Ihnen.»

«Sie können mir den alten Bogen geben, ich werfe ihn gleich weg.»

«Danke, kein Problem», sagte Viktor und ging langsam vom Tresen weg, mit dem neuen und dem alten Fragebogen in der Hand, weil hahaha, darauf fiel er nicht rein, sicher nicht, aber gewiss nicht. Guter Versuch, aber. Die würde das doch nachher aus dem Papierkübel fischen und mit dem korrigierten Blatt der Ärztin übergeben, Triumph im Blick: Sehen Sie, den hab ich gerade noch erwischt. Eben nicht. Nicht mit ihm, mit ihm nicht, mit Viktor sicher nicht.

Später, nachdem er zunächst in einem nach altem Rauch stinkenden Café zwei doppelte Espressi geext und so zurück ins Leben gefunden hatte, blinzelte Viktor auf dem Sessel in der Probebühne von seinem Smartphone hoch, auf dem er noch mal Lisbeths Nachricht gelesen hatte. *Ich glaube, wir können das besser, Viktor.* Was meinte sie damit? Sollte er alarmiert sein? Sie war eine seltsame Person, immer gewesen, viel zu anhänglich, viel zu verliebt. Er war alarmiert. Scheiße. Endlich hatte Viktor sich in Sicherheit gefühlt, und jetzt: Was sollte das bedeuten? Und war sie nicht in Griechenland, hatte er das nicht auf Facebook gelesen? Hatte er doch. Das war nicht gut, dass die ihn anrief, anrufen war überhaupt nie gut. Überhaupt: alles Scheiße.

Das Smartphone leuchtete, dann verlöschte es, während Viktor seinen Blick auf die Bühne fokussierte: Es war alles überhaupt nicht gut, nichts heute, Dreckstag das. Viktor strich sich über den kahlen Schädel, vom Nacken nach vorne. Er bemerkte es gar nicht, es war eine unwillkürliche Bewegung und voller Gram, erstens weil ihn Lisbeths SMS beunruhigte, zweitens weil ihm nicht aus dem Kopf ging, was die Ärztin über den Zustand seines fast fünfzigjährigen Organismus, speziell seines Blutdrucks, gesagt hatte, also, so viel sie wissen konnte, bevor sie seine Blutwerte aus dem Labor bekam, in drei Tagen wahrscheinlich, sie würde ihn umgehend informieren. Drittens wollte ihn, wie Lisa ihm

vorhin mitgeteilt hatte, die Referentin des Ministers sprechen, viertens hatte Magda in der Früh schon wieder das
Hochzeitsthema angesprochen.

Und dann dieses Drama, das sich da gerade auf der im-
provisierten Bühne vor ihm abspielte: Wäre Viktor hier der
Regisseur, würde er jetzt die beiden Schauspieler, die sich da
vorne abmühten, kurz einmal zur Ordnung rufen. Aber das
würde a) nichts besser machen, und b) war Viktor nicht der
Regisseur. Nicht diesmal, nicht mehr. Viktor war hier jetzt
der Intendant. Allein der Gedanke machte Viktor breiter,
öffnete seinen Brustkorb, zog seine von der Haider'schen
Diagnose eingekrampften Schultern auseinander, drückte
ihn schwer in die Lehne des Sessels, auf dem er sich nieder-
gelassen hatte. Er war Intendant jetzt, er war der Intendant
dieses Festivals, dieses gesamten Festivals, und sein erstes
Programm hatte selbstverständlich Flucht zum Thema,
Fluchtbewegungen, die Flüchtlingskrise in ihren Ursprün-
gen und ihren Auswirkungen auf das große Politische und
das kleine Private. Attentate. Amokläufe. Angst. Das Erstar-
ken der extremen Rechten. Die totale Verunsicherung der
Öffentlichkeit. Seine Schultern verkrampften sich wieder,
als er an den wohl unvermeidlichen Termin mit der Referentin dachte. Er konnte sich schon vorstellen, um was es ging,
es standen Wahlen an, in wenigen Monaten.

Erst am Abend zuvor hatte er sich bei Kühn lange mit
dem Schrader über die Flüchtlingsproblematik und ihre Re-
zeption in der Kunst unterhalten, dann gestritten: Schrader
war ein großer, kompromissloser Politisierer, der nach ein
paar Bier immer laut und radikal wurde, in seinem schreck-

lichen Tiroler Dialekt, wobei Schrader diese Radikalität ausschließlich von anderen einforderte, diesfalls von Viktor und seinem Festival. Das müsse krachen, hatte Schrader gebrüllt, da muss Leuten in die Goschen gehaut werden, buchstäblich, deine Sprache muss rohe Gewalt sein, nicht umgekehrt! Was willst du dem ganzen Internethass, den Hatern, der ganzen rechten Dummheit sonst entgegensetzen? Einen künstlerischen Diskurs, eine intellektuelle Auseinandersetzung? Das hat sich doch komplett überholt! Schrader schrie, es war Viktor unangenehm, selbst in diesem vertrauten Kreis, aber er wollte sich von so einem Großmaul nicht diktieren lassen, wie er seine Arbeit, sein Festival zu gestalten habe. Das hat, schrie Schrader, doch überhaupt nicht funktioniert und wird auch nicht mehr funktionieren, das Internet hat den gesamten Diskurs doch längst inhaliert, da kommt die Kunst doch schon lange nicht mehr mit. Wie willst du mit Kunst ankommen gegen Selbstmordattentate? Gegen das Grauen in Aleppo und die Kalifate des IS? Vor allem auch gegen diese subjektive, aber massiv einbetonierte Fremdenfeindlichkeit? Du musst was anderes machen, Viktor, das muss krachen, Viktor, enttäusche mich bloß nicht mit kümmerlichen Kunstinstallationen, mit mageren Manifesten oder traurigen Performances mit ein paar herumhupferten Nackerten, Viktor! Das muss weh tun, Viktor, körperlich, Viktor, ich erwarte Großes von dir, mein Freund, Bahnbrechendes! Und wenn du das nicht bringst, kannst du gleich hinschmeißen, ja, schmeiß besser gleich hin, tritt es in die Tonne, hier und jetzt, und werd Investmentbanker. Oder Pfarrer. Hausmann. Oder, und an dieser Stelle blickte Kühn hinterm Tresen böse,

Wirt! Oder geh heim, kümmere dich um deine Kinder! Was sich Viktor wiederum von einem, der seinen Lebensunterhalt mit dem Produzieren von, wie Viktor fand, ganz, ganz seichter Musik verdiente, nicht erklären lassen brauchte, Sakrament, und das tat er auch nicht. Der Abend war eskaliert, beinahe wäre Viktor körperlich geworden, gegen Schrader, aber der hatte ihn ausgelacht und einen polnischen Abgang gemacht, einfach weg, die feige Sau.

Auch in dem, was er da jetzt auf der Probebühne sah, erkannte Viktor ein großes, fundamentales Missverstehen seiner Ursprungsintention. So konnte das nicht gezeigt werden, so konnte man das nicht erzählen. Allerdings würde Viktor sich hier keinesfalls in die Niederungen der direkten Kritik begeben, er machte sich höchstens für alle gut sichtbar ein paar Notizen. Denn seine Kritik setzte jetzt höher an, grundsätzlicher. Leider konnte Viktor den Theater-Regisseur in sich, der er so lange war und von dem Viktor noch immer glaubte, dass er für das nationale Theatergeschehen, ja für die Identität und die Gesundheit dieser Republik eigentlich unverzichtbar und nicht zu ersetzen war, nicht vollständig zum Schweigen bringen. Dieser Regisseur rumorte in Viktor wie ein Zweit-Viktor, vernachlässigt, beleidigt, missverstanden, verletzt, übergangen, wie eine seiner abgelegten Geliebten, wie Lisbeth. Nachdem Viktor sie so vorsichtig wie möglich abserviert hatte, hatte er erst regelmäßig, dann seltener Nachrichten von ihr bekommen, stets zärtlich und verständnisvoll. Dann, nachdem er nur noch einsilbig und schließlich nicht mehr geantwortet hatte, hatte er wochenlang nichts mehr von ihr gehört, was ihn zunächst beunruhigt hatte, aber letztlich war er zu dem Schluss gekommen, sie habe seinen Abgang akzeptiert und sich anderem oder einem anderen zugewandt. Jetzt meldete sie sich auf einmal aus Griechenland, mit so einer kryptischen Nachricht, was ihn ernstlich beunruhigte. Denn sie war ja schon seltsam, als er sie noch traf. Ihre Aufmerksamkeit Viktor gegenüber war zu stabil gewesen; eine konsequente Zugeneigtheit, unbeirrbar auch von Viktors Launen. Eine fast hündische Treue. Das sei so bei Steinböcken, hatte Lisbeth gesagt, wenn Steinböcke einmal liebten (Liebe: Das Wort hörte Viktor im Kontext mit Lisbeth und allen anderen seiner Affären ungern, um Liebe ging es hier nicht und durfte es nicht gehen, wann würde sie das endlich begreifen), blieben Steinböcke treu, immer treu, treu bis in den Tod. Was für ein Scheiß! Und genau das hatte er nie gewollt, diese klebrige Anhänglichkeit, und jetzt wollte er es schon gar nicht.

Das fand Viktor schon damals, als sie es sagte, während sie nackt auf dem Rücken lag (ihre langen, steifen Nippel zeigten wie Pfeile zur Decke, gerade und parallel nach oben, diese Nippel würden sich auch in der Unendlichkeit nicht treffen, wirklich bemerkenswerte Nippel hatte sie). Ihre Worte waren keine besonders vertrauenerweckende Botschaft, die nachklang, über die Wochen, die seit ihrer letzten Begegnung vergangen waren, Wochen ohne eine der kleinen, ziselierten Textnachrichten von Lisbeth, in denen immer irgendeine Botschaft versteckt gewesen war, wobei Viktor sich allerdings selten die Mühe gemacht hatte, diese Botschaft zu dechiffrieren. Keine Facebook-Nachrichten mehr, nicht einmal mehr ein Like hatte Viktor von Lisbeth noch bekommen; mehrmals hatte Viktor kontrolliert, ob sie überhaupt noch befreundet waren oder ob Lisbeth ihn entfreundet hatte, aber das hatte sie nicht. Doch die immense Erleichterung, die er verspürt hatte, als ihre dauernde Betextung weniger wurde, als sie allmählich verebbte und dann ganz abriss, wich schnell anderen Gefühlen: der dumpfen, unsinnigen Gekränktheit des plötzlich nicht mehr Umschwärmten, nicht mehr Wichtigsten, dem schieren Unglauben darüber, dass er tatsächlich aus Lisbeths Gunst gefallen sein könnte, vollständig und definitiv. Was Viktor natürlich misstrauisch machte: Was machte sie, wenn nicht mit ihm? Was tat sie, wenn sie ihm nicht mehr textete? Und nebenbei: Wem gab sie sich hin? Wo ragten jetzt ihre Nippel in den Weltraum? Was dachte sie von ihm? Was erzählte sie über ihn, und wem? Glaubte sie seine Ausflüchte, oder war ihr klar, dass er sie einfach loswerden wollte, gleich nachdem sie getrennt, Single und damit eine Gefahr für Viktor war? Und machte sie das wütend? Hasste sie ihn vielleicht jetzt? Von wo drohte Ungemach? Wollte sie Viktor etwas antun? Jetzt war sie also wieder da, und er bekam noch mehr Angst.

Er hatte schon vor ein paar Wochen angefangen, Lisbeth aus naheliegenden, durch und durch verständlichen Gründen ein wenig hinterherzuspionieren, ihre Facebook-Posts zu checken, ihre Freundesliste zu kontrollieren. Er analysierte Lisbeths Likes und die Likes, die Lisbeth bekam, und ob sich welche überschnitten, mit Schrader zum Beispiel, wo hatte sie nun den her, das war doch gar nicht ihr Freundeskreis. Viktor las jetzt regelmäßig die Kommentare unter ihren Postings. Es war ihm zu einer fast täglichen Routine geworden, Lisbeths Namen, so ihre Aktualisierungen nicht sowieso gleich beim Öffnen in seiner Timeline erschienen, ins Suchfeld einzugeben und schnell einmal durchzuscrollen, was sie neu gepostet hatte. Alles zu seiner Sicherheit und der seiner Familie.

Viktor hatte sich aus Lisbeths Leben entfernt, als sie sich von Jakob getrennt hatte. Nicht wegen Viktor, hatte Lisbeth gesagt, aber Viktor war sich da nicht so sicher. Es hatte seinen Fluchtimpuls ausgelöst, und von da an hatte er sie und ihre eifrige Anteilnahme an allen Viktor'schen Belangen abgewimmelt. Er fühlte sich schuldig deswegen. Nicht sehr, ein bisschen. Ganz wenig; gerade genug. Denn eigentlich war es ja Lisbeth gewesen, die das innere Gleichgewicht ihres Verhältnisses ruiniert hatte. Das bequeme, harmonische Einverständnis, das sich in den Stunden mit ihr in geschmeidigem, mühelosem Sex ausgedrückt hatte. Überraschend unkompliziertem, geilem und absolut parallel schwingendem Vögeln, umso bemerkenswerter bei einer so komplizierten, neurotischen, zickigen Frau wie Lisbeth. Viktor hatte, das musste er sich eingestehen, einen Hang zu zickigen Frauen, er sollte das vielleicht einmal mit Professor Serafin besprechen. Jedenfalls hatte Viktor die schummerigen Nachmittage mit ihr hinter den dicken Vorhängen durchaus gemocht, auch wenn er nun ganz froh war, dass er mit den anderen Frauen keine derartig verhirnten, beziehungsvollen Gespräche führen musste.

Aber wenn Lisbeth dann endlich die Klappe gehalten hatte, erfasste sie eine überraschende Gelöstheit. Beim Sex war sie locker und unkompliziert. Und diese luftige Einigkeit, diese einvernehmliche Leichtigkeit hatte sie dann zerstört, ohne Not, wie Viktor fand. Sie hatte das Unaussprechliche getan, sich von ihrem Freund getrennt und damit eine zwar nur vage Möglichkeit in den Raum gestellt, aus der aber ganz schnell ein konkreter Wunsch, ein Wollen, ein Beharren, eine Drohung, eine echte Gefahr für Viktor erwachsen konnte. Erwachsen würde, Viktor kannte so was doch. Zumindest aus Filmen kannte er das. Und er fühlte hinter Lisbeths oberflächlichem Schmerz, hinter ihrem mit Viktor vermeintlich überhaupt nicht zusammenhängenden Schritt der Trennung ein zielgerichtetes Kalkül, das Viktors Existenz in wenigen Zügen ruinieren konnte. (In Verfolgungswahn und Verschwörungsangst war Viktor Number One: Man musste immer wachsam sein; immer schauen, wer hinter einem her war, wer einem schaden wollte; und als Alltagsradfahrer hatte man das ja, wie Viktor gern betonte, besonders gut drauf, das ging einem quasi in Fleisch und Blut über: dass man nicht nur für sich selber denken musste, sondern auch für andere, für die Autofahrer. Was könnte der jetzt vorhaben, und der da drüben? Wurde Viktor gesehen oder gleich gerammt? Immer Blickkontakt herstellen nach allen Seiten, immer ganz schnell alle Gefahren abschätzen. Das machte Radfahrer zu flexiblen und wendigen Denkern, fand und betonte Viktor stets, wahrscheinlich um einiges flexibler und geschmeidiger als andere Leute, Autofahrer im Speziellen, das sollte mal untersucht werden, fand Viktor, da sollte wirklich dringend mal jemand eine Studie machen.)

Und weil er sich auf diese Weise eben auch sofort in Lisbeth hineinversetzen konnte, oder es zumindest glaubte, floh Viktor. Und sie hatte ihn fliehen lassen, anfangs jedenfalls. Dabei war sie aber eine Zeitlang hinter ihm geblieben, in großem, angemessenem Abstand, doch in Sichtweite: Wenn Viktor es wollte, hatte er sie quasi immer sehen können, freundlich winkend aus der Ferne, wie eine fürsorgliche Mutter; dann irgendwann nicht mehr. Im Prinzip alles paletti. Bis jetzt.

Er würde sich mit Lisbeths merkwürdiger Nachricht auseinandersetzen müssen: sobald er Zeit dazu haben würde und genug Luft und die notwendigen Nerven. Was in Viktors prallem, überfülltem Leben nicht oft vorkam. Sowieso gar nicht mehr, seit er diesen Intendantenjob angenommen hatte. Und jetzt, wo Magda heiraten wollte, plötzlich und immer vehementer, und er sich mit einem Mal für etwas entscheiden musste, für das er sich, so sah es jedenfalls Viktor, doch eh schon lange entschieden hatte. Aber sie wollte, dass er sich festlegte, endgültig, mit Dokument und Unterschrift und vor Zeugen. Und einen Ring, sie wollte endlich einen Ring, alle ihre Freundinnen hatten Ringe, nur sie nicht. Wieso habe ich keinen Ring, Viktor, hab ich keinen Ring verdient? Sie wollte ihn an die Kette legen, final, so banal war es. Gewiss keine weltbewegenden Probleme, die er da hatte, aber sie rührten sich in ihm und nervten Viktor: Bruder von drei Schwestern, Vater von fünf Töchtern, Lebensgefährte von Magda, Ex-Lebensabschnittspartner von Edith und dann Natalie, gebenedeit unter den Frauen, Kulturmanager, Lebemann und demnächst fünfzig.

Genau, darum musste er sich ja auch noch kümmern, um diesen blöden Geburtstag. Alle erwarteten das, ständig kam eine an und sagte, na, Viktor, du hast ja auch bald einen Runden. Ein Runder. Was war bitte rund am Altwerden? Viktor machte es unrund. Er fühlte sich krank, wenn er nur daran dachte, dass er bald fünfzig sein würde, Viktor Kirchner, fünfzig, er fand nicht, dass es ein Grund zum Feiern sei, definitiv nein. Aber alle anderen fanden es offenbar schon und erwarteten von Viktor eine erstklassige und extravagante Feierlichkeit, um sich auf seine Kosten zu betrinken, satt zu fressen und tüchtig gehenzulassen. Er hatte eh schon keine Kohle, die wurde eh schon verteilt unter all den Frauen in seinem Leben. Jetzt sollte er auch noch feiern, als habe er nichts Besseres zu tun. Als hätte er sich um nichts zu kümmern, außer um eine, wie Viktor fand, völlig unnötige Hochzeit und einen noch viel, viel unnötigeren fünfzigsten Geburtstag. Himmel, Heiliger, Fuck; ständig musste er irgendwas.

Dieses Festival. Als Viktor den Ruf bekam, das Festival zu leiten, ein kleines, nicht erstrangiges, aber doch gut beleumundetes und von der Kritik fast durchgehend mit Wohlwollen bedachtes Festival, zögerte er nicht lange, diesem Ruf zu folgen. Erstens und wichtigstens zum Vorteil der hiesigen Kultur im Allgemeinen und des in den Jahren zuvor etwas vernachlässigten und in die Bedeutungslosigkeit abgerutschten Festivals im Speziellen. Zweitens zum Wohle seines Kontostandes, der unter anderem von Alimentationszahlungen für die beiden Töchter aus den Verbindungen mit Edith und Natalie seit je stark in Mitleidenschaft gezogen wurde. Drittens, und stark im Kontext mit zweitens, im Dienste seiner Selbstachtung. Denn auch wenn Viktor das stets mit innerem Achselzucken vorgegeben hatte, hatte es ihn doch nie ganz gleichgültig gelassen, dass Magda, seine Lebensgefährtin, jeden Monat mehr Geld nach Hause gebracht hatte als er, der von der Kritik gefeierte Regisseur.

Magda verdiente ihr Geld mit einem kleinen, gänzlich prosaischen Hausbetreuungs-Unternehmen, bestehend aus einer wachsenden Armada vor allem tschechischer, aber auch ukrainischer und serbischer Großmütter, die Magda befehligte. Die Firma war Magda eher passiert, als dass sie sie tatsächlich gewollt und gegründet hatte, das passte zu ihr, das war ihr doch mit Viktor ganz ähnlich gegangen. Magda hatte, als sie nach Wien übersiedelt war, selbst geputzt, gemeinsam mit einer Tante, in verschiedenen Häusern, und sie hatte auf kleine Kinder aufgepasst, während sie Kunst studiert und fotografiert und so oft wie möglich bei verschiedenen Fotografen assistiert hatte, fast immer ohne Honorar. Als ihr das Fotografieren allmählich genug Geld einbrachte, um ihren Lebensunterhalt einigermaßen bestreiten zu können, hatte sie die Putzjobs reduziert.

Bis auf diesen letzten, von dem sie, wenn sie etwas mehr Bier getrunken hatte (Magda war Tschechin, Magda trank Bier) und keine Kinder in der Nähe waren, gerne den Freunden erzählte. Denn es hatte sich um die Wohnung eines steinalten Kerls gehandelt, der ihr einen ungewöhnlich hohen Stundenlohn dafür bezahlte, dass er ihr beim Putzen zuschauen durfte, bevorzugt, wenn es sich um Bereiche in der

Wohnung handelte, die man nur auf Knien erreichen konnte. Handgreiflich, sagte Magda, sei er nie geworden, aber während er ihr auf den Hintern starrte, habe er merkwürdige Sachen erzählt.

«Was für Sachen?»

«Sachen von anderen Haushaltshilfen.» Magda wusste, wie man eine Geschichte erzählt, jedenfalls diese.

«Was genau?»

«Die wurden dann seine Geliebten. Hat er erzählt. Und was er dann so für Sachen mit ihnen gemacht hat, detailliert. Und was sie davon hatten.»

«Echt jetzt?»

«Ja, echt.» Magda erzählte die Geschichte gern, zog die Vokale lang. Die Backen ganz rot. Und sie wusste natürlich, welche Frage sich nun zuverlässig anschloss.

«Was für Sachen, Magda? Details, Magda, Details!» Und Magda grinste glücklich.

«Erzähl ich lieber nicht.» Und sie sagte nichts mehr, trotz der Proteste, die zuverlässig vorgebracht wurden.

«He!»

«Gemein!»

«Jetzt komm!»

«Und du, Magda? Wurdest du auch seine Geliebte, Magda? Magda!»

Nein, wurde Magda nicht. Sie gab den Job bei dem geilen alten Knacker schließlich ab. An eine jüngere Cousine, von der sie später nicht sicher war, ob nicht die seine Geliebte wurde, wenngleich die Cousine es stets abstritt. Magda lebte lieber ein paar Monate lang fast ausschließlich von asiatischen In-stant-Nudelsuppen, nährwertoptimierend ergänzt von den Sonntagsessen bei ihrer Tante, opulenten böhmischen Mahl-zeiten mit Knödelschwerpunkt. Und sie hatte, nachdem sie zuerst eine Tante, noch eine Tante, dann besagte Cousine als Haushaltshilfe und Ersatz für sich selber vermittelt hat-te, eine Liste angelegt. Als ihr bei den Plaudereien während ihrer Fotoshootings aufgefallen war, wie viele Leute auf der Suche nach zuverlässigen, vertrauenswürdigen Putzfrauen, Nannys, Hausbetreuerinnen, Näherinnen und dergleichen waren, hatte sie erst die Tante der Cousine vermittelt, dann die Schwester der Tante der Cousine, dann die Nichte der Schwester der Tante der Cousine als Kindermädchen – und auf einmal hatte Magda einen kleinen Karteikasten mit Adressen und Telefonnummern, ein zweites Handy und eine Unternehmenssteuernummer beim Finanzamt. Als Fanny geboren wurde und Viktor aus augenfälliger Dringlichkeit – was würde aus dem Theater als solchem werden, ohne ihn! – selbstverständlich nicht in Karenz ging, setzte Magda vorübergehend ihre Fotojobs aus, vergrößerte aber gleich-zeitig den Karteikasten, denn telefonieren und organisieren konnte eine patente Tschechin wie sie schließlich auch mit einem saugenden Kind an der Brust, in fleckigen Pyjamaho-sen und dicken Socken, sah ja keiner.

Jetzt außer Viktor, aber der war egal. Überhaupt droh-te Viktor mit der Geburt ihres ersten Kindes aus Magdas Augen und im Orkus der Unsichtbarkeit zu verschwinden, wie früher schon. Er wehrte sich dagegen, anfänglich. Dann erkannte er, dass ihm der ehemalige Makel hier (warum hatte das eigentlich bei Edith und vor allem bei Natalie nicht funktioniert?) durchaus zum Vorteil gereichte, und überließ (vielleicht wegen seiner eigenen Ambitionen: Beim ersten Mal wollte er noch ein richtiger, guter Vater sein, und nachdem er da versagt hatte, wollte er's beim zweiten Mal beweisen. Danach gab er auf) Magda dem Kind und dem Karteikasten. Mit diesem, einer abgegriffenen alten Holzkiste, verdiente Magda dann immer gerade ein bisschen mehr als Viktor am Theater mit seiner Kunst, und wie nebenbei hatte sie sich dabei stets auch noch um die Kinder gekümmert, erst eins, dann zwei und jetzt drei (alles Töchter, offenbar konnte Viktor nur Mädchen), und schließlich auch das Fotografieren wieder aufgenommen, zuerst auf ihrem Blog, dann auch wieder mit echten Jobs für Zeitschriften und Agenturen. Natürlich, das wurde Viktor nicht müde zu betonen, nicht ohne die Unterstützung der Leih-Großmütter aus ihrem Zettelkasten, diese schaukelten Magdas Werk mit der Energie von Frauen, die endlich wieder und wider Erwarten doch noch gebraucht werden. Und von denen die meisten, wie Viktor irgendwann zu seiner erheblichen Verblüffung feststellte, viel jünger waren, als sie aussahen, was ihn, als er einmal in eine bierselige Küchen-Geburtstagsfeier für eine der Damen platzte, in eine unschöne Situation brachte: Äh, ja, Entschuldigung, ich hab jetzt gar nicht richtig, sorry, sorry, sorry, das ist mir jetzt, ich muss dann wieder.

Kindischerweise bedeutete es für Viktor keine geringe Befriedigung, dass er nun endlich mehr Mittel in den gemeinsamen Haushalt einbringen konnte als seine Lebensgefährtin, der das wiederum vollkommen einerlei zu sein schien. Geld war für Magda nicht so wichtig. Magda waren andere Sachen wichtig: Kinder, Familie, Freunde, dieser blöde Schrebergarten und die Paradeiser, die sie darin zog, und jetzt, jetzt auf einmal war ihr wichtig, dass auch der Rahmen stimmte, dass sie nicht mehr nur Viktors Lebensgefährtin war und die Mutter dreier seiner Kinder, sie wollte jetzt mehr sein, offiziell sein, seine Frau, sie wollte geheiratet werden mit allem Drumherum und Dran, wie sie es nannte. Das Drum und Dran wiederum war Viktor einerlei, nein, im Gegenteil sogar, das brauchte Viktor überhaupt nicht, da war er modern; wohingegen es ihm plötzlich wichtig war, mehr zu verdienen als seine Frau, da war er altmodisch.

Das war ihm überhaupt nicht einerlei, und deshalb hatte Viktor sein neues Intendantengehalt natürlich mit der maximal möglichen Nonchalance präsentieren müssen, um nicht Magdas leicht reizbaren Spott zu provozieren; du, übrigens. Magda hatte aus der präsentierten Zahl allerdings vor allem die Miete für den langersehnten Garten herausgelesen, ein geräumigeres, für Reparaturen weniger anfälliges Auto, ein neues Sofa – nein, doch nicht, lieber erst, wenn die Kleine aus dem gröbsten Schokoladenfingeralter raus ist. Und die Hochzeit, natürlich, das neue Gehalt war eine Gelegenheit gewesen, auch dieses Thema aufs Tapet zu bringen, damals noch etwas verhaltener als jetzt, als heute früh. Und die Klavierstunden, um die Fanny seit Jahren bettelte. Ach ja, und dazu natürlich ein Klavier, das Magda so lala ins Wohnzimmer gequetscht hatte, zwischen Bücher- und Plattenregal, geht schon, passt. Sie nahm es nicht so genau mit diesen Dingen, mit allen Dingen eigentlich, das machte das Leben mit ihr so angenehm.

Während Viktor bei der Gehaltssache gar nicht so sehr das Pekuniäre an und für sich im Sinn gehabt hatte, sondern eher, so peinlich er das selbst fand, seine Männlichkeit: Mit seinem Gehalt war auch sein Selbstwert um einen entscheidenden Faktor gewachsen. Er ging nun anders, er sprach langsamer, und – okay, doch – es erleichterte ihm zudem die Deckung einer Kreditkarte, von der Magda nichts ahnte und die es Viktor ermöglichte, seine kleine, geheime Parallelexistenz mit der angemessenen Bequemlichkeit weiterzuführen.

Es war übrigens möglich, dass Viktor an einem oder zweien der Nachmittage mit Lisbeth sich hatte hinreißen lassen: zu übertriebenen, einem hormonellen High und ein paar Gläsern Champagner geschuldeten Zuneigungsbekenntnissen; zu dummen, undeutlichen Verweisen in eine verschwommen vorstellbare Zukunft, wenn man es unbedingt so interpretieren wollte, zu Bekenntnissen, die Fasern von Versprechen enthielten, welche Viktor in unilluminiertem Zustande nicht einmal im Ansatz erwogen hätte. Konnte also sein, dass er Lisbeth gesagt hatte, dass er sie liebte, mit seinem Schwanz noch in ihrer muskulösen Möse. Man redet ja viel Blödsinn in einem solchen Moment, man sollte gar nicht sprechen beim Sex, nie, Viktor sagte es sich wieder und wieder und hielt sich konsequent nicht daran. Aber es war vor allem auch Lisbeths Schuld. Unglaublich, was sie mit dieser Möse konnte, es war nur ihre Möse, wegen der er immer wieder zu ihr ging, warum er Lisbeth immer wieder fühlen wollte, obwohl sie ihm eigentlich schon ziemlich auf die Nerven ging. Aber first things first. Und, ja, konnte sein, dass er ihr einmal, während er brüllend in ihr kam, völlig besinnungslos so eine Art Heiratsantrag gemacht hatte, einen Spaßantrag, nur im Spiel!, wie die Kinder sagten, dessen situationsbedingte Unernsthaftigkeit vollkommen deutlich und klar war, wie wenn man sich im Karneval als römischer Kaiser verkleidet, meint man ja auch nicht ernst. Zudem war dieser Antrag von dem Umstand, dass nicht nur Viktor quasi verheiratet war, sondern damals auch noch Lisbeth in einer, wie er glaubte, sehr stabilen Beziehung war, logischerweise sowieso von vornherein aufgehoben, ausradiert, ungültig gemacht, auch wenn man natürlich (wenn man unbedingt wollte, und Lisbeth wollte vermutlich) aus der Tatsache, dass Viktor fünf Töchter mit drei Frauen hatte, die Möglichkeit einer weiteren Neuorientierung herauskitzeln konnte. Das hatte in einer leicht erregbaren Natur wie Lisbeth die zarte Saat der Hoffnung gelegt. Zu allem Überfluss hatte Lisbeth tatsächlich eine Freundin, die bekam, wie Lisbeth Viktor, während er rauchend in ihrem Bett lag, ein paar Wochen später so nebenbei erzählte, von ihrem langjährigen heimlichen Geliebten –

«in aller Heimlichkeit einen Heiratsantrag samt fettem Verlobungsring, weißt du, dabei war der, als er ihr den Ring auf den Finger schob, noch mit einer anderen Frau verheiratet, die von all dem keine Ahnung hatte, das musst du dir einmal vorstellen.»

«Und hat er sein illegales Heiratsversprechen dann etwa gehalten?»

«Ja, hat er. Hat sich scheiden lassen und die Inge geheiratet.»

Das war ungeschickt, Viktor, überaus ungeschickt –

«Und sie sind sehr, sehr glücklich miteinander.»

– war das. Wieder mal –

«Und sie haben jetzt eine süße kleine Tochter namens Lily.»

– abgelenkt von ihren Mörder-Nippeln, ihren Raketen-Nippeln, die auch jetzt wieder startklar in den Himmel ragten, wie eine Doppelerektion, er konnte diese Nippel nicht fassen, sie brachten ihn noch um den Verstand.

«Starrst du meine Brüste an?»

«Ja, definitiv.»

Aber es hatte mit Lisbeth ja sowieso immer alles auf einem Hintenherum basiert: Lisbeth hatte, kurz nachdem er sie auf einem Begräbnis wiedergesehen hatte, via Facebook Kontakt zu ihm aufgenommen, sie hatten sich befreundet, was okay war, weil Josi war nicht auf Facebook; Josi, über die Viktor Lisbeth ja eigentlich kannte, war das erste Thema zwischen ihnen gewesen, wenngleich Viktor nicht durchblicken ließ, dass er mit Josi nach wie vor Kontakt hatte, und zwar auf die gleiche Weise wie früher in Lisbeths, ihrer Schwester, Gästezimmer, aber bald war Josi eh kein Thema mehr. Bald war alles in ein Flirt-Pingpong ausgeartet, ein Mail-Hinundher, das schnell an Tempo gewann, mit vollkommen absehbaren und von Viktor absolut erwünschten Folgen, die nach ein paar Wochen auch zwingend eintraten, nach einer Verabredung, die so tat, als sei sie keine. Lisbeth sah in Wirklichkeit, wie er dann wieder bemerkte, nicht annähernd so gut aus wie auf dem Profilfoto, mit dem er jetzt wochenlang geflirtet hatte, aber nachdem er kurz darauf ihrer Brüste ansichtig wurde, spielte das keine so große Rolle mehr. So gesehen waren Missverständnisse die Grundlage ihrer Affäre und fürderhin auch deren Treibstoff.

Obwohl: Viel Treibstoff brauchte Viktor nicht, nie.

Es war ungefähr zwei Jahre her, als er auf der Website eines Nachrichtenmagazins über einen Test stolperte, zwischen einer Anzeige für einen Film mit dem Titel «Sexual Intelligence» (oder so ähnlich) und einem Special zum Thema «Penisverlängerung». Brauchte er nicht, interessierte ihn nicht. Was ihn interessierte, war der Test: «Sind Sie sexsüchtig?» Weil he, ja, war er sexsüchtig? Viktor hatte sich eine angezündet und dann in die Problemlage vertieft. Es stand ausdrücklich dabei, dass keines der aufgeführten Anzeichen bereits ein Symptom für Sexsucht sei und dass dieser Test keine ärztliche Diagnose ersetzen könne, was im Prinzip hieß, dass der Test komplett unseriös war. Aber Viktor war das egal, er machte den Test trotzdem.

Die Fragen eins («Haben Sie wegen Ihrer sexuellen Vorlieben oft ein schlechtes Gewissen?») und zwei («Haben Sie bereits wichtige Termine versäumt, weil Sie mit Erotik und Sex beschäftigt waren?») konnte Viktor klar mit «JA» beantworten, wobei, es waren nicht so besonders wichtige Termine gewesen.

Über die dritte Frage musste Viktor ganz kurz nachdenken: «Masturbieren Sie zwanghaft oft, sogar mehrmals am Tag?» Mehrmals schon, ja, wenn er es irgendwie schaffte, aber zwanghaft? Konnte man, fand Viktor, so nicht sagen: Er hätte es eher lustvoll genannt, gesunde Triebabfuhr, er kümmerte sich um seine Bedürfnisse, er war, wie Natalie immer gefordert hatte, achtsam, wenn auch nicht unbedingt in ihrem yogaverseuchten Sinne. Zwanghaft also? Nein, «NEIN».

Vierte Frage: «Haben Sie viele Sexualpartnerinnen?»

Nun ja. Was hieß das, viele? «Viele» war doch relativ. Für Annemarie, seine Schwester, die den zweiten Mann, mit dem sie geknutscht hatte, heiratete, bekinderte, ihn immer noch treu und, soweit Viktor informiert war, exklusiv begattete, fiel im Zusammenhang mit Sex vermutlich schon die Zahl drei unter «viele». Während «viele» für Viktors alten Haberer Ernstl, der damit prahlte, mit über tausend Frauen geschlafen zu haben, etwas vollkommen anderes bedeutete. Hatte Viktor also viele Sexualpartnerinnen oder nicht? Für Annemarie ja, für Ernstl nein. Viktor überschlug, wie viele es derzeit waren: Josi, Anja, Helen, Magda, Lisbeth, na ja, und okay, Natalie, und hin und wieder gelang ihm ein ungeplantes Verführungskunststück. Das waren nicht so viele, oder? Gut, Magda würde es vermutlich anders sehen … Na gut. Viktor klickte «JA» an. Auch, weil er natürlich längst das Ergebnis in Richtung pro Sexsucht beeinflussen wollte, und nachdem er schon die Masturbationsfrage aufgrund semantischer Widersprüchlichkeit abschlägig beantworten hatte müssen, wollte er jetzt kein Risiko mehr eingehen.

Denn natürlich wollte Viktor nichts anderes als sicherstellen, dass am Ende die Diagnose Sexsucht herauskam. Die Sache brachte ihn nämlich auf eine Idee. Eine gute, wie Viktor fand.

Nächste Frage. «Lenken Sie sexuelle Energien oft von der Arbeit ab?»

Erneut: nun ja. Kommt auf die Arbeit an. Und seine Arbeit, fand Viktor, wurde durchaus auch gespeist und inspiriert von sexuellen Energien und dem Kreativschub, der ihnen immanent war oder zumindest in ihrer Gesellschaft gerne auftauchte. Insofern … Dennoch: «JA».

Frage sechs: «Sind Sie davon überzeugt, dass tabulose Pornos unbedingt zum Liebesspiel dazugehören?» War er nicht. Er hatte nichts dagegen. Anja hatte nichts dagegen, und Camille auch nicht, die hatte das selbst geradezu gebraucht, um auf Touren zu kommen. Viktor hatte in diesem Zusammenhang festgestellt, dass Pornographie bei jüngeren Frauen zum Alltag gehörte, während es bei älteren eher tabuisiert war oder zumindest nicht als Teil des täglichen Kopulationsgeschehens betrachtet wurde, eher als eine Ausnahme von der Regel. Obwohl, wenn er an Sabine dachte. So strikt konnte man es wohl auch nicht sagen. Egal. «JA». «Nutzen Sie regelmäßig anonyme Sexangebote wie Telefonsex, Pornoseiten im Internet oder Prostitution?» Telefonsex nein, Internet ja, Prostitution: selten, höchstens wenn irgendwer, der Schrader oder der Ernstl, ihn mitschleppte und für ihn bezahlte. Also mehr «JA» als «NEIN».

«Stehen Sie auf Sado-Maso-Spiele?» Die Frage verstand Viktor nicht ganz, weil wer nicht? Also zumindest ganz heimlich? «JA». Ein klares «NEIN» dagegen auf die Frage, ob Viktor nur «mit bestimmten Fetischen» in Fahrt kommen könne. Er kam leicht in Fahrt, jedenfalls damals. «JA» allerdings auf die Frage, ob er nervös und schlecht gelaunt werde, wenn er seinen Trieb nicht ausleben konnte. Und, «NEIN», seine Begierde hatte sich in letzter Zeit nicht gesteigert, Viktor brauchte nicht «eine immer höhere Dosis Sex», die Sexdosis, die er so bekam und sich nahm, war im Moment gerade richtig. Also, wenn er mehr Zeit hätte und mehr Gelegenheiten, okay, dann vielleicht, aber das stand gerade nicht zur Debatte. Auch die nächste Frage («Haben Sie sich sexuell schon einmal aufgedrängt, also jemanden belästigt?») beantwortete Viktor selbstverständlich mit «NEIN», Entschuldigung, sicher nicht, auch wenn weitere Neins sein Testergebnis vielleicht auf nicht wünschenswerte Weise beeinflussen würden. Aber da erschien bereits das Resultat.

«Sie haben 8 Punkte erreicht: Alarmstufe Rot!» «Alarmstufe Rot» in fetter Schrift. Ja! Viktor war überaus zufrieden und las mit einem gewissen Stolz, dass er unbedingt einen Experten, einen Psychologen oder Arzt, aufsuchen und ihm seine Symptome schildern solle. Der werde feststellen, ob Viktor unter Sexsucht leide und ob ein Behandlungsbedarf bestehe. Okay, gut, gern. Viktor, der am Schreibtisch saß, hatte den Tab auf seinem MacBook geschlossen und wie üblich die Chronik der letzten Stunde gelöscht. Acht Punkte! Alarmstufe Rot! Er war außerordentlich zufrieden damit. Denn der Test, so unqualifiziert er war, hatte Viktor tatsächlich auf die Idee gebracht und nun darin bestätigt, sich eine qualifizierte Diagnose einzuholen. In den Tagen darauf hatte Viktor in seinen paar freien Minuten recherchiert, war auf die sehr viel attraktivere Bezeichnung «hypersexuell» gestoßen und bald darauf auf Prof. DDr. Alfred Serafin, einen aus Funk und Fernsehen bekannten Spezialisten auf besagtem Gebiet. Doktor Serafin beherrschte auch andere

Süchte, aber Hypersexualität war sein Spezialthema. Hervorragend. Viktor hatte in Doktor Serafins Praxis angerufen und einen Termin ausgemacht.

Aber schon bevor er einen bekam – sieben Wochen später –, den Psychiater zum ersten Mal aufsuchte und ihm schließlich die gewünschte Diagnose abrang, betrachtete sich Viktor ganz neu: Er war jetzt nicht mehr nur ein Hallodri. Es war eine Krankheit. Er konnte quasi nichts dafür. Es war ein Leiden. Und he, er litt.

Nun ja, nicht nur. Denn gerade mit dieser Diagnose hatte Viktor dann auch die schöne Erfahrung gemacht, dass andere Menschen, auch Frauen, sie interessant fanden. Natürlich gab es Frauen, die sich davon abgestoßen fühlten und angewidert die Flucht ergriffen, aber die meisten taten es nicht, und je moderner, linker und liberaler sie waren, desto positiver nahmen Frauen Viktors Geständnis auf. Denn das war es, ein Geständnis. Man war modern, konnte mit derlei umgehen, es zumindest interessant finden. Hallo, mein Name ist Viktor, ich bin hypersexuell.

Ja, er war sogar einmal bei einem Treffen. Er hatte eine Webseite gefunden, mit einer Mailadresse, an die er, falls er es ernst meine, eine Telefonnummer schicken konnte, dann würde er zurückgerufen. Viktor meinte es nicht wirklich ernst, er war nur wirklich neugierig. Er ging einmal hin und fand sich in einer Gesellschaft, die er nicht intensivieren wollte. Einmal, bei einem Theatertreffen im Ausland, wo keine Gefahr bestand, dass die Kunde von Viktors Zustand sich auf unerwünschte Weise in seine Wiener Kreise hinein ausbreiten würde, hatte Viktor spätnachts an der Hotelbar im Zuge eines schon ganz schön angeschickerten Gesprächs über diverse Zwänge und Abhängigkeiten seine Karten auf den Tisch gelegt, eine nach der anderen. Jeder hatte kleine Schwänke über seinen eigenen pathologischen Zustand zum Besten gegeben, am Anfang noch alles auf der Pointenebene, alles harmlos, aber dann wurde das Gespräch ernst. Und ernsthaft interessant. Man horchte plötzlich auf, hörte plötzlich zu. Auch Viktor, der dann wegen des ehrlichen Interesses und der sehr konkreten Fragen sehr offen Auskunft erteilt und alles beantwortet hatte, was letztlich dazu führte, dass er um sechs Uhr früh leise aus dem Zimmer einer attraktiven Meinungs- und Motivforscherin schlich, die seinen Zustand theoretisch hochinteressant und schließlich auch praktisch sehr untersuchungswürdig befunden hatte, nachdem sie ihn zuerst an der Bar heftig abgesnobt hatte. Oder einfach übersehen, wie es Viktor ohnehin gewohnt war. Es hatte Viktor überrascht, dass ihn dann ausgerechnet ein Leiden, das doch eigentlich, wie alle zu sozialer Auffälligkeit führenden Abhängigkeiten, gesellschaftlich verpönt war und als Luxusproblem galt, interessant machte. Und wieder einmal: sichtbar, im Sinne von: nicht mehr unsichtbar.

Auf dem Bühnenviereck vor Viktor schwoll Gekreisch an. «Fick dich, Naziarschloch!», vernahm Viktor, und darauf die wirklich ganz und gar unerwartbare Replik «Fick dich doch selbst, du Schlampe!». Es riss ihn aus seinen Gedanken, sein Schädel war der Last seiner sich sofort verschärfenden Bitterkeit nicht gewachsen, sie drückte sein Haupt tief hinunter. Meine Güte, fickt euch doch alle: Nuller-Jahre-Theater, ach was, Neunzehnneunziger war das. Das Geschrei trübte Viktors Laune noch weiter. Er saß auf einem unbequemen Sessel und riss verzweifelt an seinem Bart. Den Bart trug Viktor seit eineinhalb Jahren. Der Bart hatte in dieser Zeit eine beachtliche Länge erreicht, berührte nun schon beinahe sein von blau-grau karierter Baumwolle bedecktes Sternum, was Viktor gefiel, Magda aber nicht. Magda gar nicht. Magda hasste Viktors Bart. Was sie beklagenswerterweise mehrmals die Woche zum Thema machte, vorzugsweise zum Frühstücksthema, weil ihr dies, wie Viktor vermutete, ermöglichte, ihrer miesen Morgenlaune ein Ventil zu verschaffen und ihrer täglichen Verbitterung darüber, dass Viktor länger schlafen durfte als sie. Oder einfach länger schlief. Magda war für gewöhnlich großzügig und nicht nachtragend, aber das verzieh sie Viktor nicht, jeden Tag aufs Neue nicht.

Auch diesen Morgen war sie ihn wieder angestiegen, völlig unnötig. Fanny und Milena waren schon in der Schule,

Magda hatte der Kleinen gerade ein Leiberl über den Kopf gezogen. Heidi hatte es leise greinend über sich ergehen lassen. Selbst eine Vierjährige wusste schon, dass sie die morgendliche Launenhaftigkeit ihrer Mutter lieber nicht weiter anstacheln sollte, kam nichts Gutes dabei raus. Dabei war Magda sonst ein gutmütiger, geduldiger Mensch, eigentlich. Nur nicht in der Früh.

«In deinem Bart klebt Ei.»

«Ich habe ja gar kein Ei gegessen.»

«Na, irgendwas klebt da jedenfalls. In diesem Gestrüpp. Schaut eklig aus. Schneid's doch einfach weg.»

In einem Tonfall, der ein neckisches Pingpong erwarten ließ. Aber nur für jemanden, der Magda nicht kannte. Viktor kannte Magda, Viktor kannte sich aus, wusste, wie das weitergehen und worin es enden würde. So blöd war Viktor schon lang nicht mehr, dass er darauf reinfiel.

«Bald.»

«Das sagst du seit einem Jahr. Nein, schon länger.»

«Ja, Schatz. Ist die Kleine fertig?»

«Sobald du sie fertig gemacht hast.»

Darauf hätte es einige Dinge zu sagen gegeben, die Viktor aus einer von Kummer gestählten Klugheit lieber nicht sagte. Er hatte Heidi von Magdas Knien gepflückt, und Heidi hatte sich dankbar an Viktors Hals geklammert. Nicht ohne dabei einen Zipfel von Viktors Bart einzuklemmen, der Schmerz ließ Viktor zusammenzucken, oh verdammt, auauau, *verdammt*, jetzt bloß auf keinen Fall Magda den Schmerz zeigen, oh Gott, das tat weh. Viktor hielt den Atem an. Er hatte Heidis Hand vorsichtig aus dem Gestrüpp gelöst, leise durchgeatmet und das Kind in die Garderobe getragen, zu den Haufen von Kinderjacken und Schuhen, wo er, Gott sei Dank, seinen Bart befreite, indem er Heidi direkt in Fannys rote Ledersandalen stellte.

«Sind nicht meine!» Quietschende Begeisterung beim Kleinkind.

«Ach, nicht? Mein Fehler. Die da?» Viktor hatte Heidi in ein weiteres zu großes Paar gesteckt.

«Neiiiiin! Die gehören doch Milena!»

«Die da?»

«Aber Papa! Das sind doch deine! Die da!»

Viktor stopfte das kichernde Kind in die richtigen Schuhe, rosa Gummistiefel mit grünen Elefanten. Er fischte Heidis Windjacke aus dem Haufen, es war Regen angesagt. Ein unvorstellbares Chaos hier, Jacken, Mäntel, Schuhe und Hauben aus allen Jahreszeiten. Hier sollte dringend mal jemand aufräumen. Wer dieses Durcheinander sah, würde schwer glauben, dass Magda einen Putztrupp dirigierte, erfolgreich.

«Ich wünsch es mir zum Geburtstag! Dass du dich rasierst! Sonst nichts! Also, nur noch, dass wir endlich heiraten.»

Viktor hatte Magda aus der Küche gut gehört, aber ihm war auf die Schnelle keine ungefährliche Antwort eingefallen. Er hatte sie deshalb lieber ignoriert. Und er brauchte dringend eine Zigarette.

Das Bartgespräch hatte Viktor mit Magda schon hundertmal geführt. Sie ließ keine Gelegenheit aus, damit anzufangen, sogar kürzlich am Jahrestag, als sie endlich wieder einmal zu zweit aus waren, an der Bar, beim Gin Tonic.

«Willst du nicht endlich?» Immer in diesem verspielten Tonfall.

«Nein, mein Schatz, will ich nicht.»

«Hipster ist aber out.»

«Wer sagt denn das? Außerdem bin ich kein Hipster.»

«Aber du schaust aus wie einer. Mit deinem Hipsterbart auf deinem Hipsterfahrrad.»

«Ist mir so egal.»

«Ein Hipster, der in ein paar Wochen fünfzig wird. Was wirst du eigentlich ...»

«Bitte, Magda. Fang nicht du auch noch mit der Party an. Ich. Will. Keine. Party.»

«Okay, aber dafür rasierst du dich.»

«Mal sehen.»

«Du siehst glattrasiert so viel besser aus!»

«Finde ich eben nicht.»

«Aber du gefällst mir so nicht! Wem gefällst du denn so? Hä?»

«Mir?»

«Wem noch?»

«Weiß ich doch nicht.»

«Mir jedenfalls nicht.»

«Das weiß ich allerdings.»

«Aber als ich mit dir zusammengezogen bin, da warst du glattrasiert, ich fühle mich betrogen und mit falschen Versprechungen geködert!»

Und als ich mich in dich verliebt habe, hätte Viktor einwenden können, waren deine Hüften schmaler und du hattest gute Fesseln. Und eine Frisur, nicht einfach Haare, dunkle Haare mit ein paar grauen dazwischen, die links und rechts und hinten herunterhingen und manchmal mit einer Klammer aus dem Blickfeld gezurrt wurden. Aber Viktor war nicht bescheuert und sagte das nicht.

So oder so: Sein Bart war und blieb unverhandelbar. Wenn er schon keine Haare mehr am Kopf hatte, dann wollte er Haare wenigstens anderswo. Tatsächlich hatte Viktor darüber eine Theorie, die er Magda verheimlichte, und zwar jene, dass die Haare in seinem Gesicht den nun beinahe vollumfänglichen Haarverlust auf seinem Kopf wettmachten. Und dass es den Frauen, das jedenfalls wollte Viktor unbedingt glauben, letztlich egal war, ob man Haare am Kopf hatte oder am Kinn, Hauptsache Haare, dichte, männliche Haare. Diese Haare, das glaubte Viktor, ersetzten jene, die eine innerfamiliäre Anlage zur Kahlköpfigkeit ihm (und seinem Vater selig, seinen drei Onkeln und einer der Großmütter) viel zu früh geraubt hatte. Es war ein Glaube, der bestärkt wurde von dem Umstand, dass Josi sogar die Haare auf seinem Rücken liebte, von denen er schon immer reichlich hatte und, wie es ihm schien, noch reichlicher, seit er am Schädel kahl wurde. Dass in der Frauenwelt zum Thema Rückenbehaarung brutal gegensätzliche Ansichtslagen herrschten, war Viktor durchaus bewusst. Über den Umstand, dass ein Rückenpelz, geliebt oder gehasst, eindeutig ein Männlichkeitssignal war, schien es allerdings keinen Zweifel zu geben. Das reichte Viktor, zusätzlich zu seinem dichten Bart, und wenn es die Situation erlaubte, zog Viktor sommers gern einmal sein Hemd aus. Und zeigte, was er so hatte, vorne und hinten, denn hey, er hatte.

Der Bart, der Pelz, sogar Viktors nun beinahe vollständige Kahlheit, die einen schmalen, länglichen Schädel enthüllte: Das alles waren ihm willkommene Abweichungen und Unstimmigkeiten. Körperliche Reaktionen auf die unbestreitbare Tatsache, dass die Natur und eine, Viktors Meinung, ungnädige genetische Disposition ihn von Geburt an mit einem derart durchschnittlichen, unauffälligen Erscheinungsbild ausgestattet hatte, dass er sich als Kind phasenweise für unsichtbar hielt, so oft war er übersehen worden, verwechselt oder nicht wiedererkannt. Du bist unsichtbar!, hatte Sigrid, seine ältere Schwester, immer wieder gesagt, nütz das doch aus!

Sie hatte sich schon als Jugendliche gern über ihn und seine Durchschnittlichkeit lustig gemacht. Vielleicht, weil bei ihr selbst alles immer ein bisschen zu viel, zu groß, zu widerspenstig gewesen war ... Das Kinn zu lang, das Haar zu störrisch, die Nase zu breit, die Beine zu kräftig. Während Viktor Durchschnitt war, alles an ihm. Schau dir doch deine Babyfotos an, Viktor, hatte Sigrid gehänselt, du warst doch schon als Baby unsichtbar, alles an dir ist Durchschnitt, und auf deinen Schulfotos muss ich dich jedes Mal wieder suchen, schau, du verschwindest einfach zwischen den anderen. Du nicht, hatte Viktor gesagt, du dagegen gar nicht.

Aber sie hatte schon recht gehabt: Viktor war ein durchschnittliches Baby gewesen und ein ebenso durchschnittliches Klein- und Schulkind. Er war, in der Jugend und als Erwachsener, weder besonders attraktiv noch besonders hässlich, weder schön noch abstoßend. Im Kindergarten und in der Schule verhielt er sich unauffällig. Er hatte keine besonders bemerkenswerten Augen (sie waren einfach nur braun), keine auffallend schönen Hände, kein augenfälliger äußerlicher Makel kennzeichnete ihn. Seine Nase war unspektakulär, ebenso die Form seines Kinns. Er hatte keine Grübchen. Er war von durchschnittlicher Größe und mittlerer Statur und hatte einen vollkommen gewöhnlichen Körperbau.

Viktor selbst bot diese seine immense Durchschnittlichkeit und die daraus resultierende Verwechselbarkeit viel Anlass zu Kummer: Einer für Viktor schmerzhaft großen Zahl von Zeitgenossen (darunter besonders viele weiblichen Geschlechts) machte sie es unmöglich, sich Viktors Gesicht und Gestalt und damit den ganzen Viktor von einer Begegnung zur nächsten zu merken. Viktor schien, das hatte Sigrid durchaus richtig gesehen, mit seiner Umgebung zu verschwimmen, in seinen jeweiligen Hintergrund hineinzuschmelzen. Ständig hatte Viktor denselben Leuten wieder und wieder vorgestellt werden oder sich, noch unangenehmer, selbst noch einmal vorstellen müssen. Er besaß eben nun leider ein Antlitz, das so normal war, dass sein Gegenüber es offenbar in der Sekunde, in der Viktor sich umdrehte, wieder vergaß. In seinen Zwanzigern hatte Viktor deshalb um Alleinstellungsmerkmale gerungen, und während sein Jugendfreund Jan unter einer erheblichen (und längst korrigierten) Hakennase litt, hatte Viktor sich heimlich gewünscht, irgendetwas an ihm wäre so auffällig, so extrem oder seinetwegen sogar so abstoßend, dass es sich seiner Mitwelt unauslöschlich ins Bewusstsein prägte, ihn zu einem unvergesslichen Viktor machte und die Menschen unweigerlich zwang, einen zweiten Blick auf ihn zu werfen, und sei es auch aus Ekel und Sensationslust.

Auch wenn diese Verschwommenheit ihm zuweilen, und das ärgerte Sigrid besonders, durchaus zum Vorteil gereichte, zum Beispiel in der Schule, die er gut absolvierte und abschloss, ohne dass er sich sonderlich anstrengen musste, während seine Schwester sich durch ihre Schulzeit quälte. Dennoch hatte Viktor in seiner Adoleszenz begonnen, sich gegen diese Unsichtbarkeit zur Wehr zu setzen, vehement Einspruch erhoben gegen die Vergesslichkeit seiner Mitmenschen; da und da haben wir uns schon kennengelernt, weißt du nicht mehr, erinnern Sie sich?

Der juvenile Viktor hatte sich dann mit technischen und stilistischen Hilfsmitteln zu mehr Sichtbarkeit verholfen, zuerst mit kleinen, silbernen Ohrringen, erst einem, dann zweien (was zu seiner Zeit als mädchenhaft verschrien war und ihm auf diese Weise Aufmerksamkeit garantiert hatte), und er ließ sich, beginnend an seinem achtzehnten Geburtstag und zum Unglück seiner Mutter, erste Tätowierungen stechen, zunächst kleine, dann größere. Vorübergehend schmückten Piercings Viktors Nase und zeitweise auch seine Augenbrauen, später hatte er sein damals dichtes, dunkelblondes Haar erst blau gefärbt und dann lang wachsen lassen, zu zwei Zöpfen geflochten und sich so ein Erkennungszeichen zugelegt. Das hatte ihm zumindest vorübergehend eine gewisse Signifikanz verschafft und damit ein wenig Wiedererkennbarkeit und Individualität, wenngleich eine, die Sigrids Hohnfreudigkeit noch anfeuerte. Ma, unsere Pocahontas! Süß. Zum Glück hatte seine Schwester bald darauf das Haus verlassen und war ihm fortan aus erträglicher Distanz auf die Nerven gegangen.

Dass er so früh Vater geworden war, führte Viktor, wann immer er darüber nachdachte, durchaus auch auf seine körperliche Merkmallosigkeit zurück. Und nachdem er als Einundzwanzigjähriger eine der ersten Frauen, die bei der zweiten Begegnung nicht nur seine Gestalt erkannte, sondern auch umstandslos seinen Namen memorieren konnte, verführt und Edith sehr bald und ohne Absicht geschwängert hatte, trug Viktor seine Haare wieder kurz und in seinem natürlichen Dunkelblond. Als sei die frühe Vaterschaft Alleinstellungsmerkmal genug. Und vielleicht auch, weil Viktor damals vorübergehend glaubte, zu einer Familie gehöre ein gewisses Bekenntnis zur Spießerei oder könne jedenfalls nicht schaden. Das glaubte Viktor nun nicht mehr. Und der Bart, den Magda so hasste, war dafür nur ein äußerer Ausdruck.

Aber lange bevor er Magda kannte, hatte er irgendwann aufgehört, das Vergessenwerden, Verblassen und Verschwimmen zu beeinspruchen. Sein Beharren auf bereits bestehende Bekanntschaft änderte ja doch nichts daran, dass sein Gesicht seinem Gegenüber fremd und neu war, und es erwies sich als zielführender, seinen Mitmenschen, vor allem den weiblichen, eine Peinlichkeit zu ersparen, die sie letztlich von ihm wegtrieb. Denn welcher Mensch ließ sich schon gern bei einer Unhöflichkeit oder besser Empathielosigkeit ertappen, mit der das Vergessen eines Gesichts, das man eigentlich kannte, verbunden wurde? Zumal in den vermeintlich ersten Minuten einer Begegnung.

In so einer Bekanntschaft war dann, Viktor erinnert sich immer noch und nun, da ihm Magda seinen Bart wieder wegnehmen wollte, erneut, gleich der Hund drin, der Tropfen eines Gifts, der jede Vertiefung der Beziehung kontaminierte. Weil Viktor das nicht wollte, hatte er sich endlich seiner äußerlichen Durchschnittlichkeit ergeben und beschlossen, zum Ausgleich zu einem überdurchschnittlichen künstlerischen Talent zu reifen. Der Schmerz über das jähe Scheitern der Beziehung mit Edith war ihm dabei ein nicht gänzlich unwillkommener Motor.

Er hatte sein erstes Theaterstück geschrieben, bei einem Wettbewerb eingereicht und dafür zwar nicht den ersten, aber den zweiten Preis bekommen samt der Möglichkeit, sein Stück mit einem kleinen Stipendium an einem Off-Theater zu inszenieren. Kurz nach der schwach besuchten Premiere, für die er, woran Viktor nach wie vor nicht gerne zurückdenkt, eher gemischte Kritiken geerntet hatte, traf er Natalie, die bald darauf ihr WG-Zimmer verlor und deshalb bei ihm einzog. Ein paar Jahre später war Adina zur Welt gekommen. Am Tag, nach dem ihn Natalie nach fast fünfzehnjährigem Zusammenleben verlassen hatte, wandelte er seinen Schmerz in eine schicke Sehschwäche um und legte sich eine schwere Brille mit dickem Rand zu, die ihn erstmals unverwechselbar machte. Unmittelbar nach ihrem Erwerb hatte er beim Verlassen des Brillengeschäfts Magda niedergestoßen, die sich dabei den Arm verstaucht und ihn auf Tschechisch verflucht hatte.

Diese Brille trug Viktor jetzt nur noch selten. Er hatte ja den Bart. Und egal, wie sehr seine Schwester sich darüber lustig machte, wann immer sie ihn sah, und egal, wie sehr Magda diesen Bart hasste: Diesen Bart würde Viktor stehenlassen, das war sein Bart, basta.

Viktor blickte mit brillenlosen Augen auf das Geschehen vor ihm, schaute, schaute nur. Er ließ das wirken in all seiner Fürchterlichkeit. Er machte sich ein paar Notizen, in Gedanken zumindest, oder Moment, doch lieber festhalten. Es war heiß, er schwitzte, unter den Achseln, in seiner Hose, seine Hände schwitzten auch. Er wollte hier raus, besser gleich als später, auch wenn der Tag da draußen nicht weniger anstrengend werden würde als das hier: Er hatte ein Mittagessen mit einem Rathaus-Menschen vor sich, irgendeine Magistratsabteilung, mit deren Leiter er sich, keinen Schimmer, wieso, persönlich zu treffen hatte. Der Referent des Stadtrats hatte es angeordnet. Dann ein Interview mit einer Wochenzeitschrift; dann musste er in sein Büro, ein paar Anrufe machen und sich mit Lisa koordinieren. Dann war er mit Helen verabredet, die eine Diva war und mindestens eineinhalb Stunden seiner wertvollen Zeit verlangte und die er nicht mit einem Quickie abspeisen konnte; dann zur Eröffnung bei Meyer Kainer; dann die Buchpräsentation vom Richter, was ausarten würde. Und wenn er dann heimkam, würde Magda entweder schon schlafen oder noch wach sein, und er wusste nicht, was schlechter war.

Viktor nahm das Handy, ließ es leuchten und suchte die Audio-App. Flüsterte, während Schweiß über sein Gesicht rann, Worte in das Gerät, Sprachfetzen, ganz leise, glaubte Viktor, aber sein Gezischel drang zu den Schauspielern durch und veränderte die Stimmung. Erst unmerklich, dann brutal spürbar. Die Atmosphäre auf der Bühne begann zu vibrieren, und die Vibration waberte zurück zu Viktor. Worauf auch Viktor die veränderte Stimmung bemerkte; er blickte auf und in die großen, alarmierten Augen einer etwas älteren Schauspielerin.

Die Schauspielerin hatte, was Viktors Mitleid bereits zuvor erregt hatte, in der Szene nichts weiter zu tun, als an einem Tisch zu sitzen und auf ein sich langsam leerendes Glas zu starren, während die beiden mutmaßlichen Hauptdarsteller um sie herumderwischten und zusammenhangloses und wenig glaubwürdiges Gestammel in Richtung Zuschauerraum warfen, vermutlich, um das Publikum wach zu halten. Es ging dabei um Terror, ein besserwisserisches, pseudopolitisches Meta-Diskurs-Geschwafel, wie es Viktor jeden Abend im Kühns hören konnte. Viktor schaute in die Schauspielerinnenaugen zurück und fühlte zugleich den Blick der Morscher auf sich, die vor der Bühne das Geschehen verfolgte und mit wehenden Armen dirigierte. Sie trug ein dünnes, grünes Kleid, das ihr auf der Haut klebte und durch das man, Viktor konstatierte es aus dem Augenwinkel, einen dunklen BH erkennen konnte, aber keinen Slip, trug sie etwa keinen Slip?

Leider konnte Viktor sich dieser Fragestellung nicht länger widmen, denn die Morscher sah nun direkt zu Viktor her, und Viktor kämpfte verbissen darum, diesen Blick zu ignorieren und auf keinen, auf gar keinen Fall zu retournieren. Jeglicher Blickkontakt musste unbedingt vermieden werden. Die Morscher sollte Viktors Unmut spüren, sie sollte all die Unsicherheit, Unruhe und das ganze Unglück empfinden, das Viktor gerade überbrandete, weil er hier etwas geradebiegen, reparieren und regeln würde müssen, ganz stark eingreifen. Vielleicht sogar komplett streichen und ersetzen. In Viktors Schoß vibrierte das Smartphone und ließ eine Nachricht durch. Von Annemarie, einer seiner drei Schwestern.

Brüderchen! Bin in der Nähe! Kaffee im Schanigarten vom Blauen Hahn?

Sicher nicht. Er brauchte eine Zigarette.

Schwesterchen!, tippte Viktor.

Er hatte einen schnellen Daumen.

Bin in der Probebühne, ganz woanders! Leider! Aber bald! Bussi

Denn darauf fiel Viktor nicht herein, sicher nicht, er sandte seine Nachricht mit triumphierendem Lächeln und las, als es erneut vibrierte, Annemaries Antwort nicht. Das war doch eh wieder nur ein Trick, wie immer. Er wusste doch, wie das lief, wenn er sich darauf einließ. Viktor kannte Frauen und ihre Finten mittlerweile, er war von genug Frauen umgeben. Eigentlich war er ausschließlich von Frauen umgeben, immer schon, seit seiner Geburt aus dem Schoß einer Frau, bei der sein Vater natürlich nicht anwesend gewesen war, war man damals nicht gewesen als Mann, im Unterschied zu Viktor, der fünf Kinder aus drei Frauen schlüpfen sah, alle weiblich, selbstverständlich. Viel zu viele Frauen, und alle wollten etwas von ihm, auf irgendeine Weise. Beklagenswertes Schicksal das, aus dem Viktor seit Jahren zu fliehen suchte, erfolglos und, na gut, nicht immer mit dem nötigen Nachdruck. Schwul sollte man sein. Aber. Und seine Schwestern würde er dadurch auch nicht los. Seine Schwestern nicht, und nicht ihre aktuellen, nervigen Bemühungen rund um seinen drohenden Geburtstag.

«Was ist jetzt mit deinem Fünfziger, Viktor?» (Nichts!, hatte Viktor doch längst gesagt, wieder und wieder.)

«Du könntest doch da oder da feiern, Brüderchen!» (Immer irgendwelche total idiotischen Orte, die sie ihm vorschlugen, spießige Bars, traurige Heurige, der Festsaal im Bezirksamt – nicht einmal das Rathaus, ein Bezirksamt! –, ein Wellness-Hotel, wie kamen die nur immer auf so was? Eh klar, indem sie zusammen Prosetscherl – so nannten sie es tatsächlich, gute Güte! – tranken und über das Leben ihres Bruders verfügten.)

«Nein, Viktor, du kannst nicht nicht feiern, das geht nicht.»

«Denk doch an die Mutter, Viktor.» (Wieso an die Mutter? War's nicht sein Geburtstag?)

«Was, wenn wir dir gemeinsam eine Party ausrichten, Viktor?» (Um Gottes willen.)

– Nein! Neinneinnein! Bloß nicht! Lasst mich in Ruhe!

Und er hatte jetzt gar keine Zeit, sich um so einen unsinnigen Mist zu kümmern. Die Morscher war schuld, die auch etwas von ihm gewollt hatte, und das hatte er jetzt davon, dieses Desaster da vorne hatte er jetzt davon, ganz prima. Er musste das richten. Oder loswerden. Oder reparieren. Nicht hier und jetzt, aber er musste und würde es reparieren, auch wenn es schwer war. Das fiele ja nicht nur auf die unfähige

Morscher zurück, sondern auf Viktors Qualifikation, Viktors Ansatz, Viktors Programmatik, Viktors Denkmodell, Viktors philosophischen Überbau, Viktors erstes vollkommen eigenständiges Programm – auf Viktor selbst also. Sein erstes Programm musste Viktor makellos abliefern, grandios musste es sein, originär, radikal modern und neu, und dieses Ansinnen versuchte die Morscher ihm offensichtlich gerade zu ruinieren.

(Die Morscher: Er hatte sie bei einer Premiere kennengelernt, besser: sie ihn, und bald danach auf einer Drehschlussparty wiedergetroffen, vermutlich auch nicht zufällig, denn sie spielte in dem Film gar nicht mit. Sie war eigentlich Schauspielerin, mit mäßiger Auftragslage, nicht talentiert genug, nicht hübsch genug, nicht mehr jung genug, sie brauchte, das war Viktor klar, dringend einen Protegé, einen Arbeitsvermittler, jemanden, der ihr eine Chance gab, neue Möglichkeiten eröffnete. Die Art, wie sie ihn direkt anstieg, ganz frontal, mit ernsthaftem Interesse für seine Arbeit, gepaart mit einem ganz offenen, sehr sympathischen und extrem vielversprechenden Lachen, ließ Viktor ahnen, dass sie bereit war, etwas dafür zu tun. Sie tranken Wodka, sehr viel. Gegen ein Uhr früh flüsterte sie ihm ein Wort ins Ohr, Damenklo, und verschwand. Viktor wartete fünfzig Sekunden, verließ seinen Platz ebenfalls und machte sich auf die Suche nach dem Damenklo, was schwieriger war als gedacht, weil er sich durch Trauben von Menschen drängen musste, die ihn begrüßen oder sonst etwas von ihm wollten. Er fand das Klo, drückte sich an zwei konsterniert blickenden Frauen vor dem Spiegel vorbei, die er zum Glück nicht kannte, und wurde dann von der Morscher durch den Türspalt in eine Kabine gezogen, glücklicherweise eine fest gemauerte. Sie steckte ihm sofort die Zunge in den Mund, öffnete ihm zugleich die Hose, ging auf die Knie und blies ihn sehr ansprechend. Kurz bevor er kam, stemmte sie sich hoch, drehte ihm ihren Hintern zu und hielt ihm ein Kondom hin, das sie hervorgezaubert hatte. Er riss es auf und streifte es sich über, während sie ihre Hose öffnete, er riss ihr Jeans und Slip mit einem Ruck herunter, packte ihre Hüften und drang in sie ein. Sie stöhnte auf, leise, und machte kaum ein Geräusch, während Viktor sie ruppig vögelte, nur ein leises, rhythmisches Seufzen. Jemand klopfte an die Tür, sie ignorierten es. Viktor kam leise grunzend, sie zogen sich leise ihre Hosen hoch und dann sehr laut ihre Nasen, auf dass man es vor der Tür gut höre. Sie verließen die Kabine, hintereinander, mit einem entschuldigenden Grinsen, die Morscher wischte sich mit der Hand über ihre Nase. Danach trafen sie sich öfter, aber weniger öffentlich, in ihrer Dachmansarde. Jedes Mal, nachdem sie ihn bezüglich ihrer Pläne bequatscht und bearbeitet hatte, ließ sie ihn alles machen, was er wollte, einmal auch gemeinsam mit Richter, was Viktor aber letztlich eine semibefriedigende Erfahrung fand; lieber als seinen Freund hätte er ihre beste Freundin dabeigehabt. Sie wirkte immer sehr gelassen, neugierig und modern, sie schien Freude daran zu haben, wenn auch keine euphorische. Sie tat es, weil es nicht übel war, weil es sie nicht störte und weil es etwas brachte. Offenbar sah sie es so, dass sie da ein sehr machtvolles Werkzeug zwischen ihren Beinen hatte, das sie nicht ungerne und routiniert benutzte.

Während der ganzen Zeit jedenfalls verfolgte sie unbeirrt ihr Ziel, bis sie es erreicht hatte.)

Und das hatte er jetzt davon. Er kam aus der Nummer nicht mehr raus. Es machte ihn ärgerlich, dass sie ihm das antat, sehr ärgerlich, und es potenzierte seine Transpiration. Viktor wischte sich den Schweiß von der Stirn und sah auf das iPhone in seiner Hand. Die Katastrophe auf der Bühne vor ihm warf seine gesamte Planung über den Haufen, nicht nur seinen Programm-Zeitplan, sondern auch seinen persönlichen. Und das hielt Viktor nun wirklich für unverzeihlich. Es beeinträchtigte seine Lebensqualität, ganz unmittelbar. Zum Beispiel würde Viktor, so wie es aussah, heute keinen Sex mit Helen haben. Dank der Morscher, mit der er stattdessen ein langes, ernstes Gespräch führen würde müssen, das die Morscher nicht gut aufnehmen würde. Gottverflucht, er wollte Helen wirklich unbedingt sehen, aber es ging sich einfach nicht aus. Viktor schaute hinunter auf sein Handy, resigniert. Er öffnete die Textnachrichten, tippte «He» ins Adressfeld, und irgendein Algorithmus vervollständigte das sofort zu «Helen», was ihm gewiss noch einmal zum Verhängnis werden würde. Konnte man das ausschalten? Er musste Lisa fragen.

– *Liebste, so ein verdammter Mist, es geht heute nicht. Alarmstufe Rot auf der Probebühne … das Stück. Sags keinem, aber: Katastrophe, absolut … sofortiger Handlungsbedarf, bitte vergib mir. Ich wäre so verrückt viel lieber in dir als in dieser Scheißkrise hier.* 🙁

Noch ein trauriges Emoji.

Unglaublich, wie kindisch Erwachsene heutzutage kommunizierten. Und zwar alle; Viktor war sich der Infantilität seines Tuns bewusst, ein erwachsener Mann, der sich durch die Emojis in seinem iPhone scrollte, auf der Suche nach einem knallgelben Mondgesicht, das ein Herzchen ausspuckte, da, da war es.

So ein verfluchter Mist, erstens wollte er sie unbedingt sehen, zweitens würde sie ihm das übelnehmen.

So ein verdammter Mist. Bin vollkommen untröstlich. Verzeih mir!!! 😣😣

Ach, lieber noch eins.

😣

Viktor war genervt. Er wollte bei ihr liegen. Er wollte ihr zuhören, wie sie erzählte, von ihrem Tag, von ihren Klienten und deren Problemen, natürlich streng anonymisiert, sogar von ihrem Kind und den Problemen mit Paul. Er hätte über seine Arbeit geredet, über den Kampf mit dem Festivalprogramm und die Sorgen, die ihm manche Punkte machten, aber viel lieber noch über die Zustimmung, die er für den ersten Entwurf, die ersten fixen Acts von vielen Seiten bekam, über das Medieninteresse; er hätte mit ihr über gemeinsame Freunde gesprochen, über Sam, seinen besten Freund, über Richter, sogar über Magda, vielleicht sogar über Magdas Hochzeitswahn. Sie sprachen über derlei, es kannten sich ja alle, sie kannten sich ja alle gut, und das machte die Sache mit Helen zur gefährlichsten seiner Geschichten. Und dadurch auch zur spannendsten, denn davon durfte nun definitiv nie jemand erfahren. Und deshalb sollte Helen lieber niemals auf ihn sauer sein.

Jetzt würde sie das aber, zumindest ein bisschen, weil sie es nicht gernhatte, wenn man ihre Pläne durcheinanderbrachte und ihre sorgfältig getaktete Organisation. Helen war professionell, selbstbewusst und mit ihrer Kanzlei, soweit Viktor informiert war, recht erfolgreich, sie war ordentlich, diskret und gut organisiert. Und zickig, was sie sich leisten konnte, weil sie nicht nur alles im Griff hatte, sondern zudem so schön war. So blond. So stolz. Und sie reagierte mimosig, wenn man ihre Logistik ruinierte und Helens Präsenz und allem, was damit an Benefizien verbunden war, etwas anderes vorzog, und sei das andere noch so überlebenswichtig. Es würde sie vielleicht kalmieren, wenn er jetzt gleich um einen Ersatztermin bettelte wie ein verzweifelter Klient … Er drückte die angefangene Nachricht weg, klickte sich in seinen Kalender ein, überflog seine Termine und drückte sich zurück in die Textnachrichten. *Wie sieht es am Mittwoch bei dir aus, Schönste? Ich hätte Zei–*

Viktor berührte den Lösch-Button und ließ die letzten drei Wörter verschwinden, lieber anders formulieren, so:

Ich könnte …

Falsch, zurück.

Ich würde mir Zeit nehmen um Mittag herum. Sehnsucht galore, 1000 Küsse. ♥♥♥♥♥

Schadensbegrenzung samt eingebettetem Versuch der Wiedergutmachung. Er brauchte jetzt wirklich dringend eine Zigarette, Viktor wühlte in seiner Tasche nach seinen Camels und atmete auf, als seine Hand die weiche Packung ertastete.

Helen würde vermutlich in ein paar Minuten, nach einer

angemessenen Frist, die nicht den Verdacht aufkommen ließ, sie hätte nichts anderes zu tun, als neben ihrem Smartphone zu lauern, ein unbekümmertes *Na, schade!* zurückmailen. Ein vermeintlich unbekümmertes, denn in Wirklichkeit ärgerte es sie, dass er sie versetzt, hinter etwas anderes zurückgesetzt hatte, sie würde wütend sein oder es noch werden, er kannte sie mittlerweile ganz gut.

Helen, so befürchtete Viktor, würde im schlimmsten Fall den YouTube-Clip eines Songs auf Facebook sharen, der eine Botschaft an ihn enthielt, vielleicht auch noch eine kryptische Statusmeldung, eine wahnsinnig riskante Angewohnheit Helens, die ihm manchmal Angst machte. Das blöde Facebook machte ihn sowieso nervös, es holte alles Unreife aus den Leuten heraus. Sie ließen sich gehen, sie fühlten sich sicher in ihren offensichtlich vertrauten Kreisen, sie wurden kindisch und unvorsichtig. Diese scheiß sozialen Medien ruinierten die Leute, die größten Dummköpfe hielten sich wegen ein paar Likes für große Intellektuelle, glaubten auf einmal, sie hätten eine politische Haltung, weil sie eine politische Statusmeldung likten von Leuten, die sich das trauten, während sie selber nichts konnten als erigierte Däumchen drücken. Jeden Blödsinn, der ihnen gerade einfiel, schrieben die Leute hinein, sie reagierten ihre Wut ab und ließen sich komplett gehen. Es war eine ständige Gefahr, und sie versetzte Viktor in permanente Sorge. Denn schließlich war auch Magda auf Facebook, und Edith, und Marie, seine älteste Tochter, und die Morscher, und Lisbeth sowieso. Josi nicht, zum Glück, wenigstens eine nicht.

Und Helen war nun, so sah es jedenfalls Viktor, leider

sehr leidenschaftlich, sehr empfindlich und dann sehr sarkastisch, und damit würde es nicht getan sein, denn irgendwann, sehr bald, würde er das büßen, indem er eines ihrer zynischen Mails nicht nur lesen würde müssen, sondern auch in einer Weise beantworten, die ihm trotz aller Probleme – ihrer Probleme, nicht seiner – doch wieder Zugang in ihr Bett verschaffte und zwischen ihre Beine. Ihre schönen Beine, by the way, ihre dünnen, aber kräftigen, vom vielen Laufen gut trainierten Schenkel, und die Erinnerung an die Umschlungenheit mit diesen Beinen ließ Viktors Entschluss kurz und kräftig wackeln. Denn dort wollte er unbedingt hin, am liebsten jetzt gleich, auch wenn es so wahnsinnig gefährlich war mit Helen und, trotz des geschmeidigen Beginns mit ihr, nun doch auch irgendwie kompliziert. Sie wollte was von ihm, er konnte nur nicht sagen, was genau, warum sie sich eingelassen hatte. Es war kompliziert. Was aber am Ende ohnehin alle Weiber sind: anstrengend. Kompliziert.

Außer Josi, vielleicht. Er konnte Josi ansimsen, auf ein bisschen schnellen, unkomplizierten Sex, nur so zum Abreagieren, nur Sex, kein Gequatsche, nur was Sportliches zwischen Büro und Kinder von der Kita abholen. Mit Helen war so etwas unmöglich, aber Josi: Josi nicht, Josi betrachtete Sex sportlich, wie eine außertourliche Yoga-Einheit oder ein paar Längen schwimmen. Konnte auch mal länger und verknutschter und ausführlicher sein, musste aber nicht. Ja, Josi, das würde er versuchen. Viktor verfluchte die Morscher, die das verkackt hatte, und er verfluchte sich, dass er der Morscher die Möglichkeit zum Verkacken überhaupt erst gegeben hatte, oder genauer: sein Schwanz. Weil: Das wurde immer schlimmer. Das iPhone vibrierte. Das ging jetzt aber schnell, Helen. Er las das gleich, dann, gleich.

Die Morscher, Viktor sah es jetzt deutlich, war noch nicht so weit. Aber die Morscher hatte Viktor festgezurrt mit ihrem Muschiwerkzeug, auf eine Viktor schließlich ganz und gar unangenehme Weise, die, ohne dass sie es je wirklich andeutete, eine bestimmte Drohung eisig über Viktors Nacken perlen ließ. Es war die immerwährende, stets über Viktor schwebende Drohung: Ich bin hier, ich bin nackt, du bist nackt, und ich hab deinen Schwanz in der Hand, ich hab dich in der Hand, spiel nicht mit mir, ich könnte es deiner Frau erzählen, ich tue es nicht, aber ich könnte es. Keine seiner aktuellen und ehemaligen Geliebten hatte je etwas Derartiges getan, angedroht oder auch nur ausgesprochen, auch nicht Camille, mit der es irgendwie anstrengend geworden war am Ende, kurz bevor sie dann mit ihm Schluss gemacht hatte, überaus abrupt. Aber bei der Morscher war es plötzlich wie eine realistische Möglichkeit dahergekommen, wie ein Geschoss, das Viktors Kugelsicherheit vielleicht durchschlagen könnte, ohne dass sie auch nur eine Waffe gezückt hätte … Er hätte sich nicht darauf einlassen sollen, das legte nun endgültig eine ungeschützte Stelle bloß, eine riskante Verletzlichkeit, das nahm ihm die Sicherheit, mit der er bisher agiert hatte. Er hatte sich von etwas erpressen lassen, das sie nicht einmal formuliert hatte. Er schwächelte wohl. Er wurde alt. Er musste besser aufpassen, viel besser.

(Camille. Tänzerin. Wahnsinnskörper. Nicht der hellste Strahler in Gottes großer Beleuchtungsanlage, wirklich nicht, aber ein unglaublicher Körper, den sie sehr gerne nicht zu stark bedeckte, was Viktor gut fand. Er hatte sie ein paar Monate zuvor bei einer ImPulsTanz-Party kennengelernt, nachts, im Museumsquartier, sie hatte mit ihrer Truppe performt, nackt natürlich. Man tanzte jetzt offensichtlich grundsätzlich nur noch nackt, bald würde man auch im Theater bekleidet gar nicht mehr auf die Bühne gehen, vielleicht sollte er, Viktor, diesen Trend beim Festival begründen, er machte sich eine Sprachnotiz. Dummerweise hatte Camille in ihrer bunt studentischen, aus Flohmarktmöbeln zusammengewürfelten Wohnküche, leider noch bevor er ein letztes Mal mit ihr vögeln konnte, einen Streit vom Zaun gebrochen, bis heute konnte Viktor nicht sagen, wie genau es ihr gelungen war, es in nur fünfundvierzig Minuten vom leidenschaftlichen Begrüßungskuss an der Wohnungstür zum Ende ihrer Affäre zu schaffen, und er war sich bis heute nicht sicher, ob sie das so geplant hatte oder ob es ihr wirklich im Rausch ihrer Leidenschaftlichkeit passiert war. Vielleicht hatte sie von der Affäre mit dem bekannten Kulturzampano – den er ihr gegenüber jedenfalls markiert hatte – mehr erwartet gehabt und dann gefunden, dass ihre Investitionen zu wenig Rendite brachten. Er war offenbar doch nicht so wichtig im Kulturbetrieb, dieser Viktor. Es hatte ihr jedenfalls danach offenbar nicht leidgetan, jedenfalls hatte sie keine Sekunde versucht, den plötzlichen Abschied rückgängig zu machen. Sie hatte ihm sogar vorgeworfen, er komme nur zu ihr, wenn es ihm gerade in den Kram passe und er nichts Besseres zu tun hatte, als mit ihr zu vögeln, was korrekt war, und hatte damit aus einer völlig offensichtlichen Gegebenheit zunächst ein Problem, dann einen Streit konstruiert, der ihr ermöglichte, ihn umstandslos und final aus ihrer Wohnung zu befördern und die Tür hinter ihm zuzuwerfen. Er hatte allerdings nicht damit gerechnet, dass Camille es dabei belassen würde, sondern dass sie es zum Anlass für ein schnelles, leidenschaftlich On-off-Pingpong nehmen würde, wie sie es schon öfter gespielt hatten. Stattdessen schickte sie ihm ein nettes Mail, welches bewies, dass ihre Leidenschaft tatsächlich erloschen war. Er sah sie schon drei Tage später bei Kühn mit einem anderen Kerl, einem Journalisten, Kolumnist einer großen Zeitung, und sie knutschte mit ihm herum, als sei Viktor völlig unsichtbar. Wieder einmal. Was Viktor naturgemäß nicht gefallen konnte, weshalb er sie mit Mails und Anrufen umzustimmen versuchte, bis sie ihm schließlich drohte, Magda – «wie heißt sie noch mal, deine Frau, Martha?» – alles zu erzählen.

«Ich werd's deiner Frau sagen.»

«Nein, das machst du nicht.»

«Doch, das werde ich. Du nervst mich. Und mir ist es egal. Ich hab nichts zu verlieren. Du schon.»

Ja, Viktor schon. Und diese direkte Drohung, und dass Viktor die Situation nicht mehr unter Kontrolle hatte, das versetzte ihn in Panik. Sie tat es dann nicht, natürlich nicht, sie hatte überhaupt keinen Grund dazu, aber er war lange alarmiert. Es war nichts passiert, und sie hatte dann wohl ein gutes Angebot im Ausland bekommen, Amsterdam oder Rotterdam, irgendwo in Holland, er hatte sie zufällig auf der Straße getroffen, kurz bevor sie aus der Stadt verschwand. Viktors Angst war dann langsam verblasst, bis er nicht mehr daran dachte. War jetzt auch schon lange her, eineinhalb Jahre, oder schon zwei.) Er hatte das als faktischen Triumph verbucht, eine Situation, wo ein anderer sagen würde: Glück gehabt, und ab sofort will ich dieses Glück nicht mehr riskieren. Wie wenn man ängstlich auf das Ergebnis eines HIV-Tests wartet oder auf die Resultate einer Biopsie, und dann, nach dem großen Aufatmen, einen festen Entschluss fasst, fortan nun aber vernünftiger zu ficken und gesünder zu leben, viel mehr Sport zu machen und auf sich aufzupassen. (Anja: Sie hatte Viktor nach einer Darmspiegelung im Rahmen einer Vorsorgeuntersuchung plötzlich den bis dahin völlig unkomplizierten Analverkehr verweigert. Anja hatte wohl bange Tage in panischer Angst vor Rektalkrebs verbracht, nachdem sie in irgendeiner bescheuerten Frauenzeitschrift gelesen hatte, dass so was durch häufigen Analverkehr ausgelöst werden könne. Dann bekam Anja endlich ihren Koloskopie-Befund, unauffällig, und in ihrer Erleichterung gelobte sie ihrem Schöpfer ein analsexfreies Leben. Dabei war sie nicht einmal katholisch. Allerdings sehr deutsch. Viktor hatte das nicht so einfach hinnehmen wollen und ihr sogar Links geschickt, die die vollumfängliche Harmlosigkeit von geschütztem Analverkehr belegten, aber Anja war stur und unbeirrbar bei ihrer Entscheidung geblieben. Sie war, so sah sie es zumindest, dem Tod gerade noch einmal so von der Schippe gesprungen, sie würde das nicht wieder riskieren, und Viktor konnte das akzeptieren oder nicht.

«Aber, Mädchen, du rauchst doch auch Zigaretten. Ziemlich viele sogar.» Viktor akzeptierte es eher nicht.

«Was hat denn das damit zu tun.»

«Das ist riskanter.»

«Das ist aber was anderes.»

«Und viel, viel, viel gefährlicher. Wenn du die Statistiken liest, schneidet Arschficken im Vergleich zu Rauchen etwa tausend Prozent besser ab.»

«Es gibt eine Statistik, die das Risiko vom Rauchen mit dem von Analverkehr vergleicht? Hahaha. Glaub ich nicht.»

«Ja. Nein. Aber es gibt sicher Statistiken für beides. Und die Todesrate beim Rauchen ist, schätze ich einmal, etwa 99,9 Prozent höher als die Todesrate bei geschütztem Analverkehr.»

«Schätzt du. Aha. Ja, vielleicht. Aber nach Arschficken bin ich im Unterschied zu Zigaretten nun mal nicht süchtig.»

«Ich schon.»

«Vielleicht bist du schwul.»

«Eher nicht. Ich will nur in *deinen* Arsch.»

«Mir egal. Such dir einen anderen. Gib mir mal da drüben das Feuerzeug.»

«Nur wenn du …»

«Nein.»)

Bei Viktor dagegen hatte die faktische Entwarnung und das damit verbundene Aufatmen nach Camilles überraschend friedlichem Abgang eine gegenteilige Wirkung: das erneute Davonkommen und Glückgehabthaben setzte sich irgendwie in seiner DNA ab und bewirkte, dass Viktor sich nun für irgendwie kugelsicher hielt. Unangreifbar, unverletzlich. Ein bisschen wie die Tatsache, dass seine Lunge trotz des vielen

Nikotins und Teers immer noch okay war, weshalb er weiterhin rauchte. Oder wie nach seinem Fahrradunfall, der ihm eine blutende Platzwunde am Kopf beschert hatte, die genäht werden musste, und all seine ängstlichen Freunde und Freundinnen hatten gerufen: Helm, Helm, eben genau deshalb: Helm! Aber Viktor hatte den Spießern Folgendes vorgerechnet, bei einem Kindergeburtstag, wenn er sich recht erinnert:

«Hurchts zua. Seit fünfundzwanzig, nein, achtundzwanzig Jahren fahr ich jetzt mit dem Rad, regelmäßig, außer es schneit, und wenn ich's mit Zahlen hätte und rechnen könnte, würde ich euch ausrechnen, wie viele Kilometer das ungefähr waren, Abertausende jedenfalls und alle unfallfrei, bei konsequenter Unbehelmtheit. Natürlich würde ich, wäre ich so ein ängstliches Lulu wie du, nach meinem kleinen und, wie ich leider zugeben muss, von ein paar Gläsern Wein nicht ganz unbeeinflussten Sturz, nein, kein Sturz, ein ungeschicktes, unglückliches Umkippen im Stehen eher, nur noch mit Helm fahren, einem hässlichen, unförmigen Deckel, der mir das Radfahren verleiden würde, so wie mir in meiner Jugend das Mopedfahren von der plötzlichen Helmpflicht verlitten wurde, sagt man verlitten? Oder heißt es verleidet? Verleidet, okay, aber auf jeden Fall sieht man bescheuert aus mit einem Helm, jeder sieht bescheuert aus mit einem Helm, sogar du, meine Schöne, aber jetzt stell dir mal mich mit einem Helm vor, auf meinem Schädel? Ja? Eben, das Schiebekapperl steht mir wahrlich besser. Und ob das eitel ist oder nicht, ist letztlich wurscht, weil ich irgendwann deswegen nicht mehr mit dem Rad, sondern nur noch mit dem

Auto fahren würde, und das hätte insgesamt – ja, ich könnte aber den Führerschein machen! Könnte ich! Wieso auch nicht? –, jedenfalls hätte das Autofahren, wenn ich es dann könnte und permanent täte, auf meine Gesundheit eine sehr viel ungünstigere Wirkung als dieser kleine Sturz und dieser kleine Kratzer, der mit drei kleinen Stichen handwerklich perfekt genäht ist, eine wirklich schöne Schneiderarbeit, die volksgesundheitsmäßig der Gesellschaft viel weniger schadet, als wenn ich auch ein Auto hätte, und klimatechnisch reden wir jetzt einmal gar nicht. Aber das Wichtigste ist doch die Vernunft und die Statistik: Wenn es einen in siebenundzwanzig Jahren und einer Million Fahrradkilometern einmal auf die Schnauze haut, wie groß ist die Wahrscheinlichkeit, dass es gleich wieder passiert? Natürlich *kann* es gleich wieder passieren, aber vermutlich wird es das nicht. Und deswegen wäre es geradezu kindisch, ausgerechnet ab jetzt einen Helm zu tragen. So. Alles klar?»

Diese Rede hatte er so ähnlich auch Anja gehalten, und Anja war davon völlig unberührt geblieben. Nein! Schluss jetzt! Und dabei bleibt es! Viktor aber hielt sich für praktisch bulletproof. Viktor erwischte es nicht, nie. Und natürlich spielte hier auch seine angeborene Unscheinbarkeit eine Rolle.

Irgendwie, wenn auch in metaphysischerer Hinsicht, hielt sich Viktor auch im Rahmen seiner sexuellen Eskapaden für so unsichtbar und mit dem Hintergrund verschmolzen wie früher, als er noch jünger war. Er schien immer nur sichtbar für die Frau, in der er jeweils gerade steckte. Für irgendwas war es vielleicht doch gut und von Nutzen, auch wenn es vielleicht für seine Hypersexualität, ja, er nannte es nun einfach einmal so, auch ein Motor war. Wenn einer nur beim und durch Sex bemerkt wird, sichtbar war, vorhanden und praktisch, dann wollte er mehr Sex, öfter, oft. Und wenn er anschließend oder zwischen dem Sex wieder unsichtbar wurde: okay. Nur jene winzig kleine Angst blieb in Viktor zurück, die Angst, es könnte alles auffliegen, aufgeflogen werden von einer der Frauen; diese Angst lauerte still, aber sie lauerte immer, und natürlich trug diese Angst, auch wenn das nicht sonderlich originell war, zur Würze all seiner Abenteuer bei. Die Morscher hatte diese Angst wieder aufgeweckt. Oder er wurde alt und unsicher, ein verängstigter Greis, bald fünfzig, der sich in absehbarer Zeit nicht mehr allein über die Straße wagen würde. Jedenfalls war seine Besorgnis eine gute Umdrehung verstärkt, gerade genug, um Viktor bei der Morscher gefügig zu machen und sich die Sache mit dem Regieauftrag durch den Kopf gehen zu lassen.

Und damit war Viktor auch schon verloren. Das hatte die Morscher, das musste Viktor ihr lassen, damals gut inszeniert, sehr gut; geschmeidig, mitreißend und effizient. Im radikalen Gegensatz zu dem hier. Scheiße, Scheiße, Superscheiße. Das würde, so viel war Viktor längst klar, harte Arbeit, das zu reparieren. Und es würde zu Debatten und Auseinandersetzungen führen, welche seine Angst keineswegs minimieren würde, im Gegenteil. Es würde Viktor, so viel war klar, eine diplomatische Höchstleistung abverlangen, und Viktor fühlte sich jetzt schon erschöpft. Ganzkörperlich. Er wollte weg. Er wollte verschwinden. Er brauchte eine Zigarette, auch wenn er bald aufhören würde. Und er schwitzte wie ein Schwein, lag das an seinem Blutdruck? Das war doch nicht normal, dass man so schwitzte. Er musste raus hier, dringend. Und als hätte er es bestellt, vibrierte sein Telefon, MAGDA-SCHATZI, mit einem Foto von Magda, auf dem sie sich in eine Flamenco-Pose warf, sie hatte das eingerichtet. Er hielt das leuchtende Telefon ans Ohr, noch bevor er den Anruf annahm, damit jeder sehen konnte, dass er den Raum aus wichtigen Gründen verließ, auch wenn er gleichzeitig nach dem Zigarettenpackerl griff, das er sich schon hergerichtet hatte. Im Hinausgehen nahm er den Anruf an.

«Hello.»

«Hei, ich bin's», sagte Magda, unnötigerweise. Aber sie hatte wieder bessere Laune, Viktor hörte es. Oder sie war gnädiger, weil besorgt.

«Und, wie war's beim Arzt?» Sie fragte, bevor er etwas sagen konnte.

«Hei Schatz», sagte Viktor, «erstens war's eine Ärztin. Zweitens war's eine Routineuntersuchung.»

Magda war das egal. Ärzte machten ihr Angst, Arztpraxen, Krankenhäuser. Ihre jüngere Schwester war in einem Krankenhaus gestorben, nach einer Routineoperation. Magda hatte alle drei Kinder zu Hause gekriegt, entgegen dem Rat der Ärzte, war ihr egal gewesen. Hauptsache kein Krankenhaus.

«Sei nicht blöd zu mir.» Die gute Laune kippte, Vorsicht, Viktor.

«Ist ja schon gut», sagte Viktor, «es ist eigentlich alles in Ordnung.»

«Eigentlich?»

«Bis auf meinen Blutdruck. Zu hoch.»

«Viel zu hoch?»

«Na ja, ein bissl.»

«Sei jetzt nicht deppert. Sehr zu hoch?»

«Okay, ja.»

«Scheiße.»

«Ja. Aber so schlimm jetzt auch wieder nicht.»

«Obwohl es mich ja nicht wundert, so wie du lebst. Du rauchst viel zu viel. Zugenommen hast du auch.»

«He, wie leb ich denn! Außerdem fahr ich immer mit dem Rad. Ich bin sportlich.»

«Du bist nicht sportlich.»

«Aber ich bin nicht unsportlich.»

«Na ja, wie man's nimmt. Du keuchst doch schon, wenn du nur der Straßenbahn nachläufst. Gesund würde ich das nicht nennen. Vor allem, weil du bald fünfzig wirst.»

«Ja, das weiß ich. Unter anderem, weil du mich täglich daran erinnerst, Liebste.»

«Und, musst du was machen, wegen dem Blutdruck?»

«Sie hat mir was dagegen verschrieben.»

«Nur ein Medikament? Kein Sport?»

«Ja, mehr Ausdauersport. Bisschen abnehmen. Und die Pillen.»

«Was für Pillen?»

«So Pillen halt, die ich regelmäßig nehmen soll. Blutdrucksenker.»

«Wie heißt das Medikament?»

«Schatz. Weiß ich doch nicht auswendig.» Viktor hatte sich keine großen Gedanken gemacht. Die Ärztin hatte ihm die Wirkung beschrieben.

«Warum willst du das so genau wissen?»

«So», sagte Magda.

«Was?»

«Ach nichts», sagte Magda. Da ist eindeutig was.

«Lass es raus, Mausi.»

«Der Mann von meiner Freundin Ute musste auch …»

«Welche Ute?»

«Kennst du nicht.»

«Aha.»

«Jedenfalls musste der auch Blutdruckmedikamente nehmen.»

«Viele Leute müssen Blutdruckmedikamente nehmen. Sogar Frauen, stell dir vor.»

«Jaja. Aber bei denen haben sie nicht diese Nebenwirkung. Also, haben sie vielleicht, aber …»

Er hörte Magda atmen.

«Welche Wirkung denn?»

«Der, der, also der, wie hieß der noch mal, Horst oder so, der machte dann keinen mehr hoch.»

«Der KRIEGTE keinen mehr hoch.»

«Jajaja. Er kriegte keinen mehr hoch. Thorsten. So hieß er. Thorsten.»

«Ach was.»

«Ja. Das war ein Problem.»

«Der hat sicher was anderes bekommen als ich.»

«Ja, sicher. Sicher, ja.»

«Da gibt's bestimmt viele verschiedene Medikamente.»

«Ja, bestimmt. Und sonst ist alles okay mit dir? Alle deine Werte?»

«Alles so weit im grünen Bereich.» (Das stimmte nicht. Es gab einige Werte, die lagen etwas außerhalb des grünen Bereichs. Manche recht weit. Im roten aber nur einer, das Cholesterin, das sei, hatte die Ärztin gesagt, in seinem Alter normal, wenn auch nicht begrüßenswert. Die anderen waren so gelb, höchstens orange, alles so weit überschaubar.)

«Das ist gut.»

«Ja. Schatz, ich muss …»

«He, es geht hier um deine Gesundheit. Und damit auch um mich.»

«Wieso um dich?»

«Wenn du morgen tot umfällst, steh ich schön beschissen da.»

«Erstens: Ach, das ist das Wichtigste, wenn ich plötzlich eines tragischen Todes sterbe, dass *du* beschissen dastehst? Zweitens stehst du nicht beschissen da. Du hast ein sehr erfolgreiches Unternehmen, wenn ich mich recht erinnere.»

«Ja, aber wir sind ja nicht mal verheiratet.»

«Ach, darum geht es schon wieder.» Viktor fischte eine Zigarette aus der Packung, zündete sie an und inhalierte, ganz leise.

«Ja, ich finde, das ist auch ein Grund zu heiraten.»

«Wir reden später darüber.»

«Wann später? Ich seh dich doch eh nicht mehr heute.»

«Vielleicht. Bist du schon im Garten?»

«Noch nicht. Ich fahr aber bald.» Sie war jetzt stinkig und deshalb kurz angebunden, Viktor konnte es hören. Er beschloss, es zu ignorieren.

«Gut. Wer kommt heute aller?»

«Vesna, Edith, Rita, deine Schwester.»

«Welche?»

«Annemarie.»

«Nur falls Annemarie wieder davon anfängt: Ich will keine Überraschungsparty zu meinem Fünfzigsten, du weißt das, oder? Ich will meinen Fünfzigsten ÜBERHAUPT nicht feiern. Sag das Annemarie. Falls Annemarie dir was einreden möchte.»

«Jaja, ich weiß. Du brauchst jetzt nicht laut werden deswegen.»

«Ich bin nicht laut.»

«Doch. Und William kommt auch noch, du hast den ja mal eingeladen, ich glaub, der sucht Anschluss für seinen Buben. Er hat mir ein Mail geschickt.»

«Ja, mir eh auch. Gut.»

«Ich bin froh, dass du sonst nichts hast.»

«Ich auch.»

Aber Viktor war nicht froh. Jetzt nicht mehr. Er stand im Innenhof des Gebäudes, auf der gegenüberliegenden Seite des Hofes konnte er durch große Fenster, die von halboffenen Jalousien beschattet wurden, in ein Yogastudio sehen, in dem vier Frauen und ein Mann mit einer extrem muskulösen Lehrerin einen Asthanga-Flow exerzierten. Er hatte das eine Zeitlang auch versucht, nicht sehr lange. Viktor rauchte hastig seine Zigarette zu Ende, trat sie aus und zündete sich gleich noch eine an. Diese Nebenwirkung dieses Blutdrucksenkers, war das ernst zu nehmen? Aber dann hätte die Ärztin das doch erwähnt? Hatte sie aber nicht. Sie hatte ihm nur gesagt, dass sein Blutdruck besorgniserregend sei und dass er sich ein Blutdruckmessgerät besorgen und regelmäßig seine Werte kontrollieren solle, möglichst täglich.

Was Viktor schon erniedrigend genug fand. Ageistisch fast. Die Ärztin hatte ihm eine Liste mit Internisten gegeben, von denen er möglichst schnell einen konsultieren solle, mit einer Aufstellung seiner täglich – täglich, ja? – gemessenen Blutdruckwerte. Sie hatte das alles in so ruhigem, unaufgeregtem und wenig alarmiertem Tonfall getan, dass Viktor zwar den Ernst der Lage begriffen, aber keinen Grund gesehen hatte, darob in Panik zu verfallen. Das tat er erst jetzt, während er das Handy in seine Hosentasche steckte und zurück in den Proberaum ging. Machten diese Mittel wirklich impotent? Und wo hatte er dieses verfluchte Rezept? Er brauchte das Medikament, und er brauchte vor allem den Beipackzettel mit den Nebenwirkungen.

Viktor war ein altmodischer Sexsüchtiger. Er lernte Frauen bei der Arbeit kennen, nach der Arbeit, auf Vernissagen, bei Premieren, auf Partys nach Vernissagen und Premieren, in Bars. Meistens lernte er Frauen kennen, weil die Frauen wussten, wer er war und was er machte, weil ihnen jemand gesteckt hatte, dass er wichtig war und wichtiger wurde, dass er Einfluss hatte. Viktor machte sich da gar keine Illusionen. Auf diese Art lernte Viktor Frauen kennen, nicht zufällig, nicht im Supermarkt oder an der roten Ampel auf dem Fahrradweg. (Jetzt außer Magda, die ihn aber auch nur bemerkte, weil er sie umgerempelt hatte.) Und Viktor traf Frauen nicht auf die moderne Art, Online-Dating und so was. Nicht, dass es ihn nicht interessierte oder dass er es nicht zumindest einmal versucht hatte. Hatte er.

Er hatte sich, im Suff mit dem Schrader, bei Tinder angemeldet, falscher Name natürlich, falsches Alter, und mit aus dem Internet geklautem Foto eines kanadischen Künstlers, der ebenfalls Glatze und Bart hatte, er wischte, wischte, wischte, er bekam schnell ein Match und noch eins und noch eins. Mit einigen Frauen nahm er Kontakt auf, nur so interessehalber, und eine von ihnen traf er auch. Tamara. Schon der Name. Sie war hübsch, auf eine oberflächlich billig wirkende Art: zu viel Make-up, gnadenlose Augenbrauen, enge, bleiche Jeans zu hohen Hacken und eine zu enge, geknöpfte Bluse, die wohl sexy Sekretärin signalisieren sollte.

Er hatte sie in einer Bar namens «Puff» getroffen, auf ihren Vorschlag hin. War aber kein Rotlichtschuppen, und Viktor war dann eingefallen, dass er über die Bar und deren Besitzer schon gelesen hatte und dass der Besitzer oder ehemalige Besitzer nun der Kommunikationschef eines Kanzlers war oder gewesen war, das fiel ihm ein, als er dort saß, und das machte ihm dann auch gleich Sorgen.

Viktor hatte sich umgesehen, aber niemanden erblickt, den er kannte, und dann hatte auch schon eine Frau, die dem Foto, mit dem er gechattet hatte, vage ähnlich sah, das Lokal betreten. Schöne Lampen, schummriges Licht, an der Tür hatte sie noch jünger ausgesehen als in dem Moment, in dem sie sich auf dem Barhocker neben ihm niederließ und ihre Enttäuschung zu überspielen versuchte, dass sie statt eines interessanten Lumbersexuellen nur einen schmächtigen, bärtigen Glatzkopf mit Bauchansatz traf. Sie bestellte irgendwas mit Martini, Viktor trank Bier, und schüttete zwei oder drei Gläser recht zügig hinunter, während sie Viktors Fragen beantwortete. Sie war, nachdem sie sich Viktor interessanter getrunken hatte, auch sehr direkt, auf schnellen, unkomplizierten Sex aus, und den hatten sie dann auch, bei ihr zu Hause.

Sie hatte ihn zielstrebig durch einen beigen Flur in ein Schlafzimmer geführt, das geschmackvoller eingerichtet war, als ihre Erscheinung es vermuten hätte lassen. Sie war vierunddreißig und fürchtete sich vor ihrem fünfunddreißigsten Geburtstag, wie sie ihm in der Bar schon mitgeteilt hatte. Er war überrascht gewesen, wie ungeniert sie einen unbekannten Zweiundvierzigjährigen mit nach Hause genommen hatte. Zweiundvierzig, das war das Alter, das er in seinem Profil angegeben hatte, und sie hatte es nicht in Frage gestellt. Genauso wenig hatte Viktor ihre fünfunddreißig in Frage gestellt, fiel ihm später ein. Eigentlich hatte sie älter ausgesehen, reifer gewirkt. Hatte sie vielleicht genauso gelogen wie er? War sie genauso wenig eine Nagelstudiobesitzerin wie er der Geschäftsführer eines Zweiradfachgeschäfts? Wie war der Schrader nur auf so einen Scheiß gekommen, das Einzige, worüber er Auskunft geben konnte, waren Fahrräder, alte und schicke, aber von Motorrädern hatte er keine Ahnung, und das letzte Moped, das er besessen hatte, war eine alte Vespa gewesen, zirka 1991.

Wahrscheinlich verhielt es sich mit der Frau so ähnlich. Wahrscheinlich lehrte sie in Wirklichkeit Gender Politics an der soziologischen Fakultät und hatte die Erfahrung gemacht, dass so was nicht unbedingt geile Kerle anlockte, weshalb sie ihr Tinder-Profil ordentlich downgradete. Dazu hätte auch das Schlafzimmer gepasst, und ihre Schuhe, die von Stella McCartney waren, das war Viktor, er wusste gar nicht, warum, aufgefallen, als er sie ihr auszog, eigentlich keine Marke, die Nageldesignerinnen bevorzugen.

Als ihm das alles klargeworden war, beschloss er, sie noch einmal zu treffen, nur um die Wahrheit herauszufinden, aber sie wimmelte ihn ab und blockierte ihn schließlich. Er suchte ihren Namen im Internet, fand aber nichts, keine Tamara in Verbindung mit einem Nageldesign-Studio, und er sah seinen Verdacht bestätigt. Verdammte Lügnerin. Tamara, oder wie sie wirklich hieß, sah er jedenfalls nie wieder. Er tinderte noch ein paarmal, bekam ein paar Matches, traf aber nie-

manden mehr. Er war altmodisch, und er fand es abenteuer-
licher, sich auf die herkömmliche Art bei jemandem sichtbar
zu machen, mit den gewohnten kleinen Lügen, nicht mit den
völlig erfundenen und zusammengelogenen Biographien,
die das Internet erlaubt, samt zusammengeklautem Foto-
album. Sportlicher fand er es auch. Tinder und auf Tinder
lügen, das konnte jeder Spießer, jeder Teenager, da war ja
nichts dabei. Viktor aber liebte die Herausforderung und
scheute sie nicht, außerdem war er derzeit ausreichend ver-
sorgt, auch wenn er neuen Abenteuern offen gegenüberstand, wie stets.

Ein kleiner Seufzer entfuhr Viktor, er glaubte zu sehen, wie
ein Zittern durch die Statistin auf der Bühne ratterte, die
wohl eine Flüchtlingsfrau darstellen sollte. Er war an der Tür
stehen geblieben, sein Telefon hatte während des Gesprächs
mit Magda mehrmals vibriert, wahrscheinlich Helen, vielleicht sollte er erst einmal Helens Antwort lesen. Er fand
zwei Nachrichten, eine tatsächlich von Helen, eine von seiner Schwester Sigrid. Das hieß, er konnte wählen zwischen
Pech und Schwefel, und er drückte zuerst Helens Nachricht
auf, mit einem Seufzer, denn es würde … *Darling*, las Viktor,
*hast du nicht meine WhatsApp von heute früh mit meiner Absage
gekriegt? Ich kann heute ohnehin nicht, melde mich bald! X X H.*
    Ach so. Aha. Viktor war irritiert, mit welcher Leichtigkeit
Helen seine Absage parierte. Na ja, vermutlich hatte sie auf
WhatsApp ausführlichere Gründe angegeben, er öffnete
die App, in der er sogleich auch weitere Nachrichten seiner
Schwestern ignorieren konnte, und siehe da, keine Grün-

de von Helen. Auch hier eine für sie durchaus untypische Knapp- und Unbekümmertheit: «Viktor, mein Lieber, ich muss unser Treffen absagen, es kam mir etwas dazwischen. Vielleicht sehen wir uns später. Küsse H.»

Es kam ihr etwas dazwischen. Etwas. Was etwas? Und warum machte ihr das nichts aus? Er fand das etwas sehr distanziert alles. Warum nur Küsse und nicht viele Küsse oder tausend Küsse oder heiße Küsse, wie sonst? Und als Nächstes gar keine Küsse mehr, sondern nur noch X X, nicht X X X, nur X X, was so viel war wie Bussibussi unter Freunden … Hallo? Viktor war irritiert, was er nicht sein wollte, dieser ganze Scheiß mit den Weibern, das alles lenkte ihn schrecklich ab. Er sollte das lassen. Er sollte endlich erwachsen werden und ein treuer Ehemann im ganz altmodischen Sinne. Wieso konnte er das nicht einfach sein? Und was war mit Helen? Hatte sie einen anderen? Was war mit ihr, was war ihr plötzlich wichtiger als ein schön vervögelter halber Nachmittag mit Viktor? Wieso jetzt auf einmal?

Viktor öffnete die Nachricht von Sigrid, klickte sie dann aber sofort wieder weg. Nein, das brauchte er jetzt auch nicht. Las er jetzt lieber nicht. Das machte die Sache garantiert nicht besser, die Weiber, seine Schwestern, die stecken doch unter einer Decke, die baldowerten doch gewiss wieder irgendwas für oder gegen den depperten großen Bruder aus, er kannte die doch, das brauchte er jetzt nicht. Was er gebraucht hätte, war ein ordentlicher, entspannender Fick, mit Helen zum Beispiel, wieso hatte er ihr gleich wieder abgesagt, das wäre sich doch ausgegangen, das hätte ihn relaxed. Chillaxed, wie Adina sagen würde, Chillax, Daddy!, es war eine Katastrophe, wie die Kinder heutzutage sprachen. Na gut, ein Kind war Adina nicht mehr, dennoch. Noch dazu hatte Viktor Helen so pathetisch abgesagt, wie peinlich war das jetzt, wo es ihr im Gegenzug so völlig egal zu sein schien. Die Absage bereute Viktor jetzt, dass er da so viel Gefühl investiert hatte, da machte man sich doch lächerlich damit. Wieso war Helen so kühl, wieso war es ihr wurscht? Ach, ihm doch auch wurscht. Dumme Weiber.

Viktor ging leise zu seinem Sessel und steckte das Handy in seine Tasche, dann sah er die Morscher auf sich zukommen und entschloss sich zu einem schnellen Abgang, bevor sie ihn konfrontieren konnte. Es sah ein bisschen wie eine Flucht aus, ziemlich kindisch, zugegeben: Viktor verließ den Raum so zügig und zielstrebig wie möglich, er schob sich zwischen unordentlich herumstehenden Sesseln hindurch, die Augen stur auf den Ausgang gerichtet. Schnell. Schnellschnellschnell. Jetzt bloß keinen Blickkontakt mit der Morscher mehr riskieren. Sein Fluchtpunkt, sein Ausweg, gleich war er da und weg. Viktor erreichte die Tür und drückte sie auf, hinaus in den Hof, in das grelle Licht, wo vis-à-vis die Yogamenschen gerade den Krieger machten, eins oder zwei, whatever. Er eilte durch den Hof, drückte auf einen Summer, öffnete die Tür in den kühlen Hausflur und eilte hindurch. Sein Fahrrad stand draußen an der Ecke, mit einer dicken Kette an einem Kellergitter gesichert, wenn er gleich seinen Schlüssel in die Hand bekam, könnte er es schaffen aufzusperren, bevor die Morscher ihn erwischte. Falls sie ihn überhaupt bis auf die Straße verfolgte. Er wollte nicht jetzt mit ihr sprechen, später. Späterspäterspäter.

Jetzt wollte er hier weg. Bloß weg hier. Viktor wollte sich jetzt auf keinen Fall erwischen lassen. Er wollte sich erst eine Strategie überlegen, bevor er die Morscher konfrontierte, er musste erst die Lösung für das Problem wissen, bevor er das Problem schuf, bei einer Besprechung mit der Morscher, heute Nachmittag. Die er einberufen ließ, von Lisa: Viktor wühlte, während er rasenden Schritts auf den Ausgang zuhielt, in seiner Tasche nach dem Smartphone, erwischte es, überlegte es sich anders und ließ es wieder los. Er glaubte schon Schritte hinter den seinen knallen zu hören, harte Frauen-Absatzschritte, entfernt noch, aber hörbar eilig.

Viktor drückte sich gegen die Haustür hinein und hinaus, er konnte es schaffen, er war schon so gut wie auf der Straße, und beinahe stolperte er über einen Absatz, während er die Tür hinter sich zuschnappen hörte. Klk. Er hastete um die Ecke, wo sein Fahrrad angekettet war, hatte den Schlüssel schon in der Hand, schnell, schnell, vielleicht verfolgte ihn die Morscher doch. Gott, wie war er kindisch. Er nestelte am Schloss seines Fahrrades, warf das schwere Teil in seine Umhängetasche, schwang sich, so schnell es der blöde Kindersitz zuließ, aufs Rad und raste los, beinahe in ein Auto hinein, das neben ihm aus einer Einfahrt bog. Verdammt! Er fingerte seine Persol-Brille aus der Brusttasche, schob sie sich auf die Nase und schwang sich dann rasant um die Ecke, war das die Morscher, die er hinter sich rufen hörte? Nein, eher nicht, dazu würde sie sich nicht herablassen, das dann doch nicht. An der Kreuzung hielt Viktor an, hob das Rad auf den Gehweg, lehnte sich an die Stange, holte sein Smartphone aus der Tasche und rief Lisa an, die, brave Lisa, sofort abhob. Viktor erklärte ihr, dass er die Morscher um fünf im «Espresso Rosi» sehen wollte, und könnte Lisa auch dabei sein? Sie konnte. Lisa konnte immer. In der Früh, abends, am Wochenende. Er wusste nicht, wie sie das machte, aber er schätzte es sehr an ihr.

Dann rief er Josi an.

«Josi?»

«Viktor.»

«Hast du zufällig gerade Zeit?»

«Wofür denn?»

Es ist eine rhetorische Frage, Viktor hörte Josi grinsen.

«Hahaha.»

«Warte. Achtundfünfzig Minuten, dann muss ich los, Leo abholen. Siebenundfünfzig.»

«Das geht sich aus. Ich bin in acht Minuten bei dir. Höchstens neun.»

«Na gut.»

«Wie war noch mal deine Hausnummer?»

«Dreiunddreißig, Viktor. Dreiunddreißig. Zum hundertsten Mal. Drei. Und. Dreiß. Ig.»

«Danke, liebste Josephi–»

Sie hatte schon aufgelegt.

Viktor hätte natürlich nicht zu fragen brauchen. Er tat es nur, weil es Josi immer so schön aufregte. Er kannte die Straße und mittlerweile auch das Haus, in dem Josi wohnte, er war schon ganz schön oft hier gewesen, schon seit ganz schön langer Zeit.

Er schwang sich wieder auf sein Rad und fuhr in die gerade noch blinkende Gelbphase hinein. Rechts von ihm wütendes Gehupe, Viktor hob die Hand und wackelte mit den Fingern, sucht euch einen aus, ihr Autotrotteln.

Sechs mit etlichen Beschimpfungen gegen Autofahrer aufmunitionierte Minuten später stand er vor dem braun lackierten Tor. Nr. 33. Er stieg ab und lehnte das Fahrrad an die Hauswand, zog das fette Schloss durch die Speichen und das Gitter des Kellerfensters dahinter. Eine Greisin, die gerade aus der Tür kam, warf ihm einen ungnädigen Blick zu. Er ignorierte das und drückte die Klingel mit dem Namen JELINEK und dann gegen die Tür, die zugleich ein Summer öffnete. Weitere zwei Minuten später stand Viktor in Josis Schlafzimmer, wo sie, wie eigentlich immer, im Bett auf ihn wartete, mit ihrem MacBook im Schoß. Sie trug einen Overall aus rot gemustertem Stoff, und als sie Viktor sah, grinste sie und ließ das MacBook auf den Boden neben dem Bett gleiten.

«Einundvierzig.»

Viktor schälte sich aus seinem karierten Hemd und ließ sich auf Josi fallen.

«Servus, Schöne.»

«Hey Geiler. Du schwitzt.»

«Ja. Ist heiß. Und: zweiundvierzig. Zweiundvierzig lautet die Antwort auf alles. Nicht einundvierzig.»

«Aber du hast trotzdem nur noch einundvierzig Minuten. Vierzig.»

«Halt die Klappe.»

Viktor küsste Josi stumm. Der Kuss war weich, voll und vertraut. Viktor rollte von Josi wieder herunter, er kniete sich über Josi und zog den Reißverschluss ihres Overalls auf, der Reißverschluss reichte von ihrer obersten Rippe bis hinunter zum Schambein. Josi ließ es geschehen, sehr entspannt. Der Overall öffnete sich über einem himmelblauen BH, einem gelbroten Slip und ihrer weißen, sommersprossigen Haut, die an manchen Stellen sanft erschlaffte. Sie war klein und muskulös, mit beeindruckend definierten Oberarmen, obwohl sie, soweit Viktor wusste, nie trainierte. Bisschen Yoga, mehr brauchte Josi nicht.

«Schön, dich zu sehen», sagte Viktor.

Josi nestelte an Viktors Gürtel herum und zog seinen Hosenzipp auf. Es hakte.

«Ja, nicht wahr.»

Viktor zog sich die Hose aus und seine Jockey, und dann tauchte Viktors Hand in Josis Slip, und dann tauchte Viktor in Josi, und Josi ließ sich in Viktor fallen, *mellow, yellow,* alles easy. Sie kannten sich. Sie kannten sich sehr gut. Sie hatten das schon oft gemacht, bisschen knutschen, bisschen lecken, bisschen vögeln, und es war unbelastet und leicht. Es war nur Sex, es war nur ein Spiel. Es war wie Backgammon, mit einem Gegenüber, für das man Respekt und Zuneigung empfand, mit dem man schon oft gespielt hatte. Während man spielte, war es intensiv und ernst und vollkommen wichtig, es zog einen rein, es nahm einen mit, es war emotional, real und packend, und danach, wenn alle Steine eingesackt waren, war es vorbei. Da war dann nichts mehr, das zu einer Vertiefung des Verhältnisses qualifizierte. Nur ein Spiel.

In der ersten Zeit hatten sie sich hinterher noch höfliche Schön-war's-Nachrichten geschickt, das taten sie nun nicht mehr, jedenfalls meistens nicht. War nicht nötig. Wussten sie eh beide, dass es schön war. War alles klar zwischen ihnen, und falls es für Viktor oder Josi mal nicht klar war, behielten sie es für sich. Auch das hatte sich nach der ersten Zeit erledigt, weil sie mittlerweile beide wussten, dass diese Unklarheiten vergingen, in der überraschenden Sicherheit, dass zwischen ihnen im Grund eben konsequent alles klar war und dadurch von Dauer. Das hatte Viktor nur mit Josi und Josi nur mit Viktor. Und das konnte man, hatte Viktor längst bemerkt, nicht planen, sich nicht ausmachen. Wollte man auch meistens nicht. Das passierte, oder es passierte nicht, und auch Josi hatte gelernt, dass es meistens nicht passierte.

Warum war Viktor Magda nicht treu? Er fragte sich das selber. Immer wieder fragte er sich das, wenn ihn die Angst, erwischt zu werden, doch einmal überspülte, oder ein diffuses Schuldgefühl. Und er hatte selbst schon mehr als eine Antwort gefunden, dazu Ausreden, Rechtfertigungen aller Art.

Er war schnell gelangweilt.

Er war eben nicht monogam.

Er war abenteuerlustig.

Er musste seine Unsichtbarkeit besiegen und sich immer wieder sichtbar machen.

Er hatte überraschenden Erfolg bei Frauen, weil sie ihn für so harmlos hielten, und für so nett, wenn sie ihn erst einmal bemerkten. Und wenn man mit etwas Erfolg hat, will man es wiederholen, das ist ja wohl normal.

Er war gierig. Daran waren, das sollte er vielleicht noch mit Doktor Serafin ausarbeiten, seine Schwestern schuld, die ihm immer alles weggenommen, weggegessen, weggeschnappt hatten.

Es wurde von ihm erwartet, irgendwie.

Er war neugierig (das musste er ja auch sein, schon rein beruflich).

Er hatte eine Libido.

Er hatte eine extreme, außerordentliche Libido.

Er hatte eine Wunderlibido.

Er hatte eine krankhafte Libido.

Er war sexsüchtig, nein, besser, hypersexuell. Er hatte, Doktor Serafin bestätigte es ihm nachhaltig, eine Zwangsstörung, samt Medikation, da konnte er nun, wie gesagt, nichts dafür. Er musste es einfach. Und er kämpfte ja dagegen an, also, irgendwie.

Plus, oder besser, andererseits: Es spielte ja eigentlich keine Rolle, es war ja nur Sex, bisschen spielen. (Lena: Sie hatte einen Sommer lang in dem kleinen Kiosk an dem See gearbeitet, an dem er mit Magda und den Kindern eine Hütte gemietet hatte. Sie war fünfundzwanzig oder so, die Tochter einer Wirtsfamilie, die im Ort ein Gasthaus hatte, machte hier ihren Ferienjob und verdiente ein bisschen Geld. Sie studierte Theaterwissenschaften, darüber waren sie ins Reden gekommen. Viktor hatte ihr gutes Trinkgeld gegeben, beim Eis-, Limo- und Pommes-Kaufen, hatte ihrem Kaffee Komplimente gemacht und dann ihren Haaren. Sie war nicht besonders hübsch, aber sie hatte schöne Zähne und dickes, schwarzes Haar, das sie meistens zu einem Zopf flocht. Sie hatten im Kiosk gevögelt, am letzten Abend seines Aufenthalts, kurz nachdem sie den Laden geschlossen hatte. Magda war mit den Kindern, damals erst zwei, schon zur Hütte gegangen, weil Milena von einer Wespe gestochen worden war. Er sagte, sie sollte ruhig vorausgehen und die Kinder duschen, er käme mit den ganzen Badesachen nach. Das tat er. Erst kam er in Lena, dann kam er heim.)

Viktor liebte Magda, er wollte mit ihr zusammenbleiben, er wollte mit ihr alt werden, definitiv, er wollte und liebte jede der drei Töchter, die er mit ihr hatte, und falls Magda, wonach es jetzt nicht aussah, noch ein Kind wollte, würde ihn das zwar alles andere als begeistern, aber okay. Würde man auch schaffen. Wenn es sie glücklich machte. Er wollte mit Magda irgendwann ein Haus bauen oder eins kaufen, an einem Strand, am Meer, wo es warm war. Oder an einem kühlen Bergsee, rundherum alles grün. Viktor lebte gerne mit Magda, er liebte das Leben mit ihr, auch wenn ihn ihre morgendliche Übellaunigkeit nervte, ihre Schlampigkeit, die so überhaupt nicht zu ihrem Zweitberuf passte. Aber er hatte sie gern um sich. Er mochte ihre Art, er sah gern ihr Gesicht, er liebte ihr gurgelndes Lachen, er fand ihre kleinen Füße schön, er hörte ihr gern zu, wenn sie Tschechisch redete, mit ihrer Mutter am Telefon oder mit den Kindern, und wenn sie Deutsch sprach, mit ihm.

Er schlief gern mit Magda, zu selten halt, wegen der Kinder und wegen seines Jobs, der ihn zu oft bis tief in die Nacht von ihr fernhielt. Er liebte Magda. Er wachte gern neben ihr auf, oder neben dem Schlafgeruch, den sie hinterließ. Er liebte sie, und er mochte sie, als Mensch. Er wollte ihr nicht weh tun. Er wollte sie nicht verletzen, er wollte nicht, dass sie litt. Er fand, dass sie das nicht verdient hatte. Viktor wollte, dass es Magda gutging, dass sie glücklich war, dass sie belohnt wurde dafür, wie sie war, wie sie sich kümmerte und wie sie ihm nicht oder wenigstens nicht zu oft auf die Nerven ging, wie sie ihm seine Freiheiten ließ. Wie sie ihn aushielt und ihn er selber sein ließ. Viktor betrog Magda trotzdem, vielleicht, weil Viktor auch wollte, dass es Viktor gutging. Und solange Magda nicht wusste, wie es Viktor am liebsten gutging, ging es ihnen beiden gut. Eigentlich. Ja. Und es ging Viktor nun mal besser, wenn Viktor auch noch mit anderen Frauen schlief, weil Viktor, das musste er sich selbst mitunter eingestehen, ein bisschen ein Narzisst war, weil er sich und seine leider nicht offensichtliche, aber wenig bestreitbare Groß- und Einzigartigkeit gerne gespiegelt sah in den Augen von Frauen, bei denen er sich noch nicht abgenutzt hatte. Aber auch, weil er ein Forscher war und ein Wissbegieriger, der nie genug Information bekommen konnte. Und weil er eben hypersexuell war.

Unlängst hatte er mit Magda «The Americans» geschaut, zwei Tage und zwei Abende lang, sie hatten sich Unmengen Sushi und Pizza bestellt, aßen und tranken im Bett, kifften, sahen die Serie, hatten Sex, kifften wieder und taten, als hätten sie keine Kinder. Was an diesem Wochenende insofern stimmte, als alle Mädchen mit Magdas Eltern in einer Therme waren, das hatten die alten Vascheks Magda zum vierzigsten Geburtstag geschenkt. Viktor fand das ein sehr gutes Geschenk, denn er hatte auch etwas davon. Viktor und Magda hatten auf der Straße vor dem Haus gestanden und den aufgeregten Kindern nachgewinkt, tschüss, Kinder, dann waren sie zurück in die Wohnung gegangen, hatten die Tür hinter sich zugeworfen, den Fernseher ins Schlafzimmer geschafft und die Rollos heruntergezogen – musste es ausgerechnet dieses Wochenende so verschwenderisch sonnig sein! – und sie nicht mehr hochgezogen bis Sonntagabend, als die Vascheks mit den Mädchen wieder vor der Tür standen und Viktor erfolglos versuchte, den Sojasaucenfleck auf seinem Leiberl zu verbergen, der ihm gerade aufgefallen war.

In «The Americans» ging es um zwei russische KGB-Spione in den USA des Kalten Krieges, ein Mann und eine Frau, die vom KGB zusammengespannt und als falsches Ehepaar ins Amerika der achtziger Jahre eingeschleust wurden. Der Mann und die Frau kannten sich nicht, bevor sie zusammen in die USA geschickt wurden, und sie hätten sich vermutlich auch nie kennengelernt, sie hätten sich nicht verliebt, hätten nicht zusammengelebt und hätten keine Kinder gekriegt. Sie wären kein Paar geworden. In Amerika waren sie es, gezwungenermaßen, sie lebten im Auftrag der Sowjetunion unter falscher Identität in einem Haus in einem biederen Vorort von Washington, wie eine ganz normale, sympathische amerikanische Familie mit zwei durch und durch amerikanischen Teenagern, die vom Doppelleben ihrer Killer-Eltern nichts ahnten. Sie pflegten mit penibler Konsequenz einen Lebensstil, den sie im Grunde aus fundamentaler politischer Überzeugung verabscheuten und den sie in ihren heimlichen Einsätzen brutal, rücksichtslos und blutig bekämpften. Irgendwann in der zweiten Staffel kauft der KGB-Agent, Philip Jennings, sich einen neuen Wagen, einen weißen Chevrolet Camaro Z28, ein schnelles, teures amerikanisches Auto, das er von Herzen ablehnen müsste, weil es den Kapitalismus, also das Böse an sich, verkörpert. Das Auto widerspricht all seinen Prinzipien. Er sollte an so einem Auto keine Freude haben, aber er hat; er liebt dieses Auto, er liebt, wie er sich fühlt, wenn er in dem Auto sitzt und damit fährt.

Viktor war in Jogginghosen und ohne T-Shirt auf dem zerwühlten, mit Sojasauce versauten Bett gelegen, Magda schwer an seiner Schulter, neben ihr am Boden lag der Laptop, der mit einem langen weißen Kabel an den Flachbildfernseher angedockt war, auf dem der Spion jetzt sein neues Auto neben einer Brücke anhielt, ausstieg und die Tür sorgfältig schloss. Dann strich er zärtlich mit der Hand über das Dach des Wagens und polierte mit dem Ärmel einen kleinen Schmutzfleck weg, und Viktor bekam nicht mehr mit, was im Rest dieser Folge geschah, weil er sich so ertappt fühlte, zum ersten Mal seit langem. Er fühlte sich erwischt, erkannt von den Autoren dieser Serie, die so gut die Sehnsüchte eines Mannes verstanden, sich besser zu fühlen, als er war, sich vervollständigen zu lassen von etwas, das seinen ursprünglichen Prinzipien eigentlich völlig widersprach. Etwas, das ihn sich gut fühlen ließ, obwohl es falsch war, in Viktors Fall tatsächlich noch viel falscher als in der Serie, denn anders als der KGB-Agent war Viktor nicht desillusioniert, er hatte keine heimlichen Zweifel am System Familie. Er glaubte daran. Und anders als der Agent log Viktor mit dem, was er tat, nicht nur sich selbst in den Sack, sondern hinterging Magda, verriet ihre Liebe, brachte sein Leben mit seiner Familie in Gefahr, setzte sein Dasein, das er schätzte, wie es war, aufs Spiel. Genau wie der Mann in der Serie niemandem gegenüber glaubhaft argumentieren konnte, warum er das Auto brauchte (weil es keine handfesten Gründe waren, sondern Depression, Enttäuschung, Bitterkeit, Erschöpfung, Kompensation, Sehnsucht nach Liebe, Trost, Belohnung für das Aushalten großen Schmerzes), hätte Viktor sein Doppel- und Dreifachleben nicht überzeugend begründen können, was er allerdings auch nicht musste in einer Gesellschaft, in der solche Abenteuer durchaus der Konvention entsprachen. Aber die Geschichte mit dem Auto, das den KGB-Agenten noch mehr und nicht mehr nur an der Oberfläche zum Amerikaner werden ließ, sie berührte und belastete Viktor: Wurde Viktor durch seinen Betrug zu einem Treulosen?

Viktor hielt sich nicht für treulos. Sein Treuebegriff entsprach nur einfach nicht dem Paradigma der sexuellen Eingleisigkeit, der altmodischen Monogamie. Aber er war nicht treulos, wenn man außerehelichen Sex wie ein Spiel sah, so wie Viktor es tat. (Conny: Sie war eine Schmetterlingsforscherin. Viktor konnte nicht glauben, dass es so etwas wirklich gab, als richtigen Beruf. Er hatte sie in der Bahn getroffen, im Speisewagen, während einer nächtlichen Reise nach Hamburg. Sie war über fünfzig gewesen, nicht schön, aber auch nicht unattraktiv. Er fand sie nicht besonders sexy, nur ihren Beruf. Er hatte Sex mit ihr in ihrem Schlafabteil, aus einem einzigen Grund: Er wollte sagen können, dass er mit einer Schmetterlingsforscherin geschlafen hatte. Weil, wer konnte das sonst schon. Eine Schmetterlingsforscherin! Die Telefonnummer, die er ihr vor dem Aussteigen gab, war falsch.)

Man konnte doch auch mit anderen spielen und trotzdem ein treuer, loyaler Mensch sein, oder. Nein, Treue war etwas anderes, Treue hatte damit nichts zu tun, Viktor war der festen Überzeugung, dass er treu war. Dass er mit anderen Frauen schlief, hatte mit seiner Treue nichts zu tun, denn für ihn war Treue Komplizenschaft und Loyalität, und das empfand er für Magda: eine eiserne Komplizenschaft, unerschütterliche Loyalität. Sie war seine Frau, nein: sein Mensch, für immer, und sie war es mit einer Gewissheit, die er nie zuvor verspürt hatte, nicht bei Natalie und nicht bei Edith. Er und Magda, sie waren fest verschweißte Komplizen im Alltag, im Leben, in der Liebe, mit den Kindern, als Eltern und als Älterwerdende. Ihr Einvernehmen hatte eine große Leichtigkeit, eine enorme Selbstverständlichkeit. Das war Treue, und es war keine Untreue, Sex mit anderen Frauen zu haben, mit Spielkameradinnen und lockeren Bekanntschaften. Vor allem wenn es, wie bei Viktor, zwanghaft war. Es war auch kein Betrug, wahrscheinlich, das hat er noch nicht bis zum Ende durchgedacht, dieses Plädoyer hatte Viktor noch nicht hundertprozentig ausargumentiert, für sich selber, für das innere Gericht, das er sich selber war und das ihn letztlich freisprechen würde. Freisprechen musste, weil, von welchem Verbrechen? Er hatte keins begangen.

Aber obwohl Viktor es so fühlte, ganz sicher fühlte, hatte ihn an diesem Sonntag ein unglaubliches Schuldgefühl überbrandet, so heftig, es zog ihn runter, es riss ihn mit, es ertränkte ihn beinahe. Er schämte sich so. (Cosima: Er hatte sie bei einer Matinee für eine Asylorganisation kennengelernt. Danach gab es Fingerfood und schlechten Weißwein vom Tablett. Sie kam aus Bochum und hatte phantastische Brüste. Sie verabschiedete sich von ihm mit Küsschen links und rechts und einem tiefen Blick, sie sagte, sie habe noch im Hotel zu tun, und setzte sich in ein Taxi. Sie schlug die Tür zu, das Taxi fuhr los. Viktor sperrte sein Rad auf, schwang sich darauf und raste dem Taxi hinterher. Es war nicht schwer, sich an sie dranzuhängen, der Verkehr lief stockend. Sie bemerkte Viktor nicht, der hinter dem Taxi fuhr und an den Ampeln danebenstand. Als sie vor dem Hotel ausstieg, wartete Viktor mit seinem Fahrrad neben dem Eingang zum Foyer und versuchte, nicht zu keuchen. Sie war so überrascht, wie er gehofft hatte. Sie nahm ihn mit aufs Zimmer. Der Sex war komplizierter als die Unterhaltung davor. Die Nummer, die sie ihm gab, als er ging, war falsch.)

Was für ein schäbiger, kläglicher Mensch er war. Seine Freunde retteten in ihrer Freizeit Flüchtlinge, richteten Wohnungen für syrische Familien ein, fanden Schulen für Flüchtlingskinder, sammelten Kleidung und Hausrat für Flüchtlingsfamilien und begleiteten sie auf Amtsgängen; er betrog in seiner Freizeit seine Frau. Und während seiner Arbeitszeit im Übrigen auch. Viktor wollte weinen, so sehr schämte er sich, er zog Magda noch fester an sich und küsste sie auf das ungewaschene, zottelige Haar. Und Magda räkelte sich wohlig in seinen Arm hinein und seufzte leise und zufrieden, während Viktor von der wunderbaren Erkenntnis erleuchtet wurde, dass er soeben ein neues Leben begonnen hatte. Ein ehrliches, aufrichtiges Leben, in dem nur noch Magda eine Rolle spielte, seine Magda, die Beste von allen, sein Mensch, sein Wichtigstes, der tollste Mensch auf Erden. Eine enorme Klarheit hatte ihn erfasst und das führte ihn schnurstracks in eine ordentliche, saubere Existenz, aus der alle anderen Frauen verschwanden, aus der aller Schmutz und alle Sauereien herausradiert waren, wie nie vorhanden, ein Leben ohne Lügen und ohne Betrug. Ja, er würde sie heiraten, ja, ja, ja, wieso denn nicht, und diese Gewissheit, diese unerwartete, aber nun unerschütterliche Läuterung spülte die Schuldgefühle weg, spülte Viktor sauber und zu einem ganz neuen, ganz reinen Menschen, der den Fernseher auf lautlos stellte und Magda auf sich zog.

«Viktor? Schon wieder, im Ernst jetzt!»

«Traust es mir nicht zu, oder was?»

Sie hatten den Sex der wahrhaft und lauter Liebenden, nein: Sie machten Liebe, im Wortsinn, und als Viktor brüllend in Magda kam und später aus Magda herausrutschte, tat er das als neuer, besserer Mensch.

Das war vor zehn Tagen. Neben Viktor klingelte Josis Handy, und sie langte über Viktor danach. Viktor klebte erschöpft in den Kissen, Josis Hand streifte kurz seinen Penis, der müde an Viktors Schenkel lag. Das Klingeln hörte auf, setzte dann sofort wieder ein, die Tonfolge eines Eiswagens. Josi sprach leise in ihr Handy, Viktor hätte gerne geraucht, wie immer nach dem Sex, wie überhaupt immer, darf ich rauchen, Josi? Josi warf ihm einen Blick zu, der deutlich die Frage transportierte, ob er komplett irre geworden sei. Er musste endlich damit aufhören, aber die Eiswagen-Melodie verstärkte Viktors Verlangen nach einer Zigarette.

Viktor verabscheute diese Melodie, diese Melodie verlangte nach sofortigem Trost in irgendeiner Form, Nikotin, Marihuana, einen Hamburger mit Extra-Käse. Viktor hasste diese Melodie, nach zahllosen Urlauben in Ferienorten, in denen dieses Geräusch verlässlich zur Folge hatte, dass Magda ihm einen forschen, fordernden Blick zuwarf und er sich dann mühselig von seinem Liegestuhl oder was immer erheben und zum Haus gehen musste, umringt von kreischenden, aufgeregten, hüpfenden Kindern, die ihm zu verstehen gaben, dass der Eiswagen vorbeifahren und sie auslassen würde, wenn er nicht schneller machte, mach schneller, mach schnell! Hol das Geld! Mindestens ein Kleinkind saß schwer auf seinem Arm, und dann musste er seine Geldbörse finden, und dann musste er mit den ungeduldigen Kindern in der prallen Sonne auf der glutheißen Straße warten, in Wirklichkeit dauerte es nämlich noch, immer, bis der blöde Wagen endlich ihren Strandabschnitt erreicht hatte. Von seinem glutheißen Standpunkt aus konnte Viktor blinzelnd zusehen, wie der Eiswagen die Straße entlangkroch, und er spürte, wie sein Leben verdampfte, sein Gehirn unter dem Strohhut, während das Kind – Fanny, Adina, Milena, Heidi oder eins von den Freundeskindern – auf seinem Arm vor sich hin plapperte, ungeduldig zappelte und glitschig und glitschiger wurde. Und die Teufelsmelodie kam näher, in kreischendem, verzerrtem Elektroorgelsound.

Josi hatte ihr Gespräch beendet.

«Ist das neu?» Josi strich über Viktors Arm, über eine

frisch aussehende Tätowierung, fünf Sterne, jeder etwas kleiner als der vorige, mit dicken, schwarzen Rändern, in einer Reihe.

«Ja. Steht für die Mädchen.»

«Schön.»

«Gell.»

«Ja. Ich muss los.»

«Was?»

«Ich muss jetzt los, Leo abholen. Ich würde Lisbeth bitten, aber die ist in Griechenland.»

«Ach.» Weiß Viktor ja. Er hatte Lisbeths Strand- und Tavernen-Fotos auf Facebook bemerkt, heute früh, bevor er ihre merkwürdige SMS bekommen hatte. (*Wir können das besser, Viktor.* Was bedeutete das?)

«Was ist mit dir? Bist du nicht der Abholi heute?»

«Nein. Magda ist mit den Kindern im Schrebergarten. Ich fahr dann vielleicht auch noch rauf.»

«Aha. Garten. Schön.»

«Na ja. Wegen mir hätten wir diesen Garten nicht gebraucht. Wo ist eigentlich Luis heute?»

«Bei Martin, ausnahmsweise. Sie gehen aufs Match. Ich muss jetzt los, schmeiß nachher die Tür hinter dir zu.»

Josi stieg aus dem Bett und ging aufs Klo, er schaute ihr nach, ihr nackter Hintern bebte und wabbelte, ihre muskulösen Schenkel rieben aneinander. Sie hatte den Hintern und die Schenkel einer Rapperin. Viktor hörte Josi pritscheln, dann die Klospülung, dann den Wasserhahn. Er lag nackt auf dem Bett, die Hände hinter dem Kopf, sein haariger Körper schwer auf der lila Bettdecke. Eine heftige Zufriedenheit erfasste ihn, die die schlechten Gedanken wegspülte, den beruflichen Ärger, den Druck, unter dem er stand, den Ärger mit den Weibern, die merkwürdige SMS. Fuck Helen, scheiß auf Lisbeth, ihm ging's gerade okay. Viktor wusste, dass er gut im Bett war, aufmerksam, freigiebig, geschmeidig, aktiv, anpassungsfähig, er konnte das, es war sein Talent. Josi kam zurück, lächelte ihn abwesend an, während sie den rotgelben Slip aus dem Bettzeug wühlte und den himmelblauen BH, den sie anzog, wie es offenbar alle Frauen taten: verkehrt herum umlegen, die Schnalle unter der Brust schließen, dann das Ganze einmal rundherum und die Träger hochziehen. Josi stieg wieder in den roten Overall, krempelte die Ärmel hoch, beugte sich über Viktor, küsste ihn. Mit weicher Zunge und mit einem Grinsen. Viktor züngelte zurück und zog sie an sich, Josi drückte sich ab und stemmte sich hoch.

«Seh dich, Schatzibär.»

«Was machst du heute noch?»

«Weiß noch nicht. Was kochen. Karl kommt. Wahrscheinlich.»

«Ah, Karl, soso.»

«Ja, Karl.»

«Wann zieht er denn ein?»

«Er zieht nicht ein. Jedenfalls jetzt nicht.»

«Wegen mir.»

«Sicher *nicht* wegen *dir*.» Das «nicht» und das «dir» fand Viktor übertrieben stark betont.

«Jaja. Das sagst du so.»

Josi ging aus dem Zimmer, dann kam sie zurück, jetzt mit gelben Flipflops an den Füßen. Sie hatte es mit knalligen Farben. Hinter ihr an der Wand hing ein großes, türkisblaues Gemälde, das einen scharfen Kontrast zu ihr bildete und die Farbigkeit ihrer Erscheinung noch verstärkte.

«Sieht gut aus», sagte Viktor.

«Was.»

«Du in dem Bild.»

«Danke.»

«Gern.»

«Ich nehme vielleicht Flüchtlinge auf.» Es kam etwas unvermittelt. «Eine Familie oder so.»

«Hier, bei dir, in dieser Wohnung?»

«Ja.»

«Bist du dir da sicher?»

«Nein.»

«Gut, weil das ist doch eine ziemliche Verantwortung, oder.»

«Ja, ich denk eh noch darüber nach.»

«Was sagt Karl?»

«Na ja, er findet es nicht so gut.»

«Hahaha, Überraschung.»

«Egal, baba.»

«Warte mal. Vielleicht wäre das ein super Programmpunkt für das Festival. Das Thema ist Flucht, hab ich dir ja erzählt. Wir könnten bei dir Webcams einbauen, in jedem Zimmer, und das als Echtzeitdoku im Netz bringen. Und später dann einen Film daraus machen. Altruismus reicher weißer Leute und so, die Ankunft der muslimischen Fremden im westlichen Kapitalismus, der Clash der Kulturen und Religionen, so im Alltag. Ein Karl, dem das alles überhaupt nicht in den Kram passt, wär noch ein schönes Extra. Machst du mit?»

«Ja sicher», sagte Josi. «Tschüss dann.»

«Das ist schon ernst gemeint!»

«Ist mir klar. Träum weiter.»

«Aber die Idee ist gut.»

«Vielleicht. Nur nicht mit mir.»

«Aber die Idee ist gut!»

«Jaha. Super Idee.»

«Schau, du gibst es zu.»

«Vorher gibst du ja keine Ruhe.»

«Weil's eine super Idee ist.»

«Ja, ganz, ganz super. Bussi, baba.»

Sie warf ihm einen Handkuss zu und verließ das Zimmer. Er hörte sie draußen rumoren, dann ihre Schritte. So eine typische Josi-Idee, das mit den Flüchtlingen, das hatte sie wieder überhaupt nicht durchdacht, sie hatte so einen strammen, ordentlichen Körper, so eine ordentliche Wohnung, so einen ordentlichen Beruf und so ein unordentliches Hirn, manchmal zumindest. Aber seine Idee, eine solche Sache rund um die Uhr zu filmen, eine westliche Patchwork-Familie, die eine muslimische Flüchtlingsfamilie aufnimmt, die war vielleicht tatsächlich gut, da konnte man vielleicht wirklich was draus entwickeln. Machten ja jetzt viele, sich um Flüchtlinge kümmern, Familien aufnehmen. Viktor schnappte sich Zigaretten und iPhone aus seiner Hosentasche, öffnete Josis Fenster, setzte sich mit nacktem Arsch auf die Fensterbank, zündete sich eine an, sah aufs iPhone: Eine Nachricht von Helen. Ja, gleich.

Er schickte Lisa eine Notiz: *Idee: Webcamdoku, die während des ganzen Festivals läuft, 24/7, Flüchtlingsfamilie bei möglichst modern lebender Wiener Familie, Patchwork oder so. Später besprechen.* Lisa schickte ein OK zurück. Viktor hörte die Tür, dann wieder den vermaledeiten Eiswagen, der sich entfernte, dann, leiser werdend, Josis Stimme, etwas ungehalten, dann den Lift. Viktor legte seine Hände hinter den Kopf, er war müde, und die Hitze erinnerte ihn an die Hitze in diesem italienischen Kaff, und er schloss die Augen und sah wieder die Schäfchenwölkchen an diesem heißen Himmel und dachte an Helen, an ihre frühen Begegnungen und an diesen einen Abend in Italien.

Italien, vorletztes Jahr im Juli: Hitze, steifer Wind, Chemtrails oder das, was die Aluhutträger dafür hielten. Viktor erinnerte sich, wie er in einer Liege lag, die verschwimmenden Streifen betrachtete, fotografierte und auf interessantere Formen hoffte, mehrdeutige Formen, die sich als Facebook-Post gut machen würden. Er glaubte, ein V zu erkennen, dann ein durchgestrichenes O. Vor ihm schlug das Meer kleine, malerische Kräuselwellen, die gleich zerstört würden, von einem Gewurl aus Kindern, das sich gerade fürs Wasser bereitmachte oder bereitgemacht wurde, mit orangen Schwimmflügeln, Luftviechern, Schwimmbrettern, bunten Badehosen und Gebrüll, von Müttern und Vätern, die in Badebekleidung im Sand und im seichten Wasser herumstaksten und versuchten, dabei eine gute Figur zu machen. Es misslang fast allen, außer Helen, der schönen, eleganten, etwas kühlen Helen.

«Das Wasser ist kalt!»

«Kann nicht sein, war gestern noch warm.»

«Die Bora.»

«Ist aber kalt!»

«Die Bora!», sagte Paul noch einmal, Besserwisser, Großmaul, Experte für alles.

«Bora gibt's nur in Kroatien. Wir sind, glaub ich, in Italien.»

«Bora gibt's an der ganzen Adria.»

«Unsinn, nur an der Ostküste.»

«Aha, du musst es ja wissen.»

«Es ist kalt!»

«Es ist ja gar nicht kalt, Mausi, du musst nur ins Wasser springen und ein bisschen planschen, dann fühlt es sich gleich warm an.»

«Bora gibt's an der ganzen Adria», sagte Paul noch einmal, jetzt schärfer, aber keiner hörte ihm mehr zu.

Du überhebliches Arschloch, hatte Viktor gedacht. Helen hatte Paul zwei Abende zuvor, während einer schon leicht beschwipsten Konversation über Paradeiser und Wein und das beste Fleisch und die besten Schweine und perfekte Teppiche und die aktuelle Must-Farbe für Brillengestelle und die einzig überhaupt möglichen Regale, die Reservierung der Webadresse besserwisserei.com angeraten, wär doch genau das Richtige für dich, Paul, oder nicht, Pauli? Sie blickte ihn kalt durch ihre Brille an, keine dieser Hipsterbrillen, eher die Abstraktion eines Sekretärinnenmodells aus den fünfziger Jahren, das an allen Frauen bieder oder nerdig wirkte, außer an Helen. Was sie sagte und wie, das war vor allem eine Folge des Rotweins, den sie auf der Veranda am Meer tranken, und Helens üblicherweise nur zart anklingende Grundironie verstärkte der Wein zu einem überraschend scharfen Sarkasmus. Es stellte sich heraus, dass Paul tatsächlich eine Domain mit ganz ähnlichem Namen reserviert hatte, Viktor fiel nicht mehr ein, wie sie genau hieß, wirklich ganz ähnlich. Allgemeines Gelächter, während Paul sich etwas verkniffen rechtfertigte. He! Für dann, später, in ein paar Jahren, wenn er als Künstler endlich den Durchbruch geschafft haben und in einen sehr, sehr frühen Ruhestand als Privatgelehrter und Vollzeittrinker übergehen würde! He! (Trinken ja, auch, allerdings war er eigentlich ein Kokser, und er hatte Viktor in diesem Urlaub schon mehr als einmal auf ein Naserl eingeladen, und Viktor war mit ihm auf das Zimmer gegangen, in dem seine Sachen herumlagen, Pauls, wie Viktor beim zweiten Mal bemerkte, die von Helen lagen sauber gefaltet in dem alten Schrank, offenbar hatte sie aufgehört, sich um Pauls Sachen zu kümmern. Und es war ihm aufgefallen, wie Paul immer die Nase hochzog, wie es Gewohnheitskokser eben tun. Der Kulturbetrieb. Der war schuld. War nun mal so im Kulturbetrieb.)

Während die anderen noch weiterlachten und durcheinanderredeten, bemerkte Viktor, wie das Lachen in Helens Gesicht zu einem wie einbetonierten Lächeln gefror, sie wirkte plötzlich abwesend, versunken in Gedanken, als hätten Pauls Worte, Pauls Pläne etwas in Gang gesetzt in ihr, und später, nach Helens Geständnis, wusste Viktor auch, was das war: Die wachsende und durchaus verunsichernde Gewissheit, dass sie in Pauls Zukunft nicht sein würde, dass sie nicht dort sein wollte, wo Paul sein würde, das war nicht ihre Zukunft, dort wollte sie nicht hin, sie würde ganz woanders sein, so viel war sicher, aber wo genau, das war noch ungewiss, und das verunsicherte sie spürbar. Die Konversation war zum Glück unterbrochen worden, von schreienden und wild flatternden Möwen, die sich auf die Innereien der Calamari stürzten, die Bastian, der drinnen die Küche aufräumte, gerade ins Meer geworfen hatte, auf der Ostseite des Hauses, die den Kindern streng verboten und mit einem dichten, klebrigen Netz aus Gaffer-Band abgesperrt war, weil dort der Fels ruppig und tödlich ins Meer abfiel.

In diesem Urlaub hatte Viktor Helen gesehen, zum ersten Mal richtig gesehen, obwohl er sie schon so oft gesehen hatte. Und immer gern. Aber plötzlich war sie in seinen Augen erstrahlt, ursächlich wohl durch die Sonne in ihren Haaren, in irgendeinem Moment am Anfang dieses Urlaubs, auf einem der Urlaubsbilder, durch die Viktor glitt, Frauen, Kinder, Männer, erst aufgeregt und noch von der Anreise gestresst, dann entspannt und fröhlich, dann genervt vom permanenten Aufeinanderpicken. Und nachdem Viktor sie jetzt wirklich gesehen hatte, hatte er sich den ganzen Urlaub hindurch schwergetan, den Blick von Helen zu nehmen. Sie merkte es natürlich. Sie hatte schon länger auf Viktors Würde-ich-gern-Liste gestanden, ziemlich lange schon, eh klar, sie war eine Männerfrau, sie hatte alles und alles auf den ersten Blick, wenn man sich mal die strenge Brille wegdachte. Die sie vermutlich genau deshalb trug. Magda hatte sie aus dem Babyschwimmen mit Milena angeschleppt, Milena und Hugo waren fast auf den Tag gleich alt, und die Mütter verstanden sich. Es waren noch andere Mütter und Kinder dazugekommen, aus der Krippe und aus der Nachbarschaft, aber mit Helen freundete Magda sich an, zu Viktors Bedauern, weil es Helen für ihn unfickbar machte. Jedenfalls damals noch; später weichten sich Viktors Prinzipien diesbezüglich auf. Ihren Platz auf seiner Liste jedenfalls hatte sie behalten, ziemlich stabil über all die Jahre, in denen sich die Familien angefreundet hatten und er sich mit Paul. Anfreunden hatte müssen, die Frauen wollten es so, und die Männer hatten dabei nicht viel mitzureden gehabt.

«Paul ist nett, oder?»

Das hatte Viktor nach dem ersten gemeinsamen Abend von Magda gehört und dann nach allen gemeinsamen Unternehmungen.

«Nett war das heute. Die beiden sind ein schönes Paar. So eine nette Familie. Paul ist ein feiner Kerl. Oder?»

Jedes Mal sagte Magda so etwas, und vermutlich sagte auch Helen zu Hause in ihrer Küche etwas Derartiges, bis Viktor und Paul schließlich so was wie befreundet waren, verkumpelt, irgendwas in der Art. Er hatte da nicht viel zu melden, und Paul vermutlich ebenso wenig, und sie gingen dann manchmal zusammen auf ein Bier. In Familien waren es doch immer die Frauen, die bestimmten, wer mit wem wie eng befreundet war, in Viktors gesamtem Freundeskreis war das so. Die Frauen hatten ihre Kriterien, wer mit wem warum zusammenpasste, mit wem es Sinn ergab, sich auf etwas Näheres einzulassen, mit wem man lose bekannt blieb und welche Beziehung man intensivierte. Und wer nicht gut für einen selbst war oder für den Mann, weil er den vielleicht auf blöde Gedanken brachte. Man durfte ein oder zwei Freunde von früher mit in die Ehe bringen, man durfte Kollegen haben, mit denen man sich verstand und hin und wieder Bier trinken ging oder Fußball schauen, und alle weiteren Freunde suchten dann die Frauen für einen aus, je nachdem, wie die Familien und ihre Lebensstile zueinander passten und ob die Kinder im richtigen Alter waren. Es geschah hinter dem Rücken der Männer, wie von selber, plötzlich war man enger, dann war man eng, dann fuhr man zu Ostern gemeinsam auf den Biobauernhof oder besuchte sich im Wochenendhaus, und schließlich fuhr man, weil sich ja alle so gut verstanden, gemeinsam in den Urlaub, Skifahren in die Berge, im Sommer ans Meer.

Wogegen sich die Männer, wenn sie klug waren, nicht wehrten, denn wie hier über sie verfügt wurde, brachte ihnen letztlich Vorteile und Freiheiten. Genauso wie man als vernünftiger Mann schnell lernte, sich nicht darüber aufzuregen, dass die Frauen untereinander über einen sprachen, über alle Männer und über die Probleme mit ihnen. Viktor tat es jedenfalls nicht. Nicht mehr. Derlei mochte einem als Mann akut unangenehm und peinlich sein, aber letztlich bedeutete es meistens, dass die Frauen die Probleme, die sie mit ihren Männern hatten, bei ihren Freundinnen ausließen und nicht an ihren Verursachern. Beziehungsweise denen, die sie für die Verursacher hielten. Oder dass diese Probleme zumindest nicht so unmittelbar und brutal auf die Männer zurückprallten, sondern gefiltert durch den Rat der Freundinnen, weichgespült von ihrem Verständnis. Und so war Viktor auch längst klug genug, sich nicht gegen die Verwaltung durch seine Lebensgefährtin zu wehren und nicht gegen die neuen Spielkameraden, die sie für ihn aussuchte. Denn es bewirkte, zumindest in den Ferien und an vielen Wochenenden, dass die Kinder fröhlich in Gruppen spielten und man selber nicht auf Knien Spielzeugautos und Barbiepferde herumschieben musste. Danke, Gott, danke, ihr patenten Frauen.

Helen war während des Urlaubs, der durch die strand-urlaubsimmanente Leichtbekleidetheit ihre kleine, drahtige Schönheit und Sexyness noch verstärkte, bei Viktor noch ein paar Plätze nach oben gerutscht. Falls das überhaupt möglich war. Sie stand praktisch auf der Mit-der-unbe-dingt-Liste auf dem sicheren ersten Platz, mit einigem Abstand sogar, als sie ihm an diesem Nachmittag, als er mit ihr am Strand die Kinder beaufsichtigte, eröffnet hatte, dass sie erwog, sich von Paul zu trennen. Sie saßen auf Klappliegen unter Sonnenschirmen, die Kinder platschten mit Schwimmflügeln im seichten Wasser.

«Nicht so weit hinaus, Hugo! Ja, bis da, bis da ist es gut.»

«Du auch, Milena! So gut könnt ihr noch nicht schwimmen. Milena! Hörst du mich? Milena!»

«Ich glaube, ich werde mich von Paul trennen.»

Es klang nicht so, als habe Helen Paul schon über ihre Absichten in Kenntnis gesetzt. Trotzdem erzählte sie es ihm, Viktor? Sagte es einfach so, ins Blau des Himmels und des Wassers, in den verschwimmenden Horizont hinein? Das verwirrte und verunsicherte Viktor. Wieso erzählte sie es nicht Magda? Oder wusste es Magda längst? Hatten die Frauen längst alles durchgespielt, wie sie es immer taten? Aber wieso erzählte sie Viktor das? Weil er schon zwei Trennungen hinter sich hatte, Kinder inklusive? Trotzdem: Er war nicht befugt. Er war doch Pauls Freund, sie hatte es so mitbestimmt. Er sollte das nicht wissen. Und er wollte es nicht wissen, wirklich nicht, ganz ehrlich: nein.

Den Urlaub noch in Würde überstehen, hatte Helen darauf gesagt, und dann weitersehen.

Ernsthaft? Warum?

Viktor hatte nur höflichkeitshalber gefragt, eigentlich wollte er gar nicht wissen, warum. Sie sagte es ihm trotzdem: Zerrüttung, Auseinanderlebung, Gefühlserkaltung, verschiedene Vorstellungen vom Leben, von der Familie, von der Zukunft, von allem eigentlich, zu wenig Wärme, zu wenig Körperlichkeit, zu viel Streit, nur noch Streit eigentlich. Aha. Und die Drogen, der Alk, auch ein Problem, allmählich ein ziemliches.

Viktor sagte nicht viel mehr dazu, und Helen schien das auch nicht zu erwarten. Sie saß auf der Liege, streichelte ihre goldenen Schienbeine und schaute zu Hugo, und Viktor blickte schnell von den unfassbar zarten weißen Härchen auf ihren Schenkeln zu Milena, und sie sagten nichts mehr. Irgendwann stieg sie von der Liege, wickelte sich aus dem blauen Tuch, das sie um ihre Hüften geschlungen hatte, und ging langsam ins Wasser hinein, bis zu den Hüften, packte ihren Sohn und warf ihn ins Wasser. Sie hatte erstaunlich viel Kraft. Das Kind kreischte. Viktor war offenbar gar nicht mehr da für sie, unsichtbar, schon wieder.

Danach stand Helen zwar immer noch auf Viktors Liste, aber doppelt durchgestrichen, denn eigentlich ja, aber faktisch niemals; denn jetzt kam sie noch weniger in Frage für ihn, als sie es eh schon nicht gekommen war, als Freundin seiner Frau, aber als getrennte Freundin seiner Frau: unter diesen Umständen war es vollkommen undenkbar, egal wie schön und begehrenswert sie war, egal auf welche sexy Weise ihre Melancholie und ihre Traurigkeit, die er in diesem Moment und danach ständig an ihr entdeckte, ihre Schönheit noch verstärkten. Sie trug nur Blau, immer und ausschließlich, Blau in allen Schattierungen von einem ins Tannengrün oder Mint changierenden Petrol über wasserhelles Lichtblau bis zu einem Blauviolett, das knapp am Lila schrammte. Aber immer Blau. Vermutlich, weil es mit ihren Augen und dem Finnenblond ihres Haares harmonierte und der gleichmäßigen goldenen Sommerfarbe ihrer Haut, die für Sonnenbräune eine genetische Disposition zu haben schien. Ihr Haar war sensationell, nicht glatt und nicht lockig, es war ganz dick und buschig und lappte über ihren schmalen Rücken, und manchmal strich sie es hinter ihre Ohren, an denen kleine goldene Ringe hingen. Das Blond hielt Viktor allerdings für nicht echt. Egal. Es war schön und machte Helen schön. Aber all das spielte dann keine Rolle mehr, und er betrachtete sie nach ihrem Geständnis immer noch gern und mit einem gewissen Verlangen – aber distanziert. Und Paul konnte er nun nicht mehr in die Augen sehen, er wich Paul aus, den ganzen restlichen Urlaub, weil er etwas über Paul und Pauls Zukunft wusste, das Paul selber nicht wusste, als könnte dieses Geheimnis aus ihm herausschwappen, und Viktor nahm es Helen übel, dass sie ihn ins Vertrauen gezogen hatte. Wozu hatte sie das getan? Warum nur? Er konnte ihr doch sowieso nicht helfen, warum also hatte sie sich anvertraut? Er war kein Experte für Beziehungen, bei Gott nicht, sollte sie mal Natalie fragen, haha, und die Harmonie mit Edith täuschte, sie war der Ewigkeit geschuldet, die er schon nicht mehr mit Edith zusammen war, sowie der relativen Kürze ihrer einstigen Beziehung. Viktor fühlte sich missverstanden und missbraucht, er fand, dass Helen das nicht tun hätte sollen, nicht tun hätte dürfen. Was ging es ihn an, warum belastete sie ihn damit, er mochte Paul, Paul war witzig, auch wenn er ein Idiot war, der zu viel kokste, wenn er nicht genug kokste, ausfällig wurde, gegen jeden, der ihm gerade nicht passte, auch gegen seine Frau und sein Kind, und wenn er richtig viel kokste, noch viel mehr, und wenn er dazu auch noch soff, konnte er wirklich unangenehm werden, Viktor hatte es schon erlebt.

Jeden Morgen in diesem Italienurlaub schnitt Helen eine Schüssel voller Obst, sie würfelte Melonen, Äpfel, Pflaumen, frische Feigen und Ananas, während die Sonne ihren Haarbusch leuchten ließ. An einem dieser Morgen waren Paul und Helen schweigend aus ihrem Zimmer gekommen, kurz hintereinander. Dann hatte Paul eine Bemerkung gemacht, dass das interessant sei, diese merkwürdige Obstbezogenheit, wo sie doch zu Hause stets zwei Wurstbrote frühstücke, heimlich, nachdem sie das Kind gezwungen habe, Müsli ohne Zucker zu essen. Es klang bockig und unglücklich und bösartig. Man spürte die Verletzungsabsicht. Viktor, der in Shorts und ohne Hemd an der Kochinsel stand und darauf wartete, dass die Bialetti endlich zu zischen begann, war von der Schärfe in Pauls Ton aufgeschreckt und hatte leicht alarmiert zu Helen hinübergeschaut. Helen hatte rote Backen bekommen, ganz zart nur, und ungerührt weitergeschnitten, wortlos, ohne aufzublicken, als pralle längst alles, was Paul sagte, nur noch an ihr ab, perle und fließe ab an ihr wie von unzerkratzbarem Teflon oder von diesen modernen Keramiken, an denen nichts haften bleibt, keine Flüssigkeit, kein Schmutz, gar nichts. Helen hatte nicht geantwortet, nicht reagiert, kein Zucken in ihrem Gesicht, sie schälte einfach weiter eine Orange, und aus der Art, wie sie das tat, wie sie mit dem Messer mit sicherem Schnitt die Schale vom Fruchtfleisch trennte, genau zwischen der weißen Haut und dem saftigen Fleisch, erkannte Viktor, dass sie das öfter machte, regelmäßig, und er schlug sich auf Helens Seite. Obwohl Paul sein Freund war, geworden war, in den letzten Jahren. Aber Viktor war jetzt Team Helen, weil sie schön und elegant war und unberührbar und Paul so offensichtlich ein Idiot, der nun sagte:

«Na, da fällt dir nichts dazu ein.»

Am Boden rauften die Dreijährigen herum, und Helen ignorierte Paul mit provokativer Unbeirrbarkeit, und Viktor atmete auf, als er Magda sah, die mit ihrer Kamera von draußen hereinkam, wo sie die morgendliche See fotografiert hatte, das Blau, das Grün, die Streifen von aufgehender Sonne in der Brandung.

«Bleib so!»

Magda fixierte Helen.

«Wie.»

«So! Mit dem Messer und der Orange. Bleib so.»

Magda war mit der Kamera hinter Helen getreten und fotografierte Helens Hände über ihre Schulter hinweg. Das leuchtende Sonnenorange der Frucht, das Gold von Helens Haut, das Gelb der Schüssel, das Rot des Plastikgriffs des kleinen Messers, das Türkis von Helens Nagellack.

«Gut so. Wunderschön! Weiterschälen.»

«So?»

«So. Für das Kochbuch. Perfekt.»

Magdas Kamera knatterte. Paul machte sich davon, mit ein paar Kindern im Schlepptau. Viktor betrachtete seine Frau, den konzentrierten Ausdruck auf Magdas sanftem, weichem, gutmütigem Gesicht. Ihre braunen Haare hatte sie zu einem nachlässigen Knoten gewickelt, der der Widerspenstigkeit ihres dicken Haars meist nicht lange gewachsen war. Am zweiten Urlaubstag hatte Magda, die erst kürzlich ein gar nicht wenig erfolgreiches Kochbuch mit den Rezepten ihrer tschechischen Leihgroßmütter fotografiert hatte, angedeutet, dass dieser Urlaub und die tatsächlich hervorragenden, vielfältigen und von mehreren, überraschend qualifizierten Köchinnen und Köchen zu allen Tageszeiten zubereiteten Speisen in einem weiteren Kochbuch veröffentlicht werden und damit in die Ewigkeit eingehen könnten, ein Urlaub-mit-Kindern-Kochbuch, das will doch jeder Bobo, oder. Quiches, Aufläufe, Salate, gegrillte Calamari, bunte Pizzen für die Kinder. Wurde letztlich nie etwas draus, es war eine dieser typischen Urlaubsideen, die die Heimreise nicht überstehen, aber es stand während des Urlaubs im Raum, die ganze Zeit, sehr auffällig. Magda jedenfalls hatte umstandslos begonnen, unablässig und alles zu fotografieren, was ihr für dieses Buch eventuell geeignet schien, und mit einem Mal kleideten sich alle Frauen bunter, auch die schwangere Marlen, verbargen alle Männer ihre Bauchansätze sorgfältiger, mit einem Mal wurden den Mädchen die Nägel bunt lackiert, komplizierte Zopffrisuren geflochten und sorgfältig zerzaust, es wurden Turbane und Tücher gewickelt, Sandburgen designt. (Marlen: Viktor kannte sie schon ewig, viel länger als Bastian, der eigentlich sein alter Freund war. Bastian wusste das nicht. Niemand wusste es. Marlen und er hatten einmal gevögelt, völlig betrunken, nach einer Nacht in einem der Szenelokale der späten achtziger Jahre. Sie hatten an der Bar Wodka getrunken, bis zur Sperrstunde, dann waren sie im Taxi zu ihm gefahren, in sein WG-Zimmer, wobei Marlen wegen des Wodkas vergessen oder verdrängt hatte, dass sie gerade menstruierte, was Viktor, ebenfalls wegen des Wodkas, in der Sekunde, in der es ihnen beiden auffiel, egal gewesen war. Jetzt Sex, wurscht. Nicht mehr so wurscht war es Viktor am nächsten Tag, als er blutige Handabdrücke mit Seifenlauge von der Wand wusch, er konnte wegen des Wodkas nicht mehr sagen, ob es seine oder Marlens waren. Er konnte sich an den Sex nicht mehr erinnern, Marlen vermutlich auch nicht; sie war verschwunden, bevor er aufwachte. Die versaute Bettwäsche stopfte er, obwohl er damals kein Geld hatte, in einen Müllsack und in den Container im Hof, während er hoffte, dass kein Müllmann sie entdeckte und daraus ein Verbrechen konstruierte. Marlen war die Sache offenbar sehr peinlich, sie mied die Bar für viele Monate, und zwischen ihnen war es damit für immer erledigt. Sie trafen sich irgendwann wieder und taten, als sei nichts gewesen. Sie blieben befreundet, wenn auch nicht eng, und die Sache wurde zwischen ihnen niemals wieder erwähnt, er erzählte es nie jemandem, und soweit er wusste, hatte es Marlen auch niemandem erzählt.) Helen hatte, während sie das geschnittene Obst vermischte, etwas davon in ein Glas geworfen und ein wenig griechischen Joghurt darübergelöffelt, sie trug ein leuchtend blaues Strandtuch um ihre Hüften geknotet, über einem himmelblau gestreiften Badeanzug. Ihre Haut war gebräunt. Im Winter wirkte sie blass, zerbrechlich, etwas teigig und ungesund, aber der Sommer war ihre Zeit. Im Sommer war sie nichts als schön, und in diesem Moment, in dem sie gehackte Nüsse auf den Joghurt streute und Honig von einem Löffel darüberfließen ließ, war sie unglaublich schön, und auch Magda sah es und ließ ihre Kamera rattern.

Fürs Erste beließ es Viktor dabei, sich diesen Helen-Moment, diesen Honig-Moment einzuprägen, und er rief das Bild ab in der folgenden Nacht, minus das Hüfttuch und den Badeanzug. Leider wurde Viktor gestört, weil Magda sich umdrehte. Entweder im Schlaf, oder weil sie ihm signalisieren wollte, dass sie wach war und sein schändliches Tun missbilligte. Viktor hatte ein paar Minuten gewartet, war dann leise aus dem Bett gestiegen und ins Badezimmer geschlichen, und Magda hatte ruhig geatmet und sich nicht mehr bewegt.

Erstaunlicherweise war es Helens perfekte und deshalb irgendwie kalte Schönheit gewesen, die ihn damals Magda sehr nahegebracht hatte. Sie war irgendwie das Gegenteil von Helen, wie sie da saß und ging und stand und ihre Fotos machte, auf ihre gelassene, manchmal faule, nachlässig wirkende Art, die kaum jemand mit Arbeit in Verbindung brachte. Wenn jemand Magda frisch kennenlernte und Viktor dann erzählte, dass sie Fotografie studiert hatte und schon lang einen kleinen, aber effektiven Putztrupp effizient und erfolgreich befehligte, spürte er meistens die Überraschung seines Gegenübers: Die meisten hielten Magda für eine Fulltime-Hausfrau, und zwar für eine nicht besonders gute. Was ja auch stimmte. Kaum jemand traute ihr die Zielstrebigkeit zu, etwas zu managen, etwas zu Ende zu bekommen. Sie war eine gute Mutter, die selten die Nerven verlor, und wenn sie doch einmal brüllte, dann nie aggressiv; sie schien dann einfach ihre Gelassenheit ein bisschen lauter aufzudrehen. Fotos machte sie jetzt nur noch zum Spaß oder für Projekte, die kaum Geld einbrachten. Ihre frühere Stressmagerkeit war weg, seit dem ersten Kind schon, aber nun entsprach ihre Figur ihrem Wesen, es harmonierte, alles an Magda harmonierte. Sie hatte zugenommen, war aber nicht dick geworden, nur so ein bisschen runder, weicher. An den richtigen Stellen, wie Viktor fand, schön gleichmäßig. Es gefiel ihm, dass sie nicht mehr so kunstmager war, so knochig, und sie war tatsächlich eine der wenigen Frauen, denen es nichts auszumachen schien, ein bisschen zuzunehmen, die sich deswegen nicht hässlicher oder unförmig fanden, so wie Edith, aus der nach Maries Geburt ein nicht enden wollendes Jammern über ihre ruinierte Figur geflossen war. Nach der Geburt der Zwillinge hatte sie dann glücklich ihr eigenes, längst wieder mageres Gestell herumgezeigt – denn es war Rita, ihre jetzige Frau, gewesen, die die Zwillinge zur Welt gebracht hatte. Edith hatte gefunden, sie habe ihr Gebärsoll mit Marie bereits erfüllt, sie war einmal schwanger gewesen, das reichte ihr für ein Leben. Rita dagegen war eine glückliche und engagierte Schwangere gewesen, so wie sie überhaupt eine unkomplizierte Frau war, die sich mit Marie ebenso gut verstand wie mit Viktor. Also, nachdem Viktor erst mal weggekaut hatte, dass seine Verflossene jetzt auf Frauen stand, und sobald er es geschafft hatte, das nicht persönlich zu nehmen. Hatte nichts mit ihm zu tun, nein, sicher nicht. Oder. Nein, bestimmt nicht. Und Edith auch: Schon gut, Viktor, du warst eh ein guter Liebhaber, es hat nichts mit dir zu tun. Was sollte das heißen, «eh», eh im Vergleich zu was? Oder wie? Lass gut sein, Viktor, hatte Edith gesagt, ich steh einfach auf Frauen. Also ließ er es gut sein, okay.

Magda jedenfalls war mit sich und ihrer Figur im Reinen. Sie machte nie Diäten. Im Unterschied zu anderen Frauen, die immer auf Diät waren, schien sie mit ihrem Aussehen, mit sich, weitgehend und grundsätzlich zufrieden zu sein. Vielleicht hatte das auch damit zu tun, dass Magda, bevor sie nach Wien kam, in der Tschechoslowakei der frühen achtziger Jahre aufwuchs, sehr bescheiden, als Tochter eines kleinen Beamten, an einem eher kargen Esstisch in einem Wohnsilo am Rande von Brünn, und sie hatte nicht vergessen, dass es gut war, wenn man genug zu essen hatte, und sie aß gern und ohne Reue. Sie kochte auch gern. Sie war überhaupt ein zufriedener Mensch, jetzt bis auf diese ein oder zwei Stunden in der Früh, in denen man, wie Viktor bald gemerkt hat, alles nur falsch machen konnte, durch die man nur durchtauchen konnte, möglichst leise und unsichtbar. Ein bisschen später war es dann vorbei, zuverlässig, im Laufe des Vormittags, nach zwei Tassen schwarzen Kaffees, wurde Magda jeweils zu jener heiteren und positiven Frau, die sie meistens war. Nicht immer: Wenn sie fand, Viktor sei zu wenig zu Hause, kümmere sich zu wenig um die Kinder und die häuslichen Angelegenheiten, konnte sie unrund werden und unnachgiebig.

Aber meistens ging das bald wieder vorbei, und sie wurde wieder die relaxte Magda mit einer selbstverständlichen Selbstsicherheit, die Viktor extrem attraktiv fand, und er bemerkte immer wieder, dass das auch auf andere Männer nicht ohne Wirkung blieb. Und auch deshalb machte es Viktor, das stellte er ebenfalls in jenem Urlaub fest, überhaupt nichts aus, dass sie nicht annähernd so Hochglanzmagazin-schön war wie Helen in manchen Augenblicken, beim Obst-schneiden oder im Meer, mit hochgeknotetem Haar, oder lesend im Schatten, die atemberaubenden goldenen Beine in einer Weise übereinandergeschlagen, die in Viktor Er-wägungen Platz greifen ließen, inwiefern die Information, derer er teilhaftig geworden war, sich doch zu seinen Guns-ten nutzen ließ, ohne dass er sich in Gefahr begab. Denn al-leinstehende Frauen und Frauen am Weg zur Alleinstehung waren gefährlich; sie neigten dazu, mehr zu wollen, als Vik-tor wollte, wollen konnte und wollen wollte. Und sie gingen dabei, weil sie ja selbst nichts zu verlieren hatten, Risiken ein, die Viktor nicht eingehen wollte, auf keinen Fall. Frauen ohne fixen Partner standen auf Viktors Unfuckable-Liste ganz oben, als Gruppe, und sobald sich eine seiner Geliebten trennte, war Viktor auch weg, hatte keine Zeit mehr, kam ihm ständig etwas dazwischen, vertschüsste er sich. Aus-nahmen machte er nie. Oder fast nie; siehe Josi, aber die hatte jetzt ja zum Glück wieder einen, diesen merkwürdigen Karl … Was er dann auch wieder nicht so gut fand. Wobei, mit Josi war es eben anders, Josi fiel aus allen Kategorien.

Helen trennte sich nach diesem Urlaub, das erfuhr Vik-tor natürlich von Magda, tatsächlich von Paul, sie warf ihn raus, kühl, systematisch und ordentlich, als die Anwältin, die sie nun mal war, ohne großes Drama. Paul packte ein paar Sachen, zog in sein Atelier und blieb dort erst mal. Er hatte, hörte Viktor, schnell eine neue Freundin, aber dann wohl nicht mehr. Und dann unternahm er doch was, dann gingen er und Helen doch in eine Paartherapie, und offenbar bekamen sie ihre Probleme so weit in den Griff, dass Paul irgendwann wieder einzog bei seiner Familie. Helen ließ es zu, das hatte Viktor damals gewundert. Ende Trennung, keine Scheidung, kein Drama, Paul hörte auf zu koksen und zu saufen, fing an zu laufen und machte Tai-Chi, wobei Viktor dachte: Das werden wir ja sehen, wie lange er das durchhält.

Jedenfalls mussten sie Männer haben, Viktors Frauen, gebunden und damit ungefährlich mussten sie sein. (Na ja, okay, Viktor hatte es dann trotz aller Vorbehalte bei Helen versucht, ohne je auch nur eine Antwort zu bekommen. Bis.) Oder sollten; siehe Josi. Aber Josi war nun grundsätzlich etwas anderes und fiel aus allen üblichen Mustern heraus.

Bei Lisbeth hatte er keine Ausnahme gemacht. Lisbeth hatte sich von Jakob getrennt, und Viktor hatte sich von Lisbeth getrennt, fast unmittelbar darauf, bevor Lisbeth anfangen konnte, sich Hoffnungen zu machen auf Viktor beziehungsweise darauf, dass er sich von Magda trennen würde. Was sie vielleicht trotzdem tat. Er sollte Lisbeth anrufen, unbedingt, aber er wollte nicht, weil er ahnte, was sie wollte, und das wollte Viktor nicht hören und nicht haben.

Josi ließ die Tür hinter sich ins Schloss fallen und hängte sich den Rucksack um. Sie ging sehr gerade, das hatte sie sich irgendwann in ihrer Schulzeit angewöhnt, um größer zu wirken. Früher hatte sie immer hohe Absätze getragen, jetzt machte sie das nur noch bei Anlässen, zu denen sie hübsch sein wollte. Um Leo vom Kindergarten abzuholen, brauchte sie nicht hübsch zu sein, da genügten Flipflops. Es war kühl im Stiegenhaus, trotz der Hitze draußen. Sie spürte die Wärme des Sex in sich nach, das mochte sie, selbst bei dieser Hitze, diese innere Aufgewärmtheit, es machte sie weich, elastisch, zufrieden, Sex konnte das, selbst schlechter Sex. Viktor war, fand Josi, ein ganz passabler Liebhaber, nicht extrem gut, nicht schlecht: in Ordnung. Josi hatte bessere und schlechtere, sehr viel schlechtere. Viktor war okay, Durchschnitt oder ein bisschen darüber. Er kannte ihren Körper, er wusste mittlerweile, was sie mochte und was nicht, seine Hände waren sanft und geschickt, er wusste zumindest, was zu tun ist. Sein Penis, fand Josi, hätte größer sein dürfen, aber er passte zu ihm, und er passte zu ihr. Josi fand Viktor mitunter ein wenig phantasielos, aber für die Art von Verhältnis, das sich zwischen ihnen eingespielt hatte, reichte es gerade aus. War es good enough. Es war auch und vor allem okay, dass es immer so schnell ging mit ihm; so, wie sie sich trafen, war für langes Vorspiel keine Zeit, und Josi mochte das so. Und natürlich mochte Viktor, dass Josi das mochte.

War aber auch nicht nötig. Sie kannten sich lange, und offenbar fanden sie sich beide nach all den Jahren immer noch geil genug, dass man nicht lange herumkasperln musste, um zur Sache zu kommen.

Josi hatte schon mit Viktor geschlafen, als sie noch mit Martin verheiratet war. Also, tatsächlich hatte sie mit Viktor schon geschlafen, bevor sie mit Martin verheiratet war, das war wichtig, es erlaubte ihr, das Fremdgehen während ihrer Ehe zu rechtfertigen. Weil Viktor ja vorher schon da war. Weil es also in dem Sinne kein Fremdgehen war. Es war ein Bekanntgehen mit jemandem, der ältere Rechte auf sie hatte, sie länger kannte, sie sozusagen zuerst gesehen hatte, lange vor Martin. Insofern. Natürlich, das war Josi klar, beendete man alte Beziehungen üblicherweise, bevor man neue beginnt, besonders, bevor man eine Ehe schließt, mit Kirche und allem, aber darauf hatte Josi irgendwie vergessen. Vielleicht auch, weil Viktor seine Lebensgemeinschaft mit Natalie für Josi kurz vergessen hatte. Dergleichen schaffte von vornherein eine andere moralische Basis, die Josi ihrer Meinung nach ermächtigte, sich selber auch kleine Freiheiten zu erlauben.

Jedenfalls beendete Josi die Beziehung mit Viktor nicht, als sie Martin traf und datete und zu ihm zog und heiratete. Sofern man im Zusammenhang mit Viktor überhaupt von einer Beziehung sprechen konnte, und Josi in ihrer geraden, forschen Art tat es nicht. Das war so was … Na ja. So was halt. Keine Beziehung, irgendwas Schwammiges, in dem die üblichen moralischen Parameter nicht griffen. Eigentlich war es gar nichts, und deshalb gab es eigentlich auch nichts zu beenden, sie war mit Viktor, wenn überhaupt, nur kurz zusammen gewesen, unmittelbar nach dem Ende ihres Studiums, hatte ein paar leidenschaftliche Nächte mit ihm verbracht, eine ungeplante und tatsächlich unerwünschte Liaison, die in ihr Leben geplatzt war, ganz kurz, bevor sie nach Hamburg zog, um dort als Meeresbiologin zu arbeiten. Sie hatte in Hamburg bereits einen großartigen Job, eine bequem gelegene kleine Wohnung, sie war gerade auf Verabschiedungstour, als sie Viktor traf, nach einem Konzert, im Kaffeehaus. Eine der Freundinnen, mit denen sie unterwegs war, kannte ihn.

«Viktor!» – «Lange nicht gesehen! Setz dich doch zu uns.» – «Ist es okay, wenn sich Viktor kurz zu uns setzt, Josi?» – «Josi, Viktor, Viktor, Josi.» – «Josi zieht nächste Woche nach Hamburg, wir feiern gerade ihren Abschied.»

Man lächelte sich höflich an, in dem Vorstellungsdurcheinander.

Er lebte mit jemandem zusammen, er hatte Kinder, er hatte etwas mit Theater zu tun, seine Haare waren dünn, seine Arme tätowiert, Josi verabscheute Tätowierungen, jedenfalls damals noch, und es schien ihr wenig gefährlich, sich kurz mit diesem merkwürdigen Hobbit zu unterhalten.

Sie irrte sich. Denn leider flog ganz unvermutet der Funke zwischen ihnen so schnell, wie Josi es selten zuvor erlebt hatte, flog über den Tisch dieses Kaffeehauses hinweg. Dort saß sie in einer erst großen, dann sich minimierenden Gruppe, und schließlich, als sich die letzte Freundin mit einer großen Umarmung, vielen Wünschen und Besuchsversprechungen verabschiedet hatte, mit Viktor allein. Leider flogen die Worte ganz leicht. Leider rannte der Schmäh ganz geschmeidig, leider berührten sich bald ihre Knie, und ihre Augen sprühten sich in ein Durcheinander hinein. Leider tranken sie noch ein Glas Wein und noch eines. Sie ließen sich beide in ihre Verwirrung fallen, ohne sich dagegen zu wehren, leider. Und leider waren Viktors Lebensgefährtin und Kind in diesen Tagen gerade bei den Eltern der Frau. Und leider war Viktor zu dankbar, wieder einmal von jemandem bemerkt zu werden, wieder einmal Eindruck zu hinterlassen, und gleich so spürbar guten. Und leider war Viktor auch deshalb schon damals von Treueskrupeln weitgehend unbeleckt, weil er gelernt hatte, die Chancen, die sich ihm boten, lieber zu nutzen.

Und er konnte das schon damals: das eine vom anderen trennen, das eine mit dem anderen nichts zu tun haben lassen, einflussfrei das hier und das dort nebeneinander herlaufen lassen, weitgehend ohne schlechtes Gewissen, ohne Schuldgefühle. Denn das eine hatte mit dem anderen ja nichts zu tun. Das eine tangierte das andere ja nicht, beeinflusste es nicht, veränderte es nicht, nahm nichts weg, gab nichts dazu. Treue, was war das, wer hatte das erfunden, und wofür genau? So sah Viktor das, schon damals. Und Josi entschloss sich später, es auch so zu sehen, und sie stellte fest, dass sie das konnte, hey, ja, konnte sie. Zumindest mit Viktor. Sie sprachen sich sozusagen gegenseitig von aller Schuld frei. Aber das kam später.

An diesem Abend fing die Sache gerade erst an, da waren sie schließlich die Letzten im Lokal, sie wurden irgendwann hinauskomplimentiert und gingen dann sehr, sehr, sehr langsam zum nächsten Taxistand, trippelten in Babyschritten zu den Autos, die am Ende der Gasse warteten. Josi wollte nicht nach Hause. Viktor wollte Josi küssen. Josi wollte Viktor auch küssen. Viktor wollte mit Josi ins Bett. Sie taten trotz ihrer Berauschtheit nichts von alledem, sie tauschten Telefonnummern aus, in warmer, dunkler Luft, mit zittrigen, vom Alkohol unsicheren Fingern, die die Ziffertasten nicht treffen wollten. Es gab noch keine Smartphones, nur plumpe Handys, die sie damals für elegant hielten, und es dauerte ewig, eine Nummer einzutippen, zumal wenn man betrunken war. Das waren sie, und sie lachten so laut, dass ein Anwohner sich beschwerte, durch ein Fenster im dritten Stock; *hoits ihr endlich de Pappn!*

«Typisch Wien», sagte Viktor, «Wien immer.»

«Glaubst du, das gibt's in Hamburg nicht?», sagte Josi.

«Weiß nicht», sagte Viktor, «müssen wir dann mal ausprobieren.»

«Soso», sagte Josi.

Sie küssten sich trotzdem nur kurz und scheu, als sie den Taxistand erreicht hatten; und danach schob Viktor Josi in das erste Taxi und nahm selbst doch nicht das zweite, sondern beschloss, zu Fuß nach Hause zu gehen, eine halbe Stunde, höchstens fünfunddreißig Minuten, dem fast vollen Mond entgegen, der riesig hinter den Häusern stand, viel größer als sonst. Sie hätten sich länger küssen können, sie hatten es gerochen, geschmeckt, gespürt, beide, aber sie taten es nicht, und als Josi im Taxi saß und davonfuhr, wussten sie beide nicht, ob sie stolz sein sollten auf ihre Vernunft und ihre Selbstdisziplin oder sich verfluchen, ob ihrer Feigheit und bescheuerten Zurückhaltung, und Josi, schwer angetschechert, dachte: Verdammte Verschwendung! Wie kann man so eine Gelegenheit nur verstreichen, so ein Gefühl derart verpuffen lassen, als gäbe es das jeden Tag! Als könnte man sich das im Supermarkt nebenan besorgen! Wie oft kommt so ein Mensch, so eine Gelegenheit! Verfrevelte Verschwendung! Und: schade, aber tja. Und Viktor dachte: Idiot! Aber gescheit. Treu. Braver Lebenspartner, diesmal, endlich. Aber VOLLIDIOT. Und Josi war verwundert, wie so was geschehen konnte, gerade jetzt. Und Viktor war happy, dass er wieder einmal bemerkt worden war, und dann gleich so.

Als Viktor daheim war, schrieb er Josi, die schon im Bett lag, das Handy neben sich, eine SMS, die mutiger war als der Kuss. Und Josi antwortete weniger trocken, als sie sich verabschiedet hatte. Und Viktor wurde ein bisschen verwegen, und Josi empfing das mit einer Nonchalance, die sie selbst überraschte.

Und so trafen sie sich gleich am nächsten Tag, um ihren Fehler wiedergutzumachen und nicht solche feigen Idioten zu sein, solche absnobbenden, frevelhaften Vergeuder von seltenen, wunderbaren Gelegenheiten. Und das taten sie auch am nächsten und am übernächsten Tag, was natürlich auch alles deshalb so leicht ging, weil Josi ja so gut wie weg war. Und Viktor völlig vergeben. Überhaupt keine Gefahr, eigentlich.

Und Josi war dann auch am vorgesehenen Tag nach Hamburg übersiedelt, mit allem, was nicht in Lisbeths Keller

Platz gehabt hatte. Einen Moment, nur einen Moment lang hatte sie erwogen, es nicht zu tun, Viktors wegen in Wien zu bleiben, den Job sausenzulassen, die Wohnung. Der Moment war sehr kurz gewesen. Josi war eine robuste, vernünftige Frau. Sie war es damals gewesen, und sie war es heute noch, sie hatte schließlich auch nicht Kunst studiert, wie sie als Teenager vorgehabt hatte, oder Mode, sondern etwas Bodenständiges. Etwas, das zu ihr passte. Sie rauchte nicht und hatte nie geraucht, weil sie das für eine völlig geistesgestörte Art von Gesundheitsgefährdung im Verbund mit blödsinniger Geldverschwendung hielt. Josi verschwendete nichts. Sie lebte auf protestantische Weise sparsam, bescheiden und stets schuldenfrei, was sie, wie sie vermutete, von ihrer schweizerisch-zwinglianischen Mutter in die Genetik montiert bekommen hatte. Josi war ordentlich, sie trank wenig und selten, sie nahm, vermutlich auch aus Sparsamkeit, nach ein paar eher verstörenden Versuchen niemals mehr Drogen und bewahrte stets den Überblick über die Dinge.

Und so ließ sie sich selbstverständlich auch nicht von einer amourösen oder, konkreter, hormonellen Ausnahmesituation leiten oder umleiten, wenn es um ihre Karriere und ihre Zukunft ging, schon gar nicht im Zusammenhang mit einem Mann, der eine Frau hatte und ein kleines Kind, das damals drei oder vier gewesen war, ungefähr so alt wie Leo jetzt, und noch ein Kind mit einer Ex.

Sie war nach Hamburg gegangen, wie sie es beschlossen hatte, lange bevor es einen Viktor gab. Sie hatten sich anfangs geschrieben, SMS und Mails geschickt, liebevolle, freundliche Nachrichten, mit manchmal vorsichtig erotischen Anspielungen, aber sie hatten beide darauf verzichtet, eine Verliebtheit zu beschwören oder sich gar in etwas hineinzusteigern, für das es auf beiden Seiten keine faktische Grundlage gab und vor allem keine realistische Zukunft.

Sie hatten sich an ihrem letzten Abend in Wien darauf geeinigt, dass ihre Begegnung und die sich ihr anschließenden Nächte eine wunderbare Amour fou gewesen, die nun offiziell wieder vorbei war, die ganz bewusst der Vernunft und der Realität geopfert wurde: eine Einigung, die Viktor für Josis Empfinden ein wenig zu leicht fiel, von ihm ein bisschen zu widerstandslos akzeptiert wurde. (Josi war zwar Realistin, das hieß aber nicht, dass sie den Verheißungen einer heißblütigen Eroberung vollkommen ablehnend gegenüberstand.) Viktors Blut war lauwarm, und er hatte keine derartigen Anwandlungen, und falls es eine Sehnsucht nach Josi gab, stillte er sie mit Masturbation.

Gleiches tat Josi, auch wenn sich bei ihr noch der Rest Basisverliebtheit dazuschlich und ein kleines romantisches Verlangen nach Viktor, das der zeitlichen und räumlichen Entfernung geschuldet war und der Verklärung, die zuweilen selbst in den sachlichsten Seelen entsteht. Aber es verging, und beide wandten sich wieder ganz ihren eigentlichen Existenzen zu, Viktor seiner künstlerischen Karriere, seiner Beziehung mit Natalie und den wachsenden Problemen darin, Josi ihrer ersten Anstellung und ihrer Eingewöhnung in Hamburg, wo sie sich systematisch, ordentlich und zielstrebig einen Freundeskreis zusammenpuzzelte, der zu ihr passte und sie mit allen nötigen Freundschaftsbenefizien versorgte, Treffen in Bars, Einladungen, inklusive einer besten Freundin, die das noch immer war. Die Nachrichten zwischen Viktor und Josi wurden seltener und pendelten sich zuletzt ein auf Geburtstagsgrüße und gelegentliche Lebenszeichen, zumeist humorvoller Art oder in Verbindung mit einer Nachricht, die sich als harmlose Anspielung auf ihre kleine Amore deuten ließ oder auch nicht. Nur einmal schickte Josi in einem sentimentalen nächtlichen Moment ein leidenschaftliches, sehnsuchtsvolles Mail, das sie am nächsten Morgen sehr bereute und auf das Viktor, nach kurzer Überlegung, lieber gar nicht reagierte. Was Josi erst erleichtert, dann etwas gekränkt, schließlich mit distanzfördernder Ernüchterung zur Kenntnis nahm, ein Aha mit Unterton.

War Josi verliebt, damals? Nein. Nicht wirklich. Nicht rasend. Josi empfand für Viktor nur dieses kurzlebige, euphorische Gefühl der Zugetanheit, eine schwärmerische Begeisterung, eine kurzlebige Spontanverliebtheit, die bei ihr stets auftrat, bevor sie mit jemand Neuem ins Bett ging, und mit einem, bei dem sie nicht auftrat, ging Josi gar nicht erst ins Bett. Da war Josi so stur wie beim Durchziehen ihrer Pläne, ihrer Karriere. Es schaffte bei Josi das für Sex und Leidenschaft nötige Grundvertrauen, und Viktor hatte sich dieses Vertrauen bei Josi irgendwie erarbeitet oder auch ergaunert, egal, und deshalb hatte Josi mit Viktor geschlafen, einmal und dann wieder.

Und Josi schlief genau deshalb dann erneut mit Viktor, weil es leicht, weil die Basis nun schon mal geschaffen war.

Weil sie nun also schon einmal nackt gewesen war vor Viktor und bei ihm nie mehr das erste Mal nackt und verlegen sein musste. Nicht während Josis erstem Heimbesuch, erst beim dritten. Beim ersten war sie mit Viktor verabredet gewesen, aber dann verschob er das Treffen zweimal, und zwar wegen Magda. Das kränkte selbst eine robuste Seele wie Josi. Das dritte Mal sagte sie dann Viktor ab, eine halbe Stunde bevor er für das Treffen dann tatsächlich Zeit gehabt hätte, und fuhr nach Hamburg zurück, ohne sich noch einmal bei Viktor zu melden oder auf seine zwei Anrufe zu reagieren. Danach antwortete Josi auf mehrere Mails von Viktor nicht und dann nur einsilbig; und ein paar Monate später war sie erneut daheim in Wien, ohne vorher noch einmal mit Viktor gemailt zu haben.

Dann gestand sie sich selber ein, dass sie sich verhielt wie eine eifersüchtige Geliebte. Was Josi wurmte, denn sie hielt sich für cool und realistisch, und realistischerweise war sie nicht Viktors Geliebte und wollte es ja auch aus freien Stücken und im Namen der Vernunft nicht sein und nicht werden, also sollte es auch keinen Grund für Eifersucht geben. Sie war trotzdem eifersüchtig und gestand sich schließlich ein, dass diese unangebrachte Emotion sich vor allem aus der Kränkung speiste, dass Viktor nach der Trennung von Natalie nicht sie gewählt hatte, sondern Magda. Beziehungsweise dass er sich, sie war sich da nie so sicher, vielleicht sogar wegen Magda von Natalie getrennt hatte; und wegen ihr, Josi, nicht. Nicht dass Josi das gewollt hätte. Aber sie wäre vielleicht gerne gefragt worden, so aus Höflichkeit und aufgrund älterer Rechte, eher so.

Insofern war es für Josi nicht wenig befriedigend und für ihren Selbstwert schön stabilisierend, dass Viktor, als sie sich vor ihrem nächsten Heimaturlaub schließlich doch ankündigte, wenngleich etwas kühl, sofort ein Treffen vorschlug, das ohne Umstände in seinem damals noch Magda-freien Bett geendet hatte. Und so blieb das, nur das Bett wechselte. Dann hatte Josi in Hamburg Martin kennengelernt und eine Zeitlang nicht mit Viktor geschlafen, in der ersten, rasenden, umfassenden Verliebtheit mit Martin, als Josi kurz in dem Glauben lebte, Monogamie sei vielleicht doch auch für sie ein brauchbarer Lebensentwurf. War sie nicht, oder nur zwei, drei Jahre lang. Es war nicht so, dass sie nach Gelegenheiten für Seitensprünge suchte, überhaupt nicht. Sie war glücklich mit Martin. Ein wenig gelangweilt vielleicht, nach den ersten Jahren, aber glücklich.

Martin war ein guter Mann. Er war fröhlich und patent und nett und ehrlich. Er liebte sie und zeigte das, sie war gern mit ihm zusammen und betrog ihn kein einziges Mal. Also, mit einem anderen als Viktor. Denn wenn sie in Wien war, schlief sie bald weiterhin mit Viktor.

Die Sache mit Josi schien für Viktor selbstverständlich und völlig unproblematisch, auch nachdem er mit Magda zusammenzog und bald das erste Kind mit ihr hatte. Wieder eine Tochter. Sie hatte ihn angerufen, sie hatten sich auf einen Kaffee getroffen in der Nähe von Lisbeths Wohnung, wo sie bei den Wienbesuchen übernachtete. Sie hatten den Kaffee kaum ausgetrunken, da war schon klar, dass an der Ausziehcouch im schwesterlichen Arbeitszimmer kein Weg vorbeiführen würde. Und schon als sie im Lift hochfuhren, hatte Viktor eine Hand unter ihrem Pulli und eine an ihrem Arsch, und es war völlig in Ordnung für sie. Nichts daran fühlte sich falsch an, verkehrt oder verboten, gar nichts. Viktor war unkompliziert, das mochte sie an ihm. Cholerisch und ganz schön deppert mitunter, aber dann wieder so unheimlich easy.

Sie schlief mit Viktor, auf Lisbeths Ausziehsofa, jedes Mal, wenn sie in Wien war, und zweimal, als er in Hamburg zu tun hatte, in dem Hotel, in dem er wohnte. Sie schlief mit Viktor, bis sie von Martin schwanger wurde, und als Luis ein halbes Jahr alt war, schlief sie wieder mit ihm, und dann überredete Josi Martin, die Familie nach Wien zu übersiedeln, nicht wegen Viktor, sondern aus beruflichen Gründen, und weil sie näher bei ihrer Familie sein wollte, bei Lisbeth und ihrem Vater, und weil sie Wien gemütlicher fand, und weil es ihr auch noch nach den vielen guten Jahren in Hamburg vertrauter war, und weil sie mit der Wiener Mentalität besser zurechtkam. Und weil es in Wien, wie sie Martin einreden konnte, angenehmer zu leben war mit dem Kind. Und ja, dass es in Wien einen Viktor gab, ja, okay, das war auch nicht schlecht.

Es ging Josi gut, wenn sie von Viktor wegging oder er von ihr, es ging immer ein bisschen besser als zuvor, aber nie wünschte sie, er würde bleiben. Okay: ein- oder zweimal. Sonst nie. Er war nett, ja. Lustig. Nicht dumm. Hatte einen interessanten Beruf, sah nicht scheiße aus, war wach in der Birne, hatte einen an der Waffel, aber nicht zu viel, interessierte sich für sein Drumherum, hatte eine politische Haltung, aber keine radikalen Ansichten, hatte Humor. Aber er redete auch viel und zu viel über sich selbst, und das fand sie sehr eitel und sehr langweilig. Sie freute sich, wenn er kam, und sie freute sich, wenn er wieder ging, jedes Mal.

Einmal hatten sie sich in Berlin getroffen. Viktor hatte dort ein paar Gespräche zu führen, und sie war Gastrednerin bei einem kleinen Kongress, es gelang ihnen, sich zu koordinieren. Sie hatten nicht lange herumgefackelt und sich gleich in einem Hotel in Kreuzberg verabredet. Sie trafen sich auf dem Zimmer, Viktor war schon da, er lag auf dem noch gemachten Bett, angezogen, die Ärmel über die tätowierten Arme hochgekrempelt, er lächelte, als sie zur Tür hereinkam. Josi lächelte auch, als sie ihn sah, es war ein bisschen wie Verliebtsein, nicht ganz, aber nahe daran. Es war schön; er hatte Wein aus Wien mitgebracht, sie eingelegten, ganz milden Hering aus Hamburg. Sie verwarfen den Plan, in ein Restaurant zu gehen, nachdem sie Sex hatten und nackt und feucht und zufrieden auf den weißen Hotellaken lagen, sie verbrachten den Abend im Bett, sie tranken, vögelten noch einmal. Sie lachten, sie hatten sich etwas zu erzählen. Sie ließen sich Essen auf das Zimmer bringen und schliefen zusammen ein. Es war Josis und Viktors erste gemeinsam verbrachte Nacht seit den verrückten ersten Nächten. Und als Josi aufwachte, schlief Viktor noch, und Josi betrachtete ihn, wie er dalag und leise schnarchte. Josi stand auf, schlich ins Badezimmer, putzte sich die Zähne und betrachtete ihn dann weiter, bis er wach wurde und grinste, sich die Augen auswischte und sich sofort auf Josi rollte.

Sie hatten noch einmal Sex, langsamen, müden Aufwachsex. Danach gingen sie frühstücken, unten im kitschigen Speisesaal des Hotels. Dort saß ihr Viktor gegenüber und redete und redete und redete über sich, als sei es nicht acht Uhr früh mit Kaffee und Eiern, sondern ein Abend mit Drinks und Erdnüssen in einer Bar. Das ganze Frühstück hindurch sah Josi ihn immer wieder an und dachte, okay, Viktor, du kannst jetzt gehen, geh ruhig, es war schön mit dir, aber du kannst jetzt gehen. Oder halt wenigstens die Klappe, einen Augenblick nur. Nein, geh ruhig. Und als er sich, nachdem er gegessen, geredet und gegessen und noch mehr geredet hatte, über sich und seine Arbeit und die Anerkennung, die er dafür bekam, und seine kommenden, unvermeidlichen Erfolge, noch einen Kaffee bestellte: Da hatte Josi verzweifelt einen Termin vorgetäuscht und ihn zum Abschied geküsst. Bis bald, lass es dir gutgehen. Sie war sehr gern gegangen. Als Liebhaber für ein paar Stunden fand Josi Viktor perfekt, immer wieder, von ihr aus für immer. Aber als Gefährte war er für Josi unvorstellbar.

Auch dann noch, als sie sich von Martin trennte. Oder Martin sich von ihr, es ließ sich nicht so genau sagen. Sie waren ein paar Jahre zusammen glücklich gewesen, dann zufrieden, dann gelangweilt. Dann bekamen sie die Kinder, erst Luis, später Leo, und wurden davon abgelenkt und in ein anderes, gleißendes, automatisches Glück gezogen, in ein Familienglück, das sie lange Zeit von dem unmerklich wachsenden Entliebungsunglück ablenkte, das sich langsam zwischen ihnen breitmachte, und immer breiter. Bis sie es nicht mehr ignorieren konnten. Zuletzt war sie mit Martin fast nur noch unglücklich, und er offenbar auch mit ihr, sie schliefen nicht mehr miteinander, besprachen nur noch Organisatorisches, stritten viel, mochten sich nicht mehr besonders, machten außer Familiensachen nichts gemeinsam, gingen sich aus dem Weg.

Martin sprach das Unglück irgendwann an, und daraus entstand ein Gespräch zwischen Josi und ihm, zum ersten Mal seit sehr langer Zeit. Das Gespräch tat ihnen gut. Sie redeten sich die Seele frei, und unter all dem Streit und der Wut entdeckten sie Reste der Liebe, die sie einst füreinander empfunden hatten. Sie tranken miteinander, sie gingen aus, sie tanzten, und natürlich hatten sie, wie es alle Paare nach solchen Versöhnungen haben, leidenschaftlichen, kathartischen Sex, den ersten guten Sex seit langem. Sie reanimierten die Reste ihrer Liebe und päppelten sie auf. Sie versuchten, sich zu erinnern, warum sie sich ineinander verliebt hatten, was sie anbetungswürdig aneinander fanden, großartig genug, um ein gemeinsames Leben erst nur zart zu imaginieren, dann als denkbar zu akzeptieren, zu planen, zu besiegeln und sich schließlich, durch die Kinder, für alle Zeiten aneinanderzuketten; und sie erinnerten sich.

Aber es reichte nicht. Es reichte einfach nicht. Irgendwann fanden sie sich wieder in dem elenden Zank, dem nur von kurzen Friedensphasen unterbrochenen Streit, der zu ihrer hauptsächlichen Kommunikationsform geworden war und der sich über alle Lebensbereiche zog: die Kinder, die Wohnungseinrichtung, die Sauberkeit, die Finanzen, ihre unterschiedlichen Arbeitszeiten, ihre Freizeitaktivitäten, ihre Vorstellungen von einem Wochenende. Selbst Essens-vorlieben. Plötzlich störte es Josi, dass Martin fünf-, sechs-mal die Woche Fleisch wollte, und Martin nervten Josis Nahrungsmittelunverträglichkeiten und ihr plötzliches Be-dürfnis, sich gesund und bio zu ernähren; für Martin nichts als hysterische Essstörungen einer verwöhnten Mittel-europäerin, die offensichtlich keine anderen Sorgen hatte, und immer öfter aßen sie bei den gemeinsamen Abendessen mit den Kindern zwei verschiedene Menüs. Oder Josi pick-te sich nur die Gemüsebeilagen heraus und verzichtete auf Fleisch und alles, was Kohlenhydrate enthielt, was Martin kein einziges Mal unkommentiert ließ. Sie schliefen wieder nicht mehr miteinander, hielten sich in verschiedenen Zim-mern auf. Martin saß vor dem Fernseher im Wohnzimmer, Josi mit ihrem Laptop am großen, schweren Tisch in der Küche. Sie gingen getrennt zu Bett, meistens Martin zuerst, während Josi in der Wohnküche verharrte, bis sie aus dem Schlafzimmer Martins regelmäßiges Schnarchen vernahm. Hatte sie früher wegen dieses Schnarchens nicht schlafen können, konnte sie jetzt nur noch schlafen, wenn sie sich dieses Schnarchens gewiss war und damit Martins stabilen Schlafes, der ihn daran hinderte, etwas von ihr zu wollen, irgendwas, egal was.

Trotzdem nahm sie das Schnarchen als Vorwand, um Martin nach einem Streit aus dem Schlafzimmer ins Wohnzimmer vor den Fernseher abzuschieben, vor dem er abends ohne-hin immer einschlief und vor dem er nun weiterschnarchen konnte, auf dem breiten Sofa. Vorteile für alle, oder. Das ging einigermaßen gut, kurz nur, genau so lange, bis Josi herausfand, dass Martin, der nette, ehrliche Martin, eine Affäre hatte, mit einer Assistentin in dem Anwaltsbüro, in dem er arbeitete und ein halbes Jahr zuvor Partner geworden war. Offenbar ging das schon seit ein paar Monaten, Josi holte den Beginn der Geschichte aus dem wenig Widerstand leistenden Martin heraus, rechnete nach und stellte fest: Die Sache mit dieser Schnepfe hatte begonnen, als es zwischen Josi und Martin gerade wieder gut lief, praktisch am Höhepunkt des Gutlaufens hatte Martin seinen Attraktivitäts- und Sexschwung genutzt und war damit bei der Assistentin gelandet. Das fand Josi, Viktor hin oder her, vollkommen unverzeihlich, und sie machte Martin eine Szene, nach der man ein Drehbuch hätte schreiben können, wenngleich kein besonders originelles. Dabei tat Josi, als gäbe es Viktor überhaupt nicht, beziehungsweise: Es gab ihn für sie in diesem Moment tatsächlich nicht, es gab nur sie und Martin und Martins Verrat an ihr und ihrer Ehe. Und sie war selber überrascht, zu wie viel Donner und Hysterie und reiner, aufrichtig empfundener Eifersucht sie fähig war bei diesem Mann, der sie eigentlich nicht mehr interessierte, den sie nur noch langweilig fand und dessen sture Gewohnheiten ihr auf die Nerven gingen, genauso wie seine stabil gute Laune.

Und wie wenig die Viktor-Geschichte in ihrer Beziehung mit Martin gewogen hatte, und wie schwer Martins Verrat jetzt für sie wog, wie viel dieser Verrat bedeutete, wie verletzt sie war, wie übel sie ihm das nahm. Es überraschte sie selbst, wie viel Eifersucht das in ihr auslöste, dieser Betrug ihres Mannes, den sie eigentlich nicht mehr liebte, was aber in diesem Augenblick verschwand hinter einem Besitzdenken, von dem sie nicht wusste, dass das noch in ihr steckte. Plötzlich war er wieder MEIN Martin, mein Mann, meine Familie, MEIN Leben, meins, meins, meins, alles bedroht von einer depperten Sekretärin und dem Esprit einer frischen Verliebtheit. Mit der sie nicht konkurrieren konnte, eh nicht. Erst später, Tage später, als sie nach langen Gesprächen mit Lisbeth und verschiedenen Freundinnen etwas abgekühlt war, fand sie zu einem Erstaunen darüber, wie stur und unverrückbar sie der Meinung war, dass die Sache zwischen Viktor und ihr etwas ganz anderes sei als Martins Affäre, von völlig anderer Provenienz und Beschaffenheit und Textur. Und natürlich von viel höherer moralischer Berechtigung. Sie hatte zig Entschuldigungen dafür, warum das, was sie mit Viktor hatte und tat, irgendwie in Ordnung ging, während das, was Martin mit der Schnepfe hatte, verwerflich war und widerwärtig. Sie war vollkommen überzeugt, dass Martins Affäre mit der ihren keineswegs zu vergleichen war, dass das, was sie mit Viktor hatte, noch nicht einmal als Affäre zu bezeichnen war, jedenfalls nicht in diesem Kontext.

«Was war das denn dann?», hatte Lisbeth gefragt, die davon ausging, dass diese Sache längst beendet sei.

«Keine Affäre jedenfalls.»

«Wieso nicht?»

«Weil es eher so eine Freundschaft war. Mit Dings. Ich war ja nicht mal verliebt in den, nie gewesen.»

Lisbeth war, fand Josi, jetzt ganz schön nervig, sie fand es überhaupt nicht in Ordnung, dass Lisbeth so insistierte, sie wollte Verständnis, Mitleid, Trost: Sie, Josi, sie war in dieser Sache die Arme, das Opfer, die Betrogene, und Lisbeth war ihr deutlich zu distanziert.

«Na, dann war es natürlich keine Affäre.»

«Wie bist denn du heute drauf? Nein, ist es nicht, ich sehe es nicht so.»

«Aha.»

«Das war ja nicht heiß zwischen Viktor und mir! Das brannte ja nicht, das war ja nie eine Gefahr für meine Beziehung. Und außerdem habe ich das mit Viktor vor der Hochzeit ja beendet.» Das war eine Lüge, aber Lisbeth hatte nun mal wenig Verständnis für derartige moralische Abgründe. Dachte Josi jedenfalls, damals.

«Aber davor hattest du Sex mit ihm auf regelmäßiger Basis. Ich würde das schon eine Affäre nennen.»

«Verdammt, Lisbeth! Auf welcher Seite stehst du eigentlich?»

Auf Viktors Seite, da stand Lisbeth, da wollte sie stehen, am liebsten, ganz allein und offiziell, aber das erfuhr Josi erst viel später, zu ihrer nicht geringen Verblüffung.

Auch die meisten ihrer Wiener Freundinnen wussten nichts von ihren Seitensprüngen mit Viktor, und sosehr Josi ein Geständnis hin und wieder auf der Zunge gelegen hatte, so sehr war sie nun froh, dass sie die Sache all die Jahre für sich behalten hatte. Das rechnete sich jetzt, es hielt ihren Heiligenschein intakt, und während ihrer Trennung von Martin gab es in ihrer Beziehung nur einen Bösen, Martin. Nur einen Betrüger, nur einen Treulosen: Martin.

Auch wenn sie sich in der Rolle der Betrogenen, der Bemitleideten, der Hintergangenen eigentlich nicht wohl fühlte. Es gab in der darauffolgenden Trennungsphase Augenblicke, in denen sie gerne zum Fenster hinausgebrüllt hätte: He, seht her, ich kann das auch! Oder im Restaurant aufgestanden wäre: Ich mach das schon lange! Ich bin nicht arm! Ich bin nicht so brav! Aber sie war klug genug, sich im Sorgerechtsstreit mit einem Anwalt keine Schuldfaktoren zukommen zu lassen.

Martin und sie trafen dann auch eine Paartherapeutin, genau dreimal. Sie taten es, weil man das eben tut. Weil es verantwortungslos wäre, es nicht zu tun, beziehungsweise weil ihre Freunde und Verwandten das verantwortungslos gefunden hätten. Man machte das heutzutage, wie man zum Arzt ging, wenn man krank war, ging man zum Paartherapeuten und hoffte auf Heilung. Das wurde von einem erwartet. Aber Josi wollte eigentlich gar nicht geheilt werden und Martin offenbar auch nicht, diese Ehe war nicht mehr gesund zu kriegen, obwohl es in der Therapie ein paar Momente gab, in denen das frühere Feuer spürbar wurde. Aber es verwandelte sich immer nur in Konflikt und Ablehnung, in nichts anderes mehr. In nichts Gutes. Den vierten Termin cancelten sie, in gegenseitigem Einvernehmen. Es hatte keinen Sinn.

Tatsächlich wollte keiner von beiden diese Beziehung retten. Es wurde nicht mehr gut zwischen ihnen, aber es gelang ihnen wenigstens, ihre Ehe auf eine einigermaßen friedliche Weise zu beenden. Josi behielt die Wohnung, Martin nahm sich ein großes Studio, richtete den Buben ein Zimmer ein, und sie teilten sich die Obsorge, so gut es ging. Es ging nicht ohne Reibung, aber es ging. Josi hatte solche und solche Tage, aber die meisten Tage waren okay. Sie hatte ihre Arbeit, die Kinder nahmen sie in Anspruch, Martin fehlte ihr manchmal, nicht sehr oft. Nur an manchen der Tage, an denen die Kinder bei Martin waren, wenn sie allein heimkam und allein war, fühlte sie sich mitunter einsam. Dann sah sie sich in der Küche bei Kerzenschein am Computer ihre alten Fotoalben durch, trank Rotwein und weinte. Und las einmal auch das File mit den gespeicherten Mails, die Martin und sie sich in den ersten Monaten geschrieben hatten, und fragte sich, was mit der Liebe geschehen war, und dann weinte sie noch ein bisschen. Und fragte sich, ob es falsch war, was sie tat und was sie getan hatte, und weinte, bis sie einschlief.

Aber das geschah nicht oft, denn anders als ihre Schwester war Josi eine Frau, die von Selbstzweifeln nur selten gepeinigt wurde. Josi war sich für gewöhnlich sicher über sich: über das, was sie tat, was sie entschied und was sie verweigerte. Sie war ordentlich und gut organisiert. Sie konnte formulieren, was sie wollte, und meistens bekam sie es dann auch. Sie war nicht leicht aus der Fassung zu bringen. Sie trank nicht viel und dachte nicht viel über ihr Aussehen nach. Gut, sie wäre gerne größer gewesen, und sie hielt ihre muskulösen Arme lieber bedeckt, aber sie mochte ihr sommersprossiges Gesicht und ihre kräftige Figur, und ihr dichtes, glattes, hellbraunes Haar trug sie, seit sie denken konnte, in einem schnurgeraden, mehr oder weniger kinnlangen Pagenschnitt mit einem Pony, der immer exakt über ihren Augenbrauen geschnitten wurde. Sie fühlte sich attraktiv, in ihrer Mitte, nicht einmal das Älterwerden machte ihr viel aus, noch nicht. Und auch die Scheidung brachte sie vielleicht vorübergehend aus dem Tritt, aber sie wankte nicht, und vom Fallen war sie weit entfernt.

Sie passte nur für eine Weile noch besser auf ihr Geheimnis auf, traf Viktor wochenlang gar nicht, nein, einmal, ein einziges Mal ganz vorsichtig, als Martin zwei Tage nach Hamburg musste, beruflich. Nach dem Sex, eingebaut in Viktors Arm, hatte sie Viktor von ihrer Krise erzählt, von Martins Untreue und seinem Verrat an ihr, von ihrer Fassungslosigkeit, dass sie betrogen wurde, und Viktor hatte sich bemüht, nicht zu breit zu grinsen. Als alles vorbei und sie eine offiziell geschiedene, allein lebende Frau war, schickte sie Viktor ein Mail und berichtete ihm von ihrem neuen Leben. Sie rechnete damit, dass Viktor sich aus der Beziehung schleichen würde, deren inneres Gleichgewicht des beiderseitigen Betruges ja nun zerstört war, da Josi in den Augen der Gesellschaft ja nun eine bedürftige, unvollständige Frau auf der Suche nach Vollständigkeit war, vor der Männer sich für gewöhnlich in Acht nahmen, jedenfalls solange ihre Frauen in der Nähe waren. Aber Viktor sah das überraschenderweise offenbar nicht so, nicht bei ihr, jedenfalls nahm er sich nicht in Acht, er schien sich überhaupt nicht vor Josi und ihrer Unbemanntheit zu fürchten, und der Maildialog, der mit Josis kurzem Scheidungsbericht begonnen hatte, endete mit einer Verabredung zum Geschlechtsverkehr. Das einzige Problem war, dass Viktor durch seine Coolness in Josis Achtung etwas stieg, was Josi nicht ganz recht war. Sie trafen sich in Josis nun ehemannfreier Wohnung, und der Sex war wie immer. Viktor machte nicht den Eindruck eines Mannes, der Sorge hatte, dass Josi irgendeinen Einfluss auf sein Leben hatte oder ihr Verhalten ihm gegenüber ändern würde. Und das tat es auch nicht, und so blieb zwischen Viktor und Josi alles beim Alten.

Liebte Josi Viktor? Ja, ein bisschen. Wenn ein Nachmittag mit Viktor besonders vertraut gewesen war, ein bisschen mehr. Und Viktor liebte Josi ein bisschen zurück. Natürlich auf der Basis ständiger Idealisierung durch Abwesenheit und im (Josi unbekannten) Kontext dessen, dass Viktor immer mehrere Frauen liebte, zumindest physisch. Aber bei den anderen war es nicht wie bei Josi, mit der sich über die Jahre diese große Vertrautheit ergeben hatte. Es war eine Freundschaft, eine große Zuneigung, tatsächlich weitgehend feuerfrei. Auf diese Weise war das Lieben leicht: Viktor und Josi teilten schließlich kein Leben. Sie stritten nie. Sie mussten sich nicht über Geld auseinandersetzen, wer es wie verdiente und wofür es idealerweise ausgegeben würde. Sie hatten keine gemeinsamen Kinder, über deren Versorgung, Erziehung und Aufwachsen sie unterschiedlicher Auffassung sein konnten. Es war egal, wie lange Josi arbeitete und wie oft Viktor seine Mutter anrief. Es spielte keine Rolle, wer sportlicher war oder wer lieber wie Urlaub machte, aktiv oder faul, in Amerika oder in den Bergen. Es war egal, wer wie ordentlich war und ob einer von ihnen gern seine Socken herumliegen ließ. Was sie gerne aßen und ob sie zu viel tranken oder gar nicht. Sie verbrachten nicht genug

Zeit miteinander, um sich auf die Nerven zu gehen, es gab keine Gelegenheiten, sich abstoßend zu finden, über Senftuben zu streiten und wer heute die Kinder abholte oder fürs Abendessen zuständig war. Es ist meistens der Alltag, der Beziehungen und Ehen ruiniert, und Josi und Viktor hatten keinen, also. Es war easy, so gesehen.

Und während Josi gegenüber Lisbeth über Viktor schwieg, erzählte Lisbeth Josi nicht davon, wie sie Viktor eines Tages getroffen hatte, auf einem Begräbnis. Sie hatte ihn sofort erkannt, natürlich, obwohl sie sich nur zwei- oder dreimal begegnet waren, aber Lisbeth vergaß niemanden, nicht einmal den unsichtbaren, verschwimmenden Viktor, nicht den Mann, mit dem ihre liederliche Schwester jahrelang in ihrem Arbeitszimmer auf ihrem Schlafsofa zugange gewesen war, bis sie Josi freundlich und bestimmt gebeten hatte, sich einen anderen Ort für ihre amourösen Abenteuer zu suchen. Während Viktor natürlich damals so stark auf Josi und seine unmittelbar bevorstehende Triebabfuhr konzentriert gewesen war, dass er Lisbeth gar nicht bemerkt hatte, zumal sie eh immer damit beschäftigt gewesen war, sich augenblicklich aus der Tür zu drücken, um ihrer Schwester eine Privatsphäre zu garantieren, die Josi, wie Lisbeth immer mehr fand, gar nicht verdient hatte. Oder, nein, falsches Wort: die ihr nicht zustand, nicht in ihrem Lebenszusammenhang. Damals war Lisbeth noch moralisch, das hat sich später dann schnell und umstandslos erledigt. Viktor jedenfalls blinzelte unsicher, an diesem Novembernachmittag am Hernalser Friedhof, beim Begräbnis vom Schneider bzw. danach, als die Trauergemeinde vom Grab weg und ihrer Wege ging, zumindest all jene, die, wie Viktor und Lisbeth, nicht zum Leichenschmaus geladen waren. Sie waren nebeneinander durch das Friedhofstor gegangen. Viktor hatte noch mal geblinzelt, er kannte das Gesicht, erkannte es aber nicht. Schließlich hatte Lisbeth sich seiner erbarmt, ließ sich im Pulk näher an ihn herantreiben und lächelte ihn an.

«Stimmt, wir kennen uns.»

«Helfen Sie mir. Woher? Ich komme nicht drauf.»

«Sie waren schon ein paarmal bei mir in meiner Wohnung.»

Viktor war nun vollends verwirrt, das sah, fand Lisbeth, durchaus süß aus, obwohl sie absolut kein Interesse daran hatte, dass Viktor irgendeine Form von Sympathie in ihr auslöste.

«Was?»

«In meinem Arbeitszimmer. Auf meinem Schlafsofa. Mit Josefine, meiner Schwester.»

Er errötete tatsächlich, und es trug dummerweise überhaupt nichts zur eigentlich erwünschten Sympathiedezimierung bei.

Lisbeth lachte.

«Damals war Ihnen das nicht peinlich.»

«Und damals waren wir, wenn ich mich recht erinnere, per du. Ich erinnere mich nämlich wieder. Bitte um Verzeihung. Ist doch schon eine Zeit her.»

Er hatte offenbar seine Fassung wiedergewonnen.

«Schon gut. Und: gerne, Lisbeth», sagte Lisbeth.

«Viktor», sagte Viktor.

«Ich weiß», sagte Lisbeth.

«Ihr seht euch ähnlich, Josi und du», sagte Viktor.

«Da gibt's aber nicht viele, die eine Ähnlichkeit entdecken.»

«Ich schon.»

Es war kalt. Lisbeth zitterte, sie wollte heim.

«Gehn wir was trinken», sagte Viktor.

«Ich muss wieder zur Arbeit», sagte Lisbeth.

Aber dann befreundeten sie sich auf Facebook und fingen an zu mailen. Nur, dass Viktor der Einzige blieb, der alles wusste, das von Josi und das von Lisbeth. Naturgemäß hatte Viktor kein Interesse, im Fokus zweier möglicherweise konkurrierender Schwestern zu stehen, und er wollte nicht ausprobieren, ob und wie eifersüchtig Josi oder Lisbeth oder beide waren. Wobei er Lisbeth bitten konnte, gegenüber ihrer Schwester Diskretion zu wahren, und Josi erfuhr nie etwas von seiner Begegnung.

So war das gewesen. Aber jetzt traf er nur noch Josi. Und aus deren Bett stieg Viktor nun endlich, müde und schwer, ging in ihr Badezimmer, warf sich etwas Wasser ins Gesicht und auf sein Geschlechtsteil, zog sich an, packte sein Zeug und warf die Tür hinter sich zu. Und schwang sich wieder auf sein Rad, Richtung Büro, Richtung neue Probleme, neue Wehwehchen, und wer musste sich darum kümmern: Viktor. Na ja, Lisa hauptsächlich, aber schon auch er.

Vom dritten Bezirk radelte Viktor in den siebzehnten: Gab es, dachte sich Viktor, während er am Künstlerhaus vorbeiflitzte und ein paar japanische Touristen vom Radweg klingelte, gab es eigentlich Bezirke, in denen Viktor nie gevögelt hatte? Na, gut, Mauer vielleicht, aber Liesing, da kam er her, da kannte er sich aus. Simmering vielleicht. (Nein, da war doch diese Stuttgarterin gewesen, in der Arena, besser gesagt: hinter der Arena, beim Eingang zu den Proberäumen, während eines Sonic-Youth-Konzerts. Er erinnerte sich, dass es saukalt war und dass ihn ihr Dialekt mächtig abtörnte, sonst an nicht viel.) Und sonst gab es in Wien eigentlich kaum weiße Flecken. Nicht im vierten Bezirk, den er in Naschmarktnähe nur passierte, nicht im sechsten und natürlich nicht im siebten Bezirk, der siebte war von Viktor selbstverständlich ausführlich bearbeitet worden, seit den Achtzigern. Und der achte, das war Natalie-Gegend, hier in der Nähe, gleich da vorne, gleich beim Tigerpark, da hatten sie gewohnt, bevor Adina auf die Welt kam, sein zweites Kind, und dann noch eine Zeitlang.

Lange her. Längst hatte er nur noch Stress mit Natalie, und in der Tat hatte er mit Natalie jahrelang jeden Kontakt vermieden, der über das Kind betreffende Angelegenheiten hinausging, und zwar, weil sie ein pain in the ass war, zumindest nach der Trennung geworden war. Gott, das hatte er ja jetzt auch noch am Hals, irgendwie.

Das Kontaktvermeiden war nämlich bedauerlicherweise kurz einmal ausgesetzt worden, ein einziges, verdammtes Mal, drei Wochen, verdammte Scheiße, was hat er sich nur dabei gedacht. Mitleid hat er gehabt, im Prinzip. Viktor zog es fast die Schultern über die Ohren vor lauter Verlegenheit und Reue, wenn er nur daran dachte. Denn wie konnte ihnen das nur passieren, nach all der Zeit und nach all dem Streit? Mit dieser zusehends unberechenbaren Frau, die ihm nie verziehen hatte, dass er das Ende der Beziehung einfach so akzeptierte? Und die ihm Magda schon gar nicht verzieh? Nicht verzieh – obwohl es nichts zu verzeihen gab, er hatte, auch wenn Natalie noch immer überall stets das Gegenteil behauptete, Magda erst nach der Trennung von Natalie kennengelernt – und vor allem nicht gönnte. Wieso machte er so was? War er völlig irre geworden? Das war, als liefe man zurück in einen Tsunami, dem man gerade noch entkommen war: Wieder hinunter von dem Hügel, der einen gerettet hatte, ah, da, schau, da bin ich, mach mich doch auch kaputt, zerstöre mich lieber doch. Was war er für ein Vollidiot, jetzt hinterher konnte es Viktor kaum glauben. Aber an diesem Tag … Es war eine Ausnahmesituation gewesen, für sie beide, besonders aber für Natalie: Sie hatten gemeinsam Adina zum Flughafen gebracht, die für ein Austauschjahr nach Australien ging. Natalie hatte es ihm ein paar Monate davor am Telefon überbracht, in ihrer üblichen, patzigen Art.

«Australien, ausgerechnet Australien, bisschen weiter weg hast du nichts gefunden? Sie ist doch erst siebzehn.»

«Ja, das weiß ich, mich wundert eher, dass du es noch weißt. Sie will es nun mal. Irgendeine Freundin von einer

Freundin hat da so ein Auslandsjahr auch gemacht und fand es offenbar großartig. In der Schule machen das einige. Es war nicht meine Idee.»

«Soso. Es ist jedenfalls eine sehr teure Idee. Und ein ganzes Jahr? Gibt's keine Programme, die kürzer sind?»

«Du kannst es ja recherchieren», sagte Natalie. «Und du tu jetzt bloß nicht so, als würde es dir groß auffallen, wenn du sie ein Jahr nicht siehst. Wie oft hast du sie letztes Jahr gesehen?»

«Natalie, bitte. Fang bitte nicht schon wieder an.»

«Ich hab nicht angefangen. Du tust so, als sei es mein Wunsch, dass meine Tochter, um die *ich* mich dreihundertfünfundsechzig Tage im Jahr kümmere, mit der *ich* zusammenlebe und die du höchstens hin und wieder ein bisschen bespaßt, ein Jahr weggeht.» Die Ichs rammte sie ihm ins Ohr wie Grillspieße. Es tat weh. Viktor wünschte sich, es würde aufhören, jetzt sofort, er wollte auflegen, gleich.

«Ist ja gut, reg dich nicht gleich schon wieder so auf.»

«Ich reg mich aber auf. Wegen dir.»

«Jaja, ich weiß. Sag mir lieber, was es kostet. Deswegen hast du ja wohl angerufen.»

Es kostete viel. Sehr viel, und Viktor zahlte die Hälfte davon nur, weil Adina ihn dann auch noch darum anbettelte, per Mail, am Telefon, beim Pizzaessen, Dad, das ist total wichtig für mich! Sie wollte das wirklich unbedingt, und wenn er nicht mitzahlte, dann. Und was wollte und bekam sie denn sonst schon groß von ihm? Wenn es darauf ankam, war Adina wie ihre Mutter. Hatte Viktor nicht gesagt, hatte er nur gedacht.

Und weil das offenbar noch nicht reichte, wollte sie dann auch noch, dass ihre beiden Eltern sie gemeinsam zum Flughafen brachten, dass sie sich zusammenrissen, ausnahmsweise, einmal im Leben, wenn die Tochter für ein Jahr verreiste und ihre Unterstützung brauchte, das sei ja wohl nicht zu viel verlangt, oder? Einmal sich zusammenreißen? Adina hatte offenbar keine Ahnung, wie viel das verlangt war, jedenfalls von Viktor, aber. Sie hatten sich also zusammengerissen.

Sie hatten sich an einem Dienstagvormittag am Flughafen getroffen, zum ersten Mal seit zwei oder drei Jahren von Angesicht zu Angesicht, weil sie sonst immer nur am Telefon gesprochen hatten, und das auch nur, wenn es absolut notwendig gewesen war. Wenn möglich, besprach er Dinge mit ihr lieber per Mail, auch wenn es bedeutete, dass sie alles von ihm schriftlich hatte und es im Notfall gegen ihn verwenden konnte und das auch tat, wann immer möglich. Aber du hast am soundsovielten. Er allerdings auch, und deshalb zog er es vor, vor allem aber, weil eben jedes Gespräch mit Natalie in diesen spitzen, schmerzhaften Ichs eskalierte, in Vorwürfen und Unterstellungen. Sie hat ihm seinen Verrat nie verziehen, seine Untreue, seine Abenteuerlust und eben den unkomplizierten Abgang. Auch wenn sie längst wieder mit jemandem zusammenlebte, mit Mike, seit Jahren schon, und ein weiteres Kind, einen Sohn, hatte, mit dem sich Adina so gut verstand wie mit ihrem Stiefpapa. Aber zum Abschied wollte sie ihren Vater dabeihaben, ihren richtigen, leiblichen, ihren Erzeuger.

Viktor war nur ein winziges bisschen zu spät gekommen,

also ein winziges bisschen später, als Natalie angeordnet hatte, was immer noch viel früher war als notwendig, aber Natalie natürlich trotzdem auf die Palme brachte, weil wieder einmal typisch. Sie hatte sich beherrscht, wegen Adina, aber ihr wabernder Unmut hatte sich nur langsam verzogen. Sie schoben den Wagen mit Adinas Koffern durch den Flughafen und stellten sich gemeinsam am Check-in-Schalter an. Viktor brabbelte auf seine zweitälteste Tochter ein, als sei sie ein Kleinkind, und es schien ihr Spaß zu machen und ihre Nervosität aufzufressen, die sie hinter einer Fassade aus cooler Früherwachsenheit gut, aber nicht gut genug versteckte.

«Hast du alles? Schnuller, Schnabelbecher, Schmusetuch? Und hast du eh nicht deine Bibi-Blocksberg-Kassetten vergessen?»

Sie grinste. «Dad.»

Dad. Adina nannte ihn Dad, seit ein paar Jahren schon, wahrscheinlich, weil sie Mike Papa nannte, wenn auch nie in Viktors Gegenwart. Dad. Kids these days, völlig durcheinander. Milena redete überhaupt nur noch in so einem Flachdeutsch mit ihm, wie sie es von diesen dämlichen YouTubern lernte.

«Schön sprechen, Kind! Es heißt: Papaaa!» Er zog das zweite a in die Länge, so wie Gilbert Bécaud das i in «Nathalie», dem Song, den er seiner Ex hundertmal vorgespielt und vorgesungen hatte, oder tausendmal; damals. Vor langer, langer, langer Zeit. Dabei war sie nicht mal Französin, und Russin auch nicht.

Adina kicherte. Sie hatte sich sehr verändert, seit er sie

zuletzt gesehen hatte, schon wieder, war rasant älter geworden, schon wieder, glich immer stärker ihrer Mutter. So gesehen war es gut, dass sie ein bisschen Abstand gewann, bisschen Sonne und Unbeschwertheit tankte.

«Werde ich dich überhaupt wiedererkennen, wenn du zurückkehrst?»

«Ich werde dich erkennen, Dad. Du wirst ja kaum die Frisur ändern bis dahin. Hahaha.»

«Täusch dich mal nicht», sagte Viktor und strich sich über das kahle Haupt. «Vielleicht erfinden sie was, bis du zurückkommst.»

«Sicher.»

Sie grinste. Sie war hübsch.

Die ganze Zeit hatte Natalie danebengestanden und verzweifelt zu lächeln versucht. Ein paar Momente lang war es ihr auch gelungen, aber die meiste Zeit sah sie aus wie jemand, der verbissen Kopf-Yoga macht, um nicht die Fassung zu verlieren. Er hatte ein wenig Mitleid mit ihr. Er nickte ihr zu, ein aufmunterndes Wird-schon-Nicken, wird schon, du schaffst das schon. Wird schon, ich bin ja auch noch da. Das Letzte kam gegen seinen Willen. Sie hatten eingecheckt, dann brachten sie Adina zur Absperrung, Natalie ging ganz langsam, Babyschritte, sie bremste. Als sie beim Sicherheitscheck ankamen, sagte Adina: «So. Bringen wir's hinter uns.»

Sie brachten es hinter sich. Es war härter für Viktor, als er erwartet hatte, die allgemeine Sentimentalität schwemmte ihn mit, und beinahe hätte er geheult, wie Natalie, tonlos und verkrampft lächelnd, während sie Adina an sich drückte, und dann von sich, und sie anstrahlte, mit geröteten Augen, und ihr sagte, dass sie das gut machen werde und dass sie ein tolles Jahr haben werde und dass sie sie liebe.

«Love u too», sagte Adina, küsste Natalie auf den Mund, packte ihren Trolley und hielt ihren Boarding Pass auf den elektronischen Leser. Er leuchtete grün auf, und Adina marschierte durch, hielt kurz an, warf ihnen ein paar Küsschen zu und drehte sich dann weg, ihrem Gate, ihrem Weg, ihrer Zukunft zu.

Natalie und Viktor standen vor dem Gate und winkten wie Affen, bis eine Reisegruppe ihnen die Sicht versperrte und sie auf die Seite schob. Es war kalt in der Halle und viel zu hell.

«Wenn sie wiederkommt, ist sie erwachsen», sagte Natalie. «Falls sie wiederkommt.» Sie weinte jetzt.

«Die kommt schon wieder», sagte Viktor und legte einen Arm um Natalie. Fühlte sich merkwürdig an, war schon sehr lange her, falsch und ein bisschen verboten. «Die hat's ja gut bei dir.»

So nett war er schon lange nicht mehr zu ihr gewesen. Hatte auch keinen Grund gegeben. Natalie zog Taschentücher aus ihrer teuren Handtasche, schneuzte sich und lehnte sich dabei in seinen Arm. Fühlte sich vertraut an. Komisch.

Er sagte dann: «Wir gehen jetzt was essen.» Es war Mittag.

Sie sagte dann: «Okay.»

Er war mit dem Taxi da, sie mit dem Auto.

«Hast du echt immer noch keinen Führerschein?»

«Nein. Brauch keinen.»

«Aha. Du hast Chauffeure. Chauffeurinnen, besser.»

«Genau.»

Sie sagte, sie stehe in Parken 3. Sie gingen durch die Halle, drückten sich an Check-in-Schlangen vorbei, gingen durch noch eine Halle, fuhren mit dem Lift. Sie sagte kaum etwas, sie war wieder in Gedanken an Adina und die Zeit ohne Adina, die nun auf sie zukommen würde, und an die Zeit, die Adina haben würde. Sie gingen durch das Parkdeck 1, sie konnten das Auto erst nicht finden. Bist du sicher, dass wir am richtigen Deck sind? Ja. Was fährst du denn jetzt überhaupt? Audi, aha. Farbe? Weiß. Der dahinten? Genau, danke.

Er stieg auf der Beifahrerseite ein. Sie lenkte das Auto aus der Garage und auf die Autobahn, sie fuhr schnell, ruhig und sicher, nicht wie Magda, die sich permanent von irgendwas ablenken ließ und ständig woanders hinsah als auf die Straße, was Viktor wahnsinnig machte. Während Natalie fuhr, erzählte sie, von den letzten Wochen, wie es gewesen war mit Adina, von der Gastfamilie, von den Mails, die sie geschrieben, von den Fotos, die sie geschickt hatten, wie es Adina hin und her gerissen hatte, zwischen Euphorie und Ängstlichkeit, wie sie sich zusammenreißen hatte müssen, um die starke Mutter zu sein und nicht neben ihrem Kind zusammenzuklappen und es weiter zu verunsichern.

Viktor sagte nicht, dass das mal was Neues sei, dass Natalie sich zusammenriss, sondern er sagte neutrale Sachen. Nette Sachen, heitere Sachen. Er beobachtete Natalie von der Seite, während sie das Auto lenkte, den Blick stur nach vorne gerichtet. Sie alterte ganz gut, in der Art der eleganten Frauen, die auf sich schauen, auf ihr Gewicht, auf ihr Gesicht, ihre Fitness. Sie hatte dieselben dunkelbraunen langen Haare wie Magda, aber Natalies Haar glänzte und war schön geföhnt. Sie gab auf sich acht, wie sie es immer betont hatte, im Gegensatz zu Viktor, der ihrer Meinung nach immer zu wenig auf sich achtgegeben hatte, diese Sauferei, dieses Kettenrauchen, das hatte Natalie, die wenig Alkohol trank und nur einmal in der Woche eine Zigarette rauchte, ganz stur, immer nur eine am Freitagabend, nie gepasst, und je länger sie zusammen gewesen waren, desto weniger.

«Wohin …»

Viktors Handy piepste, dann Natalies. Viktor wischte über seinen Touchscreen.

«Sie boardet jetzt. Sie schickt tausend Bussis. Also mir. Dir wahrscheinlich hunderttausend. Sie meldet sich dann aus Abu Dhabi wieder, wenn sie zwischenlandet.»

Natalie zog die Nase hoch.

«Okay. Was wolltest du fragen?»

«Ich wollte fragen, wohin das führt», sagte Viktor.

«Was?» Sie war irritiert.

«Wohin gehen wir essen?»

«Ach. Weiß nicht. Sag du.»

Das war Natalie: Sag du. Nie selber etwas entscheiden. Immer: Sag du. Aber wehe, man sagte dann das Falsche.

Er sagte dann: «Wir gehen ins Panigl.»

Denn da waren sie früher immer gewesen, damals, als sie noch zusammen waren. Das war ihre Auszeit, wenn sie einen Babysitter hatten. Hier hatten sie gegessen und Rotwein getrunken, und danach waren sie heim, bezahlten den Babysitter und scheuchten ihn so schnell wie möglich aus dem Haus, damit sie Sex haben konnten. Viktor wusste gar nicht, warum er ausgerechnet das Panigl nannte, auch er war da schon ewig nicht mehr gewesen.

Na ja, in Wirklichkeit wusste er es schon. Er wollte etwas ausprobieren. Er wollte wissen, wie sich das anfühlt, mit der alten Frau an dem alten Ort, ob sich das alte Leben dort erinnern ließe. Im Prinzip ganz einfach, ganz simples Sexsüchtigen-Kalkül: ob noch was ging mit ihr, ob sich das Vertraute und Vertrauliche reaktivieren, revitalisieren ließe, zumindest für ein Mittagessen lang.

Und Natalie dachte wohl etwas Ähnliches, denn sie sagte: «Okay. Im Panigl war ich schon ewig nicht mehr. War nicht sicher, ob es das noch gibt.»

Sie lenkte das Auto den Gürtel entlang, dann in die Josefstädterstraße, und schob es gekonnt in eine winzige Parklücke. Nicht schlecht. Sie gingen am Schanigarten vorbei, Viktor begrüßte kurz den Kulturredakteur einer Tageszeitung – «Telefonieren wir mal dieser Tage?» – «Unbedingt» –, der dort mit einer blonden Frau an einem winzigen Tisch saß und offenbar ein Interview führte. Die Frau kam Viktor bekannt vor, sie nickten sich zu, aber es fiel ihm spontan nicht ein, wer sie war. Er ging mit Natalie ins Innere des Lokals, sie bekamen einen Tisch am Fenster, im kühlen, dunklen, weiß gedeckten Speiseraum, mit den Weinflaschen an den Wänden. Es sah exakt aus wie damals, als sie regelmäßig hergekommen waren, und Viktor bildete sich ein, dass es auch so roch, obwohl das gar nicht möglich war, weil es ewig her war, weil längst der Koch gewechselt und eine Million neuer Gerüche diesen Raum beduftet hatte.

Natalie bestellte eine Suppe und Salat, Viktor bestellte Antipasti und Pasta.

«Ein Glas Wein?», sagte Viktor.

Natalie nickte.

«Weiß?», fragte Viktor.

Natalie nickte.

Viktor bestellte eine Flasche. Natalie protestierte nicht. Sie war offenbar wirklich gerade nicht so ganz bei sich.

Sie sagte «weißt du noch», als der Wein kam, Viktor ihn gekostet, dem Kellner abgewinkt hatte und ihr selber einschenkte, «weißt du noch, als», und er wusste noch. Sie erzählten sich Adina-Geschichten, um sich die Traurigkeit wegzureden, Natalies Traurigkeit vor allem, Babygeschichten, Kleinkindgeschichten. Zwischendurch gingen sie hinaus und rauchten, auch Natalie, ausnahmsweise, obwohl es nicht Freitag war. Sie redeten über Adina, über die Adina in dem Alter, als sie noch zusammen waren, und das Sprechen über ihr Kind war auch ein Besprechen ihrer gemeinsamen Zeit. Es war auch gut gewesen. Manchmal war es auch gut gewesen. Sie erzählte ihm auch Adina-Geschichten von später, in denen Freunde vorkamen, die er nicht kannte, und Veranstaltungen, bei denen er nicht dabei war. Viktor erzählte nichts von Magda, ein bisschen von seiner Arbeit mit dem Festival. Natalie war interessiert, interessierter als früher. Nach dem Weißwein tranken sie – musst du noch wo hin, hast du noch einen Termin? Nein, erst am späten Nachmittag – noch ein Glas Rotwein und dann noch eines. Sie sah auf einmal wieder aus wie früher, bevor sie so eine zickige, verbiesterte, nachtragende Kontroll-Schnepfe geworden war.

Sie zahlten, also, Natalie zahlte, was ihm nicht so ganz recht war, ein Rest von Skepsis winkte hinter dem Rotweindusel.

Sie verließen das Lokal. Er zündete sich eine Zigarette an und sagte: Was machen wir jetzt?, obwohl er es längst wusste. Sie sagte: Du weißt, was wir jetzt machen. Er sagte: Aha, und was sagt Mike dazu? Und sie sagte: Erstens frag ich dich auch nicht, was Magda sagt, zweitens führen Mike und ich eine offene Ehe, ich darf so was, und er darf das auch, drittens geht es dich eigentlich überhaupt nichts an. Sie ließ den Wagen stehen, sie nahmen ein Taxi ins Hotel Orient, so wie beim allerersten Mal, und es war genauso schummrig und grindig wie damals, und auch ziemlich gut, nach all der Zeit, und als Adina sich von der Zwischenlandung in Abu Dhabi meldete, bekamen sie es beide nicht mit. Und deshalb weinte Natalie danach noch mal, und wegen des Rotweins, von dem Viktor noch eine Flasche eingeschmuggelt hatte, aber sie weinte nur ein bisschen, und Viktor tröstete sie gut.

Danach schien sie die Sache, genau wie er, auszublenden, wegzusperren, zu negieren, ungeschehen machen zu wollen. Jedenfalls hörte und las Viktor nichts von ihr, bis auf eine SMS am nächsten Tag, in der sie sich, untypisch für sie, dafür bedankt hatte, dass er da gewesen war, und gemeldet hatte, dass Adina gut bei ihrer Gastfamilie angekommen sei. Was er schon wusste, weil Adina auch ihm geschrieben hatte. Er hatte freundlich geantwortet, und seither hatten sie keinen Kontakt und würden wahrscheinlich auch keinen haben, da im Moment kein Kind und damit auch keine Angelegenheiten zu besprechen waren. Und auf Facebook oder Twitter war sie ja nicht, gottlob, das lehnte sie ab. Adina schon. Adina postete Fotos aus Sydney, von sich, ihren Gastbrüdern, vom Strand, von einem jungen Kerl, der einfach zu sehr wie der typische Surfer aussah. Viktor fand diesen Justin unglaubwürdig in seiner Klischeehaftigkeit, er schickte ihr eine Nachricht dieses Inhalts, sie lachte ihn mit vielen Emojis aus. Auch Marie war auf Facebook, seine älteste Tochter, die kürzlich achtundzwanzig geworden war. Achtundzwanzig! Viktor fühlte sich alt, viel älter als in der Früh, was aber natürlich kausal mit dem Termin bei Dr. Haider zusammenhing und dieser blöden Blutdrucksache.

Dennoch war es ein wenig merkwürdig, dass Natalie die Orient-Geschichte so leicht zu nehmen schien, das passte nicht zu ihr, Natalie nahm nichts leicht. Die Sache verdiente eigentlich Viktors Aufmerksamkeit, aber er hatte wirklich, wirklich viel um die Ohren, die Festivalorganisation war, auch wenn er Mitarbeiterinnen und Assistenten hatte, wesentlich aufwendiger, aufreibender und bürokratischer, als er sich das vorgestellt hatte. Und er war erst ganz am Anfang … Um jeden Scheiß musste er sich selber kümmern, um jeden kleinen Budgetposten und jedes Wehwehchen jedes Mitarbeiters. Wofür wurden die eigentlich alle bezahlt? Und dann noch der Druck aus Ministerium und Rathaus … Er hatte sich den Job ein wenig glamouröser vorgestellt, auch wenn er schon lange genug in dem Geschäft war, um es eigentlich besser wissen zu müssen.

Viktor radelte aus Überzeugung. Nicht nur, weil er nicht
Auto fahren konnte, das Autofahren nie gelernt und nie einen Führerschein gemacht hatte. Er gab seinem abwesenden
Vater die Schuld daran, obwohl seine beiden Schwestern mit
achtzehn ihre Führerscheinprüfung absolviert hatten und
Viktor periodisch ob seiner Schuldzuweisung an einen, der
sich nicht wehren konnte, auslachten: Faule Ausrede, Viktor, es war dir doch damals einfach zu zeitaufwendig und zu
spießig. Trotzdem: Er fuhr gerne Rad, das Radfahren tat ihm
in vielerlei Hinsicht gut, auch wenn er seit diesem Vormittag
ein bisschen enttäuscht war: Er hatte sich insgesamt mehr
vom Radfahren erwartet, mehr positive gesundheitliche Ef-
fekte, schließlich fuhr er praktisch täglich und beinahe alle
Strecken. Na gut, sie waren meist nicht sehr lang. Und seit er
das Festival leitete und Anspruch auf vernünftige Taxispe-
sen hatte, radelte er vielleicht ein bisschen weniger, musste
er zugeben. Er zog es bei schlechtem Wetter und bei Kälte
nun immer öfter vor, gemütlich im Inneren eines Fonds zu
sitzen. Aber wenn es schön war und warm, nahm er das Rad,
ließ sich den Wind um die Nase wehen, und es tat ihm gut.
Sein Kreislauf kam in die Gänge und auch sein Geist, plus, er
konnte sich schon in der Früh, noch bevor er auf seine Mit-
arbeiter traf und den mit Menschen und ihren Fehlern stets
fix verknüpften Ärger, abreagieren und ausbrüllen, weil sich
verlässlich ein Autofahrer fand, der einen derart verant-

wortungslosen und lebensgefährlichen Scheiß zusammen-
fuhr, dass Viktor ihm lautstark die Meinung sagen konnte.
Musste.

Erst tags zuvor wäre er in der Früh ums Haar getürt worden, von einer fetten Frau mit knallrot gefärbten Haaren,
die sich, nachdem Viktor gerade noch ausweichen konnte,
nicht einmal entschuldigte, sondern die dicken Arme aus-
breitete und Viktor mit einem Was-ist-Blick ansah, als sei
es seine Schuld gewesen. Viktor hatte abgebremst, das Rad
herumgerissen und der Frau, die sich gerade mühevoll aus
einem für ihre Statur entschieden zu kleinen Kleinwagen
schob, engagiert die Meinung gegeigt, bist du wahnsinnig
geworden, du dumme Kuh? Kannst du nicht aufpassen? Die
dumme Kuh ignorierte ihn darauf, was Viktor noch zorniger
machte. Sie trug ein streng kariertes Kleid, zu eng natürlich.
Solche Frauen trugen immer zu enge Kleider. Bist du taub, du
dumme Nuss, bist du taub? Er hatte sich gerade noch so weit
unter Kontrolle, dass er sie nicht fatshamte, weil, das ging
nun nicht, so weit hatte er seine politische Korrektheit gerade noch beieinander. Bist du taub? Dann solltest du lieber den
Führerschein abgeben, oder hast du überhaupt einen Führerschein, du gscherte Ziege? Viktor gelang es kaum, sich zu be-
ruhigen, er stieg auf das Rad und fuhr schnaubend weiter, er
tat sich schwer, seinen Ärger in den Griff zu bekommen, und
raste wie ein Wahnsinniger Richtung Seifenfabrik, wobei er
einem Autofahrer die Vorfahrt raubte und einer Mutter mit
Buggy am Zebrastreifen den Weg abschnitt, die riss den
Buggy zurück und brüllte Viktor wütend nach. Du dummes
Arschloch! Und Viktor so: Du mich auch!

Später, als ihm sein Fehlverhalten bewusst wurde, bekam er ein schlechtes Gewissen, und nun, da er eine frische Diagnose hatte, schob er das auf seinen hohen Blutdruck: Kuckstu, auch dafür konnte er praktisch nichts, sein Blutdruck war schuld, nicht er, Viktor. Er, Viktor, war ein Opfer, ein Gefangener seiner Triebe, gekidnappt von seinen gestörten Körperfunktionen, jawohl, das war er.

Er dachte an die Untersuchung, während er jetzt zügig den letzten Kilometer zu seinem Büro in der Fabrik überwand, schön war das, durch die schattigen grünen Alleen hindurch. Sein Blutdruck mache ihr Sorgen, hatte die Ärztin gesagt. Sie hatte nach seiner Ernährung gefragt, nach seinem Zuckerkonsum, nach seinen Alkoholgewohnheiten (das babyblaue Formular hatte sie dabei nicht einmal in die Hand genommen), rauchte er, trieb er Sport? Na ja, nicht so regelmäßig, wie er sich das wünschen würde, hatte Viktor gesagt, der, hätte er ehrlich geantwortet, «nie» hätte sagen müssen, aber stattdessen etwas von Beruf und Familie daherschwafelte. Sie haben Kinder?, hatte die Ärztin gefragt, ja, fünf, hatte Viktor gesagt und verschwiegen, dass nicht er, sondern drei Frauen sich hauptsächlich bis ganz um diese Kinder kümmerten. Aha, hatte die Ärztin gesagt; weiter nichts. Aber er fahre regelmäßig mit dem Rad, hatte Viktor gesagt. Radfahren, aha, sagte die Ärztin. Ja, aber, sagte Viktor, er fahre eigentlich jeden Tag mit dem Rad, so gut wie jeden Weg. Das sei ein Anfang, sagte die Ärztin, den Blick fest auf seine Werte gerichtet, reiche aber offenbar leider nicht aus. Aha? Ja, das sei offenbar nicht …

Viktors Handy klingelte, Viktor ignorierte es.

... ausreichend. Sonst keine Ausdauersportarten? Laufen? Schwi−

Das Handy hörte nicht auf zu klingeln, bis Viktor schließlich abbremste, stehen blieb, einen Fuß auf den Boden stellte und nach dem Handy fischte. Eine Radlerin zischte arschknapp an ihm vorbei und schrie ihn an, ob er komplett deppert geworden sei!, so einfach stehen zu bleiben!, ja, spinnst du?! Viktor grinste verlegen. Sorry! Sie war schon außer Hörweite.

Sein Handy meldete sich und zeigte: SAM. Sein bester Freund. Vielleicht war es wichtig. Aber genau als Viktor auf die grüne Taste drückte, war Sam weg, also rief Viktor zurück. Facetime. Warum rief ihn Sam auf dem Scheiß-Facetime an? Sam ging nicht ran. Viktor legte auf und wollte das Telefon wegpacken, da, fuck jetzt, rief Sam erneut an, und als Viktor den Anruf annahm, erschien Sams feistes, bebrilltes, verzogenes Antlitz auf Viktors Touchscreen.

«Hei Vicky, ich bin grad im Schwarzen Kameel, was gibt's?»

Hinter Sam erkannte Viktor andere Gäste, den Kellner, oben im Eck sein eigenes, vor Anstrengung und Hitze gerötetes Antlitz.

«Das wollte ich dich fragen.»

«Wieso?»

«Du hast mich angerufen.»

«Ach. Nein.»

«Dann hat dein Hintern mich angerufen. Mit Facetime. Ich hasse Facetime.»

«Ich hasse Facetime so sehr, dass ich es nicht mal habe», sagte Sam.

«Offenbar hast du es sehr wohl. Alles klar bei dir?»

«Ja, alles bestens. Brauch nur gerade dringend … Und selbst?»

«Spitze. Also gleich. Bin grad am Weg zu …»

«Schau, wen ich zufällig getroffen habe», sagte Sam hastig und schwenkte das Handy, worauf auf Viktors Screen nun Helens lächelndes Antlitz erschien.

Was!, dachte Viktor, das ist!, und sagte:

«Oh, hallo, Helen, lange nicht gesehen.»

«Ja», sagte Helen, «auch hallo.» Ihre Wangen wirkten etwas röter als normal, ihr Mund zeigte die Helen-immanente, gelangweilte Ironie.

Sam hielt die Kamera wieder auf sein eigenes Gesicht, das nun ein breites, schadenfreudiges Grinsen zierte.

«Tja, Mäuschen, muss weiter», sagte Viktor und grinste müde zurück, «man sieht sich. Baba, Helen!»

«Salü», sagte Sam, und aus dem Hintergrund hörte Viktor noch irgendein Brummen, aber dann steckte das iPhone schon wieder in der Tasche, und Viktor schwang sich zurück auf seinen Sattel.

Oida! Was machte die da mit Sam? Viktor spürte ein kleines, ungutes Rauschen in sich. Es taugte ihm nicht, was er da gesehen hatte. Es störte ihn. Es war nicht gut. Wer traf sich *zufällig* im Schwarzen Kameel und saß dann *zufällig* am gleichen Tisch? Das glaubte doch kein Schwein. Ein rechts abbiegendes Auto schnitt ihm den Weg ab, und Viktor, knapp der Kollision entkommen, schlug mit der ausgestreckten

Hand auf das Dach: «Haben sie dir komplett ins Hirn geschissen, du gschissenes Oaschloch, du Volltrottel!»

Und der Fahrer ignorierte Viktor nicht mal, und er hatte keinen Pflasterstein, um ihm dem Idioten hinterherzuschmeißen, aber seine Hand tat ihm weh.

Er wollte jetzt unbedingt Helen anrufen, aber. Viktor atmete tief durch, es war egal, es war jetzt egal, es war überhaupt egal. Schon Scheiße, aber auch egal. Er würde sie später anrufen, ja.

Mit Paul wurde der Sex immer rabiater. Er brauchte immer mehr, um in Fahrt zu kommen, es musste immer intensiver werden, immer expliziter, als würde er es sich nicht merken können, als würde es nicht wirken, wenn es nicht graphisch war, wenn er es nicht erzählen konnte, sich selbst. Helen und Paul hatten nicht oft Sex, aber wenn sie Sex hatten, dann war er hart und pornographisch. Sie machte mit, und wenn sie erst mal dabei war, gefiel es ihr, es dauerte ihr nun meistens zu lange, aber sie war dabei, außer am nächsten Morgen, wenn sie Frühstück machten, jeder für sich irgendwas schnitt und strich und toastete, überdehnt und wund, und verlegen aneinander vorbeilächelten. Vielleicht mochte Helen deswegen den langweiligen, gemütlichen Sex mit Viktor, treffen, knutschen, lecken, ficken, reden, «na, wie war deine Woche?», immer in dieser Reihenfolge, vielleicht noch mal ficken, es war verlässlich und berechenbar, alles in der Wohlfühlzone, nie zu viel, immer innerhalb des Klammer-Bereiches sozusagen, und es hatte einen Anfang und ein zuverlässiges, nicht allzu weit in der Ferne liegendes Ende.

«Gut. Ich mach mir Sorgen um Paul. Und ich hatte schon wieder Stress mit Hugos Schule, wir sollen schon wieder antreten, zum Gespräch mit der Direktorin. Ich glaube, ich muss ihn rausnehmen, Schule wechseln. Und selbst?»

«Alles okay … Mit den Förderungen schaut es gut aus. Und heute war einer von *Profil* da. Großes Interview.»

«Wow, toll. Wann erscheint's?»

«Weiß ich noch nicht. Aber war ein gutes Gespräch, er war sehr interessiert an meiner Arbeit, hat offenbar schon meine früheren Stücke gesehen und war begeistert.»

«Großartig, ich freu mich schon darauf.»

Man ließ die Männer, mit denen man nicht lebte, von sich selber schwärmen, tätschelte ihnen die geschwellte Brust, lutschte ihren Erobererschwanz, lobte sie, baute sie auf. Dann ging man heim und nahm die Männer, mit denen man lebte, auseinander. Bist du dir sicher, dass du das so machen solltest? Warst du bei der Therapie? Willst du nicht wieder einmal Sport machen? Was sagt dein Galerist dazu, findet er das gut? Die Männer machten es mit ihren Frauen meistens nicht so, weil das, was die Frauen machten, fast nie so wichtig war wie das Schaffen und Schöpfen der Männer, oder weil es ihnen egal war, solange alles einigermaßen funktionierte. Jedenfalls war Helen bereit, alles, was Viktor tat und erzählte, positiv zu finden und zu respektieren, weil warum auch nicht. Sie sah ihn ja nur alle paar Tage oder manchmal Wochen, sie musste nicht von dem leben, was er verdiente, und sich nicht um seine Kinder kümmern. Sie war manchmal ein bisschen verknallt in Viktor, aber sie hätte nie mit ihm zusammen sein wollen. Sie fand ihn eigentlich gar nicht so toll. Bisschen schwammig, insgesamt, konturlos, bisschen angepasst und mutlos, sowohl was seine Ansichten betraf, seine politische Haltung, seine Ideen, sein Werk, als auch in seiner Männlichkeit. Sagte sie ihm natürlich nicht, sie wollte, dass er sich gut fühlte bei ihr, denn nur davon hatte sie etwas. Paul war insgesamt und in allem besser definiert, er war klüger, hatte klare Ansichten und Grenzen, war aber deshalb auch viel schwieriger. Paul schnallte alles schneller, und das deprimierte ihn letztlich. Viktor war mehr so lauwarm, auch wenn er sich für heiß hielt oder so tat, als sei er es.

Viktor hatte einmal, sie wusste gar nicht mehr, in welchem Zusammenhang, auf jeden Fall aber bei Kühn, wo sie nebeneinander in größerer Runde um den Stammtisch saßen, leise in ihre Richtung geflüstert, er fände den Sex mit ihr sehr okay, er könnte aber ruhig noch etwas aufregender werden, und sie hatte retour geflüstert: Jaja, sicher, aber weißt du, für aufregenden Sex braucht man mehr Zeit, das geht nicht an einer Stunde am Nachmittag, dafür braucht man ganze Nächte, das haben wir nicht. Sie war nicht einmal beleidigt gewesen. Sie hatte genug sogenannten aufregenden, wilden Sex, sie brauchte nicht noch mehr davon, aber das musste Viktor nicht wissen. Mit Viktor war es okay, nett, auf eine angenehme Weise distanziert, er brauchte den Sex, er brauchte viel davon, und er tat, was dafür nötig war. Er holte sich seine Kicks, seine Befriedigung, nicht ungut, alles okay.

Es war Helen klar, dass sie vermutlich nicht die Einzige war, die Viktor traf, und es war ihr eigentlich egal. Sie wollte es nicht genauer wissen, wo er noch hinging, mit wem er noch schlief, was für One-Night-Stands er hatte, wo er sich den aufregenden Sex holte, aber es machte ihr nicht viel aus, denn sie kriegte von Viktor ziemlich genau das, was sie wollte, plus, er war wichtig und anerkannt, und sie konnte ihn sich als eine Art unsichtbare Trophäe auf ein Regal in ihrer Kanzlei stellen. Sichtbar nur für ein paar Freundinnen, denen sie von Viktor erzählte, möglichst solchen, die Magda nicht persönlich kannten. Er gab ihr das, was sie brauchte, normales, lauwarmes Begehrtwerden mit Orgasmusgarantie. Für den Moment war das okay, konnte sie damit leben. Sie hatte Viktor vor allem, weil sie Paul hatte, und weil sie Paul eigentlich nicht mehr haben wollte, weil es eigentlich nicht mehr ging, weil sie es mit Paul noch einmal versucht hatte, gegen ihren Instinkt. Viktor lenkte sie davon ab, erlaubte ihr, erst mal so weiterzumachen. Irgendwann würde sie von Paul wirklich weggehen können und dann auch Viktor nicht mehr brauchen, und sie würde so lange ungebunden sein, bis sie den Sex hatte, den sie sich eigentlich wünschte. Bei dem es nicht mehr brauchte, als aufeinanderzuliegen, ineinander, küssend. Bei dem es nur ganz kleine Bewegungen brauchte, wo ein tiefer Atemzug schon reichte. Bei dem es nur um die Innigkeit ging und nicht um Akrobatik. Das wollte Helen. Das hatte sie einmal mit einem gehabt, aber der hatte dann eine andere Frau gewählt, Helen hatte nie ganz verstanden, warum. Es war lange her, tat längst nicht mehr weh. Aber an das Liebemachen mit dem erinnerte sie sich immer noch, und das wollte sie wieder haben, irgendwann, nicht mit Viktor, nicht mit Paul, sondern mit einem, der zu ihr passte. Das wollte sie.

«Lias!»

Aber jetzt war sie in einer Art Limbus, selbst verschuldet.

«Lias!»

Das Gebrüll im Hinterhof drang in Helens Gedanken, in einen Traum, der sich davonmachte, als Helen langsam bewusst wurde, wo sie war: auf dem Daybed in ihrem Arbeitszimmer.

«Lias!»

Vogelgezwitscher, das ferne Hupen eines Autos. Der kurze Powernap war wohl vorbei.

«LI AS! Essen!»

Helen hatte diesen Elias noch nie gesehen, aber sie wusste, dass er eine Schwester namens Lena hatte und eine sehr oft sehr schlecht gelaunte Mutter, die Rita hieß. Der Vater hieß René, auch das wusste Helen, obwohl sie auch diese beiden nicht kannte oder nur als Schemen im Fenster des Hauses auf der anderen Seite des Innenhofes, dessen Eingang in einer anderen Gasse lag. Seit kurzem gab es offenbar auch noch ein Baby, das ebenfalls gerne schrie. Die ganze Familie war ein einziges, fünfstimmiges Gebrüll.

Nun schienen sie mit Essen beschäftigt zu sein oder mit Fernsehen oder mit beidem gleichzeitig; es war still. Also still im Sinne von: Blätterrauschen, Vogelgezwitscher, das Brummen der Supermarktbelüftung von nebenan. Helen gähnte und machte die Augen auf und machte sie wieder zu. Langsam aus dem Gedöse auftauchen. Überlegen, was an diesem Tag noch zu tun war: Zwei Klienten hatte sie noch, sie musste einkaufen und kochen, für den Abend hatte sie Tanztheater-Karten, mit Sally; Paul machte so was nicht mit. Sie stemmte sich hoch, fand ihre Schuhe, tapste zur Espressomaschine, warf eine Kapsel ein und ließ starken, schwarzen Kaffee in eine Tasse laufen, sie schlurfte zum Schreibtisch und ließ sich in ihren Sessel fallen. Noch zwanzig Minuten, bevor die nächste Klientin kam, sie überflog die Akte, dann ging sie die neuen Mails durch und ließ sich noch ein paar Minuten durch Facebook treiben. Seit Tagen verfolgte sie die Berichte über die Trennung des alternden Schauspielers von seiner jungen blonden Schauspielerfrau, hangelte sich von Klatschseite zu Klatschseite, seriöse und nicht so seriöse.

Ihr Handy summte, MUTTER, sie ging nicht ran, der Kaffee wirkte noch nicht genug für diese Art von Gespräch.

Am Anfang war es nur das Interesse am Celebrity-Tratsch. Hatte sie immer schon, und heimlich, auf Flughäfen und während Zugfahrten las sie auch *Gala* und *Bunte*, sie war ganz gut informiert über das Treiben der deutschen High Society, des europäischen Adels und der Hollywoodschickeria, ein Wissen, das sie allerdings meistens für sich behielt. Weil: Das brauchte ja nun keiner zu wissen, dass sie das interessierte, jetzt außer ein paar ausgewählten Freundinnen, mit denen sie diese Leidenschaft zelebrierte, im Spa, unter Ausschluss einer breiteren Öffentlichkeit. Sie las also auch diese Trennungsgeschichte, wegen des Schauspielers in erster Linie, weil sie wie die meisten Frauen ihrer Generation mit diesem Schauspieler erwachsen geworden war, der einmal sehr gut und sensibel ausgesehen hatte und ein Traumboyfriend für viele gewesen war, und alle Männer, die man tatsächlich bekommen konnte und bekam, waren nichts als müder Abklatsch. Und auch wenn diese Zugewandtheit im Laufe des Erwachsenwerdens und Kinderkriegens erheblich nachgelassen hatte, war man doch noch immer, nun ja, interessiert. Und fühlte sich irgendwie betrogen und enttäuscht, als man ihn die schöne, wenngleich garantiert tüchtig zickige Französin verlassen und sich dieser Kindfrau zuwenden sah, einer traumschönen Ende-Zwanzigjährigen, so, als sei der Schauspieler auch nur ein ganz normaler Mann. Und dann las man natürlich, also falls man es wie Helen las, von ein paar Ausfällen und schnapsinduzierten Eskapaden, und man sah ja auch: Der wurde alt, und zwar etwas schneller als man selbst. Gewisse Befriedigung bei diesem Gedanken, ja. Dann dieses Video mit den Hunden seiner jungen Frau und Australien, und nun das: Die verletzte Ehefrau, wie sie das Gericht verlässt, nachdem das Internet über sie herfiel, weil sie die Scheidung ausgerechnet drei Tage nach dem Ableben der Mutter des Schauspielers eingereicht hatte, die herzlose Bitch. Sie erklärte dann schließlich, wieso, erzählte die Geschichte, weil er sie nämlich bedroht habe, betrunken und auf Droge, wie schon öfter, und ungefähr drei Viertel des Internets stellte das in Frage.

Aber Helen hätte auf Facebook am liebsten hinausgebrüllt: Das stimmt alles, ich glaube ihr jedes Wort! Jede Frau, die je mit einem Suchtkranken zusammen war, weiß, dass das stimmt! Es war die präzise Erzählung jeder Geschichte einer jeden Frau, die mit einem Suchtkranken lebte. Sie tat es natürlich nicht. Paul war auch auf Facebook, und Viktor, und Pauls Mutter und die meisten ihrer Freunde, darunter auch die, die es nicht verstanden oder nicht verstehen wollten, als sie sich nach jenem Sommer von Paul trennte, weil sie einfach nicht mehr konnte und es nicht mehr aushielt. Sie lernte viel in jenem Dreivierteljahr, in dem sie nicht mit Paul zusammen war, über sich, über das Leben und darüber, wie gut alle anderen, wie gut ein ganzer Freundeskreis Pauls doch eigentlich ganz offensichtliche Probleme ignorieren konnte, übersehen wollte.

Mensch, Paul: Der war doch ein netter Kerl, intelligent, gescheit, witzig, schlagfertig, ein genialer, anerkannter Künstler, wenn auch nicht ganz so erfolgreich, wie er sein könnte, und jetzt wohl auch schon ein bisschen zu alt, um doch noch so durchzustarten, wie es eigentlich alle von ihm erwartet hatten, sicher, er kokste ein bisschen viel, und, he, trank hin und wieder einen über den Durst, haute ein bisschen über die Schnur, aber taten wir das nicht alle? Das konnte man einem doch nicht vorwerfen, oder? Tun wir doch alle. So sahen es die, die nicht begreifen und sehen wollten, warum sie sich von Paul trennen musste. Und damit, dass sie nach der Trennung nun doch wieder mit Paul zusammen war, hatte sie ihnen recht gegeben. Eben, siehst du, er ist ja doch ein feiner Kerl, wir haben's doch gesagt! Du warst nur ein bisschen hysterisch, wie damals während des Geburtstagsessens, als du uns plötzlich alle rausgeworfen hast, weißt du noch. Weil hey, wir trinken doch alle, wir ziehen doch alle um die Häuser und hin und wieder was durch, oder die meisten von uns, ein Naserl oder zwei, ist ja nichts dabei, wir trinken doch alle mal einen zu viel, wir stolpern doch alle mal, wir werden doch auch mal laut, jeder hat mal einen schlechten Tag, jeder übertreibt mal, deswegen gleich alles hinzuschmeißen, das macht man nicht. Auf einen zu zeigen und zu sagen: Der hat ein Problem, und mehr noch: Was der macht, ist falsch, das geht nicht – das würde bedeuten, dass es alle falsch machten, dass alle ein Problem hatten. Dass wir alle ein Suchtproblem haben, krank sind. Und entschuldige, das willst du ja wohl nicht behaupten. Oder, Helen. Und du trinkst doch auch mal was, Helen, und du kiffst doch auch ganz gerne öfter mal, du hast auch ein Problem, hast du Probleme, Helen? Wer also gibt denn einfach so eine funktionierende Beziehung auf? In dem Alter zudem? Sie sah ja gut aus, zweifellos, aber sie war trotzdem vierundvierzig. Und wer bitte tat seinem Kind so was an, wer zerstörte einem achtjährigen Kind die Familie, ruinierte ihm damit die Zukunft? Wegen nichts.

Das hörte Helen. Und sie sah es in ihren Augen: wegen nichts. Wegen Lappalien. Wegen einer kleinen, lässlichen Sünde, wegen etwas, das eben jeder hatte. Sie war wohl auf der Suche nach Fehlerlosigkeit, nach Perfektion, da konnte sie aber lange suchen.

Paul zu verlassen, einen wie Paul zu verlassen, wegen seiner Sucht, das war, wie mit dem Finger auf alle anderen zu deuten und zu sagen: Mit euch will ich auch nichts mehr zu tun haben. Jedenfalls verstanden es viele so, und nicht wenige wollten dann mit Helen nichts mehr zu tun haben, mieden allmählich und immer unverblümter die strenge Moralapostelin, die Spielverderberin, die Zwänglerin, die Klemmerin, die Glucke. Es galt hier, und speziell in ihren Kreisen, das Diktat der Mehrheit, und die sagte: Wir haben kein Problem, das ist kein Problem. Und wenn es die Mehrheit sagt, dann ist es auch keins. Das, was die Minderheit als Problem sah, war die Normalität, und deshalb hatte die Minderheit ein Problem, und dieses Problem war die Zickigkeit dieser engstirnigen Minderheit, die sich lieber mal ein bisschen locker machen sollte. Und he, hatten Paul und Helen nicht erst ein Jahr zuvor geheiratet? Doch, ja, wie die junge Schauspielerin und der ältere Schauspieler, nur dass Helen und Paul vor ihrer Hochzeit schon viel länger zusammen waren und dass sie ein Kind hatten, Hugo.

Was niemand wusste, war, dass sie sich schon Jahre zuvor hatten trennen wollen, nicht nur einmal, immer wieder, nach diesen Nächten und an diesen Tagen, an denen er vor Aggression fast explodierte, aber sie hatte nicht die Kraft aufgebracht, den Schritt zu machen, diesen riesigen, schweren Schritt, der alles auseinanderriss, was sie gelebt hatte und geplant und gewollt. Und deshalb hatte sie auch geheiratet, um das klarzumachen: Ich will das. Ich will diesen Mann und diese Familie. Das ist das Leben, das ich liebe. Das soll meine Zukunft sein. Ich will das. Aber es ging sich nicht aus. Es brach ihr das Herz, aber es ging sich nicht aus.

Sie weinte, als sie las, was die Schauspielerin zu Protokoll gegeben hatte: dass der Schauspieler sie beschimpft und bedroht hatte, dass er handgreiflich geworden war, dass einmal einer seiner Assistenten habe eingreifen müssen, dass er am nächsten Tag bereute, obwohl er sich nicht mehr erinnern konnte, und die SMS der Schauspielerin an den Assistenten, in der sie schrieb, dass sie nicht wisse, wie sie so weiterleben sollte. Der Assistent bestritt dann alles, aber sie, Helen, glaubte es. Auch wenn es Klatsch war, ja, und vielleicht auch die Rache der enttäuschten Ehefrau eines Stars, die das Beste aus ihrer Situation zu machen versuchte, ja, vielleicht.

Aber Helen erkannte das sofort. Sie kannte das so gut. Schnaps, Rotwein, Speed, Koks: Sie kannte es. Sie konnte es sofort wieder sehen, riechen, schmecken. Spüren: diese schrecklichen Morgen, diese Tage nach Nächten, in denen einer von ihnen etwas Schlimmes erlebt hatte und der andere nicht, weil der sich nicht mehr erinnerte. In denen einer von ihnen Angst hatte, verzweifelt war, macht- und trostlos. Sie hatte das Paul immer wieder gesagt: Du erinnerst dich nicht, wer du warst, du erinnerst dich nie, wer du bist, wenn du so hackedicht bist, aber ich! Ich erinnere mich! Du hast dich nicht gesehen, du hast dich nicht erlebt, aber ich habe dich gesehen! Paul hatte meistens reagiert, wie es gerade notwendig war: mit einer dumpfen, gestammelten Entschuldigung. Einer lauen, einer nicht glaubwürdigen Entschuldigung, denn er formulierte sie für etwas, das es für ihn nicht gab, das für ihn gar nicht stattgefunden hatte, an das er keine Erinnerung hatte, höchstens unklare, verschwommene, unterbrochene Bildfolgen, die dann ganz abrissen, und brutales, bizarres Schädelweh, aber okay, das hatte man nun eben, man wurde ja auch nicht jünger.

Für Paul war es da zu Ende: Da war was, und jetzt war ein neuer Tag. Was man nicht erinnert, was man nicht denken kann, von dem man keine Vorstellung mehr hat, das ist auch nicht. Für ihn war es nicht; er war es nicht gewesen: Das war ein anderer, dem er nicht begegnet war. Das Ereignis war weg von ihm, hatte abgetrennt von ihm stattgefunden, hatte mit ihm eigentlich nichts zu tun, auch wenn Helen das behauptete. Er erinnerte sich nicht, also war es nicht. Es nützte auch nichts, dass sie Fotos von ihm machte, wenn er endlich umgefallen war, wenn er halbnackt und schlafend auf dem Boden des Badezimmers lag oder in der Küche, den Oberkörper auf der Kochinsel, einmal mit seinem Gesicht halb auf einem Teller, während neben ihm am Herd Eier, Speck und eine Teflonpfanne verkohlten. Sie war von dem Rauch und dem Gestank aufgewacht, sie hatte die glühende, ruinierte Pfanne in den Ausguss gestellt und das Fenster geöffnet. Hatte sich auf einen Hocker auf der anderen Seite der Insel gesetzt und ihren Mann betrachtet, wie er da lag und stank und schnarchte und sie alle in Lebensgefahr brachte. Der Speichel lief ihm aus dem geöffneten Mund, über trockene, rissige Lippen, seine Wangen waren gerötet, ein Geflecht zarter, blauer Äderchen zeichnete sich ab. Es stieß sie ab, sie ekelte sich vor ihm und ängstigte sich vor dem, was passieren würde, jetzt gleich: Sie wusste, dass er laut und zornig und ausfällig werden würde, wenn sie ihn jetzt weckte und ins Bett schickte. Wenn sie an seiner Schulter rüttelte, mit ausgestrecktem Arm, damit er sie, falls er in seinem Dusel mit der Hand ausfuhr, nicht erwischen konnte, und ihn gleichzeitig hielt, damit er nicht vom Hocker rutschte und noch wütender wurde. So oder so würde er sie laut beschimpfen, lallend und schielend und extrem aggressiv, er würde vielleicht in ihre Richtung taumeln. Er würde brüllen, sie solle ihn in Ruhe lassen, er käme ja eh, er habe ja sowieso gerade kommen wollen, er sei eh gerade auf dem Weg ins Bett gewesen, und nein, er sei nicht eingeschlafen, wie sie blöde Schlampe auf so einen Scheißdreck komme, sie solle verschwinden, Leine ziehen, und nein, ER BRÜLLE NICHT! Sie sei völlig daneben, SIE!

Wenn sie dann wegging, weil sie es nicht mehr ertrug, legte er seinen Kopf wieder auf den Tisch oder setzte sich auf die Couch und kippte um, wie auch immer, jedes Mal hätte sie ihn dort lieber liegen gelassen, aber sie konnte es nicht, denn wenn das Kind, das zum Glück einen guten Schlaf hatte, in der Nacht aufs Klo musste, dann müsste es hier durch, vorbei an dem bewusstlosen Vater, der halb angezogen über einem Sessel hing oder auf oder neben der Kücheninsel lag, mit offenem Mund. Also bekam sie ihn irgendwie hoch, und das Gebrüll ging weiter und das Beschimpfen und das Drohen und das Wegstoßen, und dann – darf ich jetzt nicht mal mehr aufs Klo, du blöde Kuh? –, dann ging er aufs Klo, und meistens schlief er dort wieder ein, mit heruntergelassenen Hosen, und sie musste ihn wieder wecken, mit allen Konsequenzen. Du dumme Pute, kümmere dich um deinen eigenen Scheiß! Lass mich in Ruhe! Und irgendwie kriegte sie ihn ins Bett, er taumelte durch den Flur, er stieß an den Wänden an und stolperte, aber irgendwann landete er im Bett, halb angezogen, und schlief ein, mit offener Hose und aufgeknöpftem Hemd.

Und sie nahm ihre Decke, ihr Kissen und ihren Wecker und legte sich in das Gästebett im Arbeitszimmer. Und hätte endlich schlafen können: Er war jetzt zu Hause, er war bewusstlos für Stunden, es würde jetzt nichts mehr passieren, nicht heute. Aber meistens konnte sie nicht schlafen, und oft weinte sie, trostlos, und grübelte über ihr Leben nach. Ob es so sein sollte, wie es war. So sein musste. Und darüber, was aus dem geworden war, was sie sich gewünscht hatte. Und was aus ihr und Paul geworden war. Und was passieren würde, wenn das Kind größer war und merkte, was hier vorging, immer wieder, was sein Vater da machte, in den Nächten. Und was aus ihr und Paul noch werden würde. Und was es ändern könnte und wie sie es ändern könnte und an welchem Punkt sie es hätte ändern sollen, schon längst.

Meistens schlief sie erst ein, wenn es schon Morgen wurde, und wachte dann vom Wecker auf, gerädert, und wusste nicht, wo sie war, und sah es dann und wusste alles wieder, und das Elend überflutete sie, dass es schon wieder passiert war, schon wieder, schon wieder, und es würde wieder passieren, immer wieder. Jetzt würde sie aufstehen und sich die Zähne putzen, sie würde Frühstück machen und das Kind ganz liebevoll wecken, noch liebevoller als sonst. Paul würde, wenn sie ihn nach der Arbeit wiedersah, so tun, als sei nichts gewesen, er würde geduscht und parfümiert sein und sich bemühen, ein bisschen freundlicher als sonst zu sein und ein bisschen netter, er würde so tun, als habe er keinen Kater, denn es war ja nichts passiert in der Nacht, und er würde etwas Schönes, Aufwendiges kochen, wie meistens nach diesen Nächten, und nur ein Bier trinken dazu oder ein Glas Wein, und nur in seinen roten, glänzenden, geäderten Augen und in den tiefen, bläulichen Falten darunter würde man die letzte Nacht erkennen. Und sie würde nichts sagen, und er würde nichts sagen, und das Kind würde nichts merken. Sie würden wieder eine Familie sein, würden den Alltag vor diese Nacht schieben, die Routinen des täglichen Lebens herunterspulen, sie würden das Gute vor das Schlechte stellen und so tun, als wären sie wie alle anderen Familien, wo es auch mal Krach gab, meine Güte, das gab's in allen Familien. Sie würden wieder funktionieren. Und Helen würde sich weiter anstrengen, all das auszugleichen und glattzuschleifen und wieder geradezurücken, was Paul mit seiner Sucht, seiner Krankheit einkerbte und verschob. Sie würde immer ein bisschen mehr gute Laune haben als er schlechte, sie würde die Stimmung in diesem Haus auf einem erträglichen Niveau halten, sie würde viel lächeln und dem Kind gegenüber die gelassene Mutter geben, und sie würde nur weinen, wenn niemand in der Nähe war. Sie würde die Scherben von dem Glas wegkehren, das Paul auf den Boden fallen hatte lassen, sie würde, bevor sie mit dem Kind die Wohnung verließ, Paul eine fertig vorbereitete Bialetti auf den Herd stellen, sie würde die verkohlte Pfanne auskratzen oder sie wegschmeißen und eine neue besorgen, sie würde das im Suff eingeschlagene Fenster reparieren und den Schlüssel nachmachen lassen, den er verloren hatte, sie würde sein blutiges Hemd waschen und seine Schulden bezahlen. Sie wollte das, sie wollte, dass das funktionierte. Es war ihr Lebensplan, und dieses bissl Sucht würde diesen Plan nicht ruinieren. Auch nicht seine schlechte Laune, wenn er verkatert war. Sie konnte das. Sie konnte das ja.

Sie hatte sich irgendwann angewöhnt, ihm aus dem Weg zu gehen, wenn er verkatert war, an all den vielen Tagen, an denen er verkatert und missmutig war, um seinen Unmut nicht anzufachen, seiner Wut zu entkommen. Es war ganz einfach: Paul konnte sie nicht anschnauzen, wenn sie in einem anderen Zimmer war, wenn sie nicht da war, also war sie möglichst nicht da. Sie stellte fest, dass sie unangeschnauzt tendenziell glücklicher war als angeschnauzt, und so suchte sie, wann immer es möglich war, Orte auf, an denen er gerade nicht war.

Sie hatte das über die Jahre, in denen er sich zunehmend einer prosperierenden Freudlosigkeit hingegeben hatte, die nur abends, wenn er ausging, einer von Alkohol und Drogen begünstigten Lebensfreude wich, zu einer geschmeidigen Routine perfektioniert. Es war eine Art Ballett, er kam, sie wich, er erschien, sie ging; unauffällig, aber ziemlich konsequent entwickelte sie die Gewohnheit, dort zu sein, wo er nicht war, und vice versa, außer bei den Mahlzeiten, die nahmen sie gemeinsam und mit dem Kind ein. Sie waren ja eine glückliche Familie. Es waren ja nur ein paar Kratzer. Und die würde Helen reparieren, es würde gut aussehen von außen. Aber es gab keine glücklichen Suchtkranken, und es gab keine glücklichen Familien von Suchtkranken, das wusste sie längst, und deshalb glaubte sie die Geschichte der jungen Schauspielerin, zu hundert Prozent. Und weil alle fragten, wieso sie, die junge Schauspielerin, den alten Schauspieler dann noch geheiratet hat, trotz allem: Helen wusste es. Weil er versprochen hatte, dass alles besser würde, diesmal wirklich. Deshalb. Na ja, und sicher auch wegen seines Geldes.

Aber nicht Helen. Helen hatte sich aus dem Grund getrennt, den eine Kollegin, eine bekannte und erfahrene Scheidungsanwältin, in einem Interview genannt hatte, auf die Frage, wer sich warum vom anderen trenne. Sie hatte so etwas geantwortet wie: Männer trennen sich fast immer wegen einer anderen Frau, einer besseren, jüngeren, sexyeren. Während fast alle Frauen sich trennen, weil sie es einfach nicht länger aushalten können in der Ehe, wegen Sucht, Gewalt, wegen Misshandlung und Missbrauch, körperlichem und seelischem, wegen unerträglicher Aggression. Und so war es auch Helen ergangen: Sie hatte es nicht mehr ertragen können, sie konnte nicht mehr. Sie wollte nicht mehr angepöbelt werden, und sie wollte keine Angst mehr haben, wollte das nicht für sich und nicht für das Kind, für das sie sich mitängstigte. Sie konnte nicht mehr.

Dass Helen nach all dem nun doch wieder mit Paul zusammen war, das lag nicht an Geld und nicht daran, dass sie ihm noch einmal glaubte, denn das tat sie nicht, das lag an etwas anderem. Oder: an vielen anderem. An einem Stück Kuchen. Und an der Isolation, die einer Trennung unweigerlich folgt.

Denn das passiert, wenn man sich trennt: Man wird zu vielen Zusammenkünften der Pärchen- und Intaktfamilienwelt nicht mehr eingeladen. Nicht zu Gartenfesten oder Abendessen, ganz besonders nicht zu Hochzeiten. Man stört auf Hochzeiten, man ist wie ein böser Fluch, das Fanal dafür, dass es vielleicht nicht funktioniert, dass alles schiefgehen kann, vielleicht auch diese Ehe, und das wollen Eheschließende nicht.

Und weil Helen sich manchmal so unfassbar unsicher fühlte, so unversorgt (was sie nicht war, sie konnte sich und das Kind sehr gut versorgen, immer schon) und allein, was sie auch nicht war, sie hatte Freunde, Familie, aber.

Einmal, an einem Samstag, da war sie bei ihrer Schwester Sally (Familieneinladungen, da war man noch dabei, daraus konnte man nicht so leicht entfernt werden) zu einer kleinen Feier eingeladen gewesen, und sie hatte versprochen, dafür einen Kuchen zu backen. Den ganzen Samstagvormittag ging es ihr nicht gut, sie fühlte sich schwach, erschöpft, ihr Kreislauf war am Boden, ihr war übel. Den Kuchen backte sie trotzdem, ein großes Blech, obwohl sie sich zwischendurch ständig hinsetzen musste, was sie hasste. Nicht funktionieren, das hasste sie. Als er fertig war, packte sie den noch warmen Kuchen samt Hugo ins Auto, gab Kind und Kuchen bei der Party ab und entschuldigte sich: Sie müsse sich hinlegen, ihr ging's nicht gut, sorry, sie wurde getröstet und heimgeschickt und legte sich ins Bett, nun stark fiebernd. Am nächsten Tag kam ihre Schwester, brachte Hugo und das leere Kuchenblech, fragte, wie es Helen heute gehe, und sagte, der Kuchen sei sehr lecker gewesen und habe allen toll geschmeckt, vielen Dank. Helen, noch blass und angeschlagen, sagte: Geht schon besser, danke, und wartete, dass ihre Schwester ein in Alufolie gewickeltes Stück ihres Kuchens auf den Tisch legte, aber das tat sie nicht. Es war nichts übrig von dem Kuchen. Niemand hatte auch nur eine Sekunde daran gedacht, ein Stück Kuchen für Helen aufzuheben, für die Frau, die ihn, obschon angeschlagen, trotzdem gebacken hatte. Für niemanden war diese Frau wichtig genug, dass man gesagt hätte, he, die arme Helen liegt im Bett und ist krank, legen wir ihr doch ein Stück von ihrem leckeren Kuchen auf die Seite. Sie aßen den Kuchen einfach auf.

Nachdem ihre Schwester wieder gefahren war, lag Helen auf dem Sofa, immer noch krank, und sah im Geiste, wie sie saßen und aßen und wie niemand an sie dachte. Sie fühlte sich plötzlich allein, unsäglich allein. Sie setzte Hugo vor den Fernseher, ging ins Bett und hörte eine Stunde lang nicht mehr auf zu weinen. Konnte einfach irgendwie nicht mehr. Sie dachte: Ich kann nicht mehr. Sie dachte: Ich halte das nicht mehr aus. Sie dachte: Einer muss mir ein Stück Kuchen bringen, jemand muss sich um dieses Stück Kuchen für mich kümmern, ich brauche einen, der das für mich macht, und sei es, weil er das kraft eines Dokuments muss. Einer muss mir dieses Stück Kuchen bringen, wie soll ich leben, wenn mir niemand ein Stück Kuchen bringt. Irgendwer muss das tun. Für mich. Sie fühlte sich so allein, so allein, obwohl sie wusste, dass es nicht so war, obwohl sie es eigentlich wusste, dass sie Freunde hatte und Familie, Menschen, die sie liebten und sich um sie sorgten; auch wenn sie ein blödes Stück Kuchen vergessen hatten. Aber in diesem Moment, vor dem leeren, sorgfältig gespülten Kuchenblech auf dem Küchentisch: Da spürte sie das einfach nicht. Da fühlte sie nichts als totale Isolation und Einsamkeit, so stark, dass es ihr Angst machte, dass sie sich davor fürchtete, was das alles mit ihr machen könnte, wenn es noch schlimmer würde. Es war zu viel. Sie war noch nicht bereit.

Deshalb war sie zurück zu Paul, trotz allem. Deshalb hatte sie aufgegeben. Weil sie sich in manchen Momenten so unsicher fühlte, unversorgt und unbeschützt, obwohl sie das ohne Paul keineswegs war und mit Paul nicht weniger. Und weil Paul eine Weile nach der Trennung begonnen hatte, um sie zu kämpfen, überraschend entschlossen: Er trank nicht mehr, und er hörte auf zu koksen, er kümmerte sich ums Kind. Und ein paar Wochen lang tat er das sehr überzeugend, er schien es wirklich zu wollen. Aber dann nicht mehr. Dann verlor er die Verve der ersten Tage, die Euphorie des neuen, besseren Lebens verblasste, und er tat es, Helen merkte es, weil *sie* es wollte. Wegen ihr. Weil es ihre Bedingung war. Paul tat weiterhin so, als sei es sein Wunsch, als habe er sein Leben aus Vernunft und freien Stücken und mit Freude geändert, aber Helen kannte Paul und sah, dass er ihr was vormachte. Sie dachte: Okay. Fake it till you make it. Und er fakte clean sein, aber er wurde es nicht. Er ging zu AA-Treffen, einmal, zweimal, dreimal, und er erzählte ihr, dass er es tat, jedes Mal, stolz und beseelt von seinem neu entfachten Verantwortungsbewusstsein, für sich, seine Gesundheit, seine Familie.

Es hielt nicht an. Er erzählte von keinem vierten Mal. Und sie sah nun wieder das Unglück in seinen Augen, in seiner Haltung, in der schleppenden Trägheit seines Ganges. Sie sah das ungenügend kaschierte Desinteresse, wenn er sich mit dem Kind beschäftigte, die schlecht gespielte Begeisterung für die Geschichten, die Hugo ihm erzählte. Es war dann wieder etwas besser geworden, seine Laune, seine Zugewandtheit, und Helen hatte Hoffnung gefasst, Zuversicht, bis ihr an einem Abend, an dem diese Besserung etwas zu heftig spürbar wurde, zu euphorisch, plötzlich klar war, dass er betrog. Dass er nicht clean war. Er wirkte nicht betrunken, er war nur wach und konzentriert und kommunikativ, wie er es war, wenn er ein, zwei Bier oder Schnäpse trank, sein Lächeln war noch frisch. Sie kannte dieses Lächeln, das bis vier oder fünf Bier erst breiter und weicher wurde und dann so zirka ab dem sechsten Bier verschwand und Zynismus, Aggression und Bösartigkeit Platz machte. Seine Stimme veränderte sich, die Art, wie er sprach. Früher, wenn er angerufen hatte, konnte sie jederzeit am Telefon sagen, ob und wie viel er getrunken hatte, auf ein Glas Wein auf oder ab; sie wusste, ab wann er diesen verschwimmenden Blick bekam, den Helmut Berger jetzt hatte, auf jedem Foto.

Während er daheim einfach kaum mehr vorhanden war, wie ein Geist bei den gemeinsamen Abendessen mit dem Kind saß, mit dem Helen sich in den üblichen Konversationsschleifen unterhielt.

Wie war dein Tag?

Gut!

Was habt ihr gemacht in der Schule?

Nichts.

Wie nichts?

Nichts Besonderes halt.

Gespräche, wie sie sie immer führten beim Essen, aber immer öfter nahm Paul daran nicht teil, versank in Gedanken, wirkte schwermütig und unglücklich und merkte es gar nicht, war einfach woanders. Auch an diesem Abend hatte er über seinem Stück Fleisch gesessen, an seinem Ende des Tisches, stumpf und völlig abwesend. Sie hatte ihn von der Seite beobachtet, während sie mit Hugo und Hugos Freundin Ariel Kinderkonversationspingpong spielte.

«Was habt ihr gemacht heute im Hort?»

«Nichts.»

«Gar nichts? Es ist überhaupt nichts Interessantes gewesen heute?»

«Nein, nichts.»

«Doch! Der Papa von der Ylva hat eine Freundin!»

«Wie? Seine Freundin ist doch die Mama von der Ylva?»

«Nein, er hat jetzt auch eine andere Freundin, hat Ylva gesagt! Mit langen roten Haaren und einem Motorrad!»

Oha. Helen blickte hinüber zu Paul, um ihm einen Erwachsenenblick zuzuwerfen, he, hast du das gehört, Hanna und Herbert haben eine Krise, Herbert hat eine andere!, aber Paul hatte gar nicht gehört, was Hugo und Ariel da erzählten, sie waren gar nicht vorhanden in Pauls Universum. Paul selber war gar nicht da, nicht bei ihnen, er war nur körperlich anwesend, und in Helen sank der Mut, den sie mühevoll am Leben erhalten hatte, und sie merkte, dass sie ihn nicht mehr lange so künstlich beatmen würde können, es war nicht mehr viel von ihm da.

Aber später, nachdem sie Ariel die Klappmatratze hergerichtet und die Kinder ins Bett gebracht hatte, und nachdem Paul ihnen müde und freudlos – diese Freudlosigkeit, sie überwuchs und überwucherte ihn, schien seinen Organismus vollkommen zu übernehmen, mit ihm zu verwachsen – eine Gute-Nacht-Geschichte vorgelesen hatte, nachdem Helen ihn abgelöst und mit Hugo das lange, altmodische Schlaflied ihrer Großmutter gesungen hatte, das sie immer zusammen sangen, und dann noch für Ariel ein Schlafkindleinschlaf, da war sie zurück ins Wohnzimmer gegangen und hatte Paul munter vorgefunden, heiter und aufgekratzt, mit einem verschmitzten Lächeln, das sie lange nicht mehr an ihm gesehen hatte. Und mit einem Interesse an ihr und an dem, was sie sagte, das sie schon lange verloren geglaubt hatte. Und sie wusste sofort, was los war, was es war: Schnaps war es, oder Speed oder Coke, und sie warf einen Blick in seine Augen, ja, klar. Sie schaute wieder weg und sagte nichts. Wozu. Sie hatte jetzt Viktor, sie konnte jetzt mehr aushalten.

Sie konnte jetzt sein Schweigen aushalten, seine Abwesenheit, seine Wut. Und die Sache an ihrem fünfundvierzigsten Geburtstag, an dem Paul mit ihr und Hugo zu einem Heurigen in Niederösterreich fuhr, um dort mit ihrem Zwillingsbruder Daniel gemeinsam Geburtstag zu feiern. Daniels Freund Alex hatte das organisiert, Sally, ihre Schwester, würde mit ihrer Familie auch kommen. Helen freute sich, sogar Hugo freute sich, aber Paul war gereizt, schon als sie sich in Wien ins Auto setzten, und seine schlechte Laune zerstörte sofort ihre gute Stimmung. Sie fuhren los, durch die Stadt und hinaus, während eine «Drei Fragezeichen»-CD im Autoradio lief. Paul fuhr übers Land, über die Dörfer, und er fuhr viel zu schnell.

Helen äugte vorsichtig zum Tachometer, die digitale Anzeige zeigte 69 km/h.

Sie sagte: Wir sind im Ortsgebiet, fahr nicht so schnell!

Paul stieg auf die Bremse, mit voller Kraft, es drückte ihn und Helen und hinten Hugo in ihre Sicherheitsgurte. Paul stoppte das Auto, der CD-Player verstummte. Helen sah ihn entgeistert an, und Paul drehte sich zu ihr und beugte sich mit seinem ganzen Oberkörper über den Ganghebel und schrie ihr ins Gesicht: Halt doch mal das Maul, du dumme Schlampe! Sie war so geschockt und so verletzt, bis in die Knochen, sie wollte aus dem Auto springen und davonlaufen, aber sie hatte ein Kind hinten, und das Kind sollte seine Mutter nicht als verschrecktes, gedemütigtes Weibchen erleben, also schrie sie zurück, ob es ihm noch gutgehe, er sei fast siebzig gefahren, und er brüllte, er habe das so satt, dieses ständige Gemecker!, und hinten weinte Hugo und rief hörtaufhörtaufhörtauf.

Paul setzte sich wieder gerade hin, startete das Auto, das Hörspiel setzte wieder ein, und sie fuhren weiter, und Helen drehte sich zu Hugo um, lächelte und sagte, es sei alles okay, nur ein kleiner Streit, das komme eben manchmal vor, du streitest doch auch oft, mit Ariel oder mit Emil, alles in Ordnung, okay? Wir sind bald da. Dann lehnte sie sich in ihren Sitz und schaute zum Fenster hinaus und weinte sehr leise und ohne ihre Schultern zu bewegen. Nur mit den Augen, mit ganz kontrolliertem Atem. Tonlos, trostlos. Sie sprachen nichts mehr, bis kurz bevor sie bei dem Heurigen ankamen. Auf dem letzten Stück des Weges klappte Helen den Spiegel herunter und schminkte ganz ruhig ihre Lippen und rieb dabei ihre Augen wieder klar.

«Tut mir leid», sagte Paul, «es war halt …»

«Schon okay», sagte Helen, aber es war nicht okay, überhaupt nicht, nicht einmal im Ansatz.

Sie stieg aus und öffnete Hugo die Tür, und Daniel und Alex waren schon da, und sie begrüßten sich mit Hallo und Wieschön, und der Heurige war wundervoll, mit grandioser Aussicht über die Weinberge, und das Essen war phantastisch, und als Alex die riesige Torte brachte, zauberte Paul ein sorgfältig eingepacktes Geschenk für Helen hervor, das ein kleines Original einer Künstlerin enthielt, die Helen sehr mochte, und einen Herzanhänger von Tiffany. Wunderschön. Es war ein wirklich tolles Geschenk, und sie dankte Paul überschwänglich, und sie küsste ihn, und sie hätte die gespielte Freude gerne wirklich gespürt, aber nichts stimmte. Sie spürte nur Trostlosigkeit. Da war nichts mehr. Es war alles sinnlos. Letztlich brachte Paul ihr auch keinen Kuchen, wenn sie ihn brauchte, kein einziges Stück. Sie war mit Paul so allein wie ohne Paul, noch alleiner manchmal. Also nahm sie sich ihr Stück Kuchen selber, und es hieß Viktor und war gut, es war genau das, was sie gerade brauchte.

Helens Handy summte noch einmal, es war Viktor, und auch diesmal hob sie nicht ab.

Wieso hob Helen nicht ab? Viktor hatte eigentlich keine Zeit zum Telefonieren und auch nicht wirklich Lust, aber er wollte sich ihrer stabilen Zugewandtheit gewiss sein, er musste sicher sein können, dass sie noch auf ihn stand, erstens aus Prinzip, zweitens, weil alles andere seine Eitelkeit gekränkt hätte, drittens weil es gefährlich würde, wenn sie nicht mehr auf ihn stand. Was war das vorhin mit Sam gewesen, bitte? Es war alles absurd riskant mit ihr, was es selbstverständlich extrem aufregend machte. Was Viktor im Kontext mit seinen Geliebten machte, war grundsätzlich alles verwerflich und verboten, aber das mit Helen war noch verwerflicher und verbotener, mehr falsch ging gar nicht. Sie war eine Freundin von Magda, keine enge, aber doch, und es war obszön falsch, exzessiv unaufrichtig, abartig und unreif, und genau deshalb konnte er es auch nicht beenden. Es war wie Chili, wenn man bisher nur Pfeffer kannte, es wirkte wie gutes Kokain auf einen überzeugten Koffeinisten. Und Viktor war ein typischer Süchtiger, der immer mehr brauchte, noch mehr, eine noch stärkere Droge, und Helen war so gesehen seine bisher stärkste. Es war ein Drang. Na ja, eher ein Zwang. Ein zwingender Drang, ein drängender Zwang, mit dem er sich in guter Gesellschaft wusste.

Plus: Es war, wie er sich einmal im Monat für hundertfünfundsiebzig Euro die Stunde von Psychiater Univ.-

Prof. Dr. Alfred Serafin bestätigen ließ, eine Störung. Es handle sich bei Hypersexualität um eine Zwangsstörung, so Serafin, oder auch, was Viktor fast noch besser gefiel: eine Impulskontrollstörung. Sehr schön, fand Viktor, dem auch der Begriff «Hypersexualität» entschieden mehr behagte als «Sexsucht». Sucht, das war so etwas Niederes, Sucht konnte sozusagen jeder, das konnte sich jeder Idiot zulegen, in irgendeiner Form, Nikotinsucht oder etwas noch Niedrigeres. Selbst Zucker galt ja als Suchtmittel, heutzutage. Viktor dagegen leide, wie er, Serafin es sähe, unter einer Störung der Gehirnrezeptoren oder einer Neurotransmitterstörung, und das hörte Viktor wirklich, wirklich gerne. Er war ein Opfer seiner Neurotransmitter, er wurde von seinem Gehirn gesteuert, gegen seinen moralischen Willen sozusagen, er konnte nichts dafür. Es gefiel Viktor zudem, dass Serafin willens schien, Viktors Problem nicht nur als Folge seiner juvenilen Unsichtbarkeit aufzufassen, die vermutlich den Zwang ausgelöst hatte, sich in den Augen möglichst vieler Frauen sichtbar zu machen und zu spiegeln. Sondern sein Problem biologisch zu betrachten: Es handle sich möglicherweise, so Serafin, um eine Störung des dopaminergen Systems.

Was Viktor dann alles zu einer Diagnose und einem Schluss zusammenwurschtelte: Er war kein schlechter Mensch. Schuldlosigkeit aufgrund von Rezeptorenturbulenz und Transmitterkarambolage. Und es gab sogar ein Medikament dagegen, mit dem schönen Namen Dependex. Viktor besaß eine angebrochene Packung davon und ein Rezept für eine neue, ein Beweis dafür, dass er etwas dagegen tat und etwas dagegen nahm, er ging mit seinem Leiden um, er hatte einen Zustand dazu, mehr noch: einen Heilungswunsch, einen beweisbaren Genesungswillen, ein Problemlösungsbewusstsein. Er konnte nichts dafür, dass Therapie und Medikament nicht so wirkten, wie sie sollten. Oder dass Professor Serafin bei ihm versagte.

Viktor war aus Neugier hingegangen, er wollte wissen, wie sich das anfühlte, was das mit ihm machen würde. Wobei es ihn in erster Linie ärmer machte, denn es begann immer gleich: Viktor betrat die riesige Praxis in einem Gründerzeithaus, Serafin schüttelte seine Hand, schloss die doppelte Flügeltüre hinter ihm und wies ihm den Weg zu seinem Sessel. Dann baute er stets zunächst ein kleines Kreditkartengerät vor Viktor auf und buchte von Viktors Karte das Honorar für die Stunde ab. Er starrte so lange still und unbewegt auf das Kreditkartengerät, bis es zu rattern anfing und einen Beleg ausspuckte. Dann setzte sich auch Serafin in Betrieb, und er überreichte Viktor den Beleg mit einem aufmunternden Lächeln, das Viktor verhieß: So, jetzt bin ich da, legen Sie los.

Und Viktor legte los, als sei die Therapie ein Beichtstuhl. Er zählte seine Sünden auf und holte sich dann seine Absolution, für hundertfünfundsiebzig Euro die Stunde, eigentlich wahnwitzige zweihundertzehn Euro, denn eine Stunde dauerte bei Doktor Serafin genau genommen nur fünfzig Minuten. In der letzten Minute klappte Serafin sein großes, rotes Moleskine zu, als sei es das heilige Testament, amen, *ego te absolvo*. Das sagte Serafin natürlich nicht, das sagte Viktor, in Gedanken, jedes Mal, wenn das Buch mit einem leisen Plopp zufiel, danke, das war's. In jeder Sitzung ließ Viktor sich von seinem Psychiater freisprechen, wobei es letztlich fast einerlei war, was der Psychiater sagte. Er sagte nicht viel. Allein die Tatsache, dass er etwas sagte, besser: dass er Viktor zuhörte, dass Viktor da war und vor sich hin redete, vor allem aber: dass er dafür derartige Summen ausgab, sprach Viktor von seinen Sünden frei. Bitte, seht her, Viktor bemühte sich, ein besserer Mensch zu werden, jeden ersten Donnerstag im Monat von vierzehn bis fünfzehn Uhr, er bezahlte dafür, er stellte sich seiner Krankheit, er trat ihr entgegen, mannhaft, er kämpfte gegen sie. Er war nur eben noch nicht stark genug, um vollends gegen sein Leiden anzukommen oder es gar zu besiegen. Stattdessen besiegte es noch immer ihn, zwei-, drei-, im Idealfall viermal die Woche besiegte das Leiden Viktor und warf ihn auf die Matte wie ein Hyper-Sumo-Ringer, gegen den ein achtjähriger Judoka kämpft; tapfer, schmerzhaft und sinnlos. Ach. So ähnlich, wie Magda jeden Abend schlagartig klarwurde, dass sie Raucherin war und jetzt auf der Stelle und sofort eine Zigarette brauchte, nachdem sie den ganzen Tag nicht ein einziges Mal den Drang zu rauchen verspürt und deshalb keine Zigaretten besorgt hatte. Sie rauchte ja nicht. Also, bis sie rauchte. Etwa so versuchte sich Viktor einzureden, er sei ein ganz normaler treuer Ehemann: bis zu dem Moment, in dem er es eben nicht mehr war. Und er war es nun eben relativ oft nicht, und er war es dann jeweils gerne nicht, und Schuldgefühle hatte er eigentlich auch keine. Oder meistens nicht, siehe das Wochenende mit Magda und den «Americans».

Natürlich musste dem Professor klar sein, dass Viktor

ihn und die Therapie als Deckmantel benutzte, als Rechtfertigung, um letztlich noch ungenierter mit dem weitermachen zu können, von dem er vorgeblich geheilt werden wollte. Auch dafür existierte vermutlich ein Fachausdruck, nach
welchem er aber gerade Doktor Serafin nicht fragen konnte, denn das hätte seine Tarnung zerstört, oder besser das
Einvernehmen, das er mit seinem Therapeuten über diese
Tarnung pflegte. Letztlich war Viktors Selbstbild realistisch
genug, er wusste schon, was ihn antrieb, er suchte nur nach
einer offiziellen Rechtfertigung dafür, und beide taten sie
so, als sei Viktors Ansinnen, ein gesunder Mensch mit einem
gesunden Sexualleben zu werden, ehrlich und ernsthaft.
Wobei Viktor nicht ganz klar war, warum Serafin sein doch
leicht durchschaubares Spiel mitspielte, ob das zur Therapie
gehörte. Serafin tat es jedenfalls mitunter so überzeugend,
dass Viktor dann fast selber glaubte, er sei wirklich krank,
nicht nur ein windiger Charakter, der seine schwache Mo-
ral mit einer Diagnose zu ummanteln versuchte. Auch das
sagte Serafin selbstverständlich nicht, aber Viktor wusste,
dass er es wusste. Dass er wusste, dass Viktor nur so tat, als
stelle er sich seinem Problem, als wolle er es lösen. In Wirklichkeit errichtete Viktor ein potemkinsches Therapiedorf,
das ihm als eine Art Panic Room dienen könnte, in den er,
so hoffte er, sich straflos würde zurückziehen können, falls
sein Lügengebäude doch einmal zusammenbrach, falls doch
einmal alles explodierte, eine seiner Geliebten die Bombe
hochgehen ließe, was, klopfklopfklopf, niemals passieren
sollte, gnade Gott. Aber falls. Dann würde Viktor sagen
können: Seht, ich habe es nicht ohne Einsicht in meine

Vergehen getan, ich habe mein Problem erkannt und mich damit auseinandergesetzt, und seht vor allem: Ich habe mir Hilfe geholt, bei dem anerkannten Sucht- und Sexualtherapeuten Prof. Dr. Alfred Serafin habe ich entschlossen dagegen gekämpft, ich habe etwas dagegen unternommen. Es ist übrigens eine Impulskontrollstörung. Und ich nehme sogar etwas dagegen, dieses Dependex: Seht! Ich habe es doch VERSUCHT!

Es war kein völlig friktionsfreies Verhältnis, das Viktor mit seinem Therapeuten hatte. Mehr als einmal überkam Viktor der Verdacht, sein Psychiater versuche, einen Abschluss der Therapie durch zarte Andeutungen eines demnächst eventuell zu erreichenden Therapieziels herbeizureden, was Viktor stets durch maximal schockierende Rückfallberichte und die Vernichtung jeglichen vermeintlichen Erfolges zu ruinieren wusste. Aber meistens sagte er nicht viel. Er nickte, wenn Viktor redete, oder er nickte nicht. Manchmal sagte er ein paar Sätze. Manchmal fragte er nach. Viktor sprach über die Dramatik seiner angeborenen Unsichtbarkeit, die Traumata seiner Jugend, in der er ständig übersehen, verwechselt, nicht wahrgenommen worden sei, in der Viktor kein Vertrauen entwickeln habe können in die Stabilität von Beziehungen, ja, in seine Existenz als solche, das spiele bei seiner gesteigerten Triebhaftigkeit doch gewiss eine Rolle. Dass er seine Sichtbarkeit zu erhöhen trachte, indem er körperlichen Eindruck bei möglichst vielen Frauen hinterließ, sich in vielen Augen spiegle, das sei doch erklärlich.

Serafin schaute oder nickte, Serafin fragte nach oder

nicht. Viktor redete, und je öfter er das in diesen Räumen tat, desto weniger glaubte er an Prof. Dr. Serafin, denn ein Therapeut, der die Untherapierbarkeit seines Patienten nicht sah, war ein schlechter Therapeut. Falls Serafin aber Viktors Absicht längst durchschaut hatte und ihn trotzdem weiterhin Monat für Monat um hundertfünfundsiebzig, eigentlich zweihundertzehn Euro erleichterte, fand Viktor das nicht minder windig. Und so setzten sie ihr beiderseitig profitables Verhältnis in einem gewissen Einvernehmen fort. Viktor zahlte für seine Absolution, der Professor erteilte sie ihm, jeden Donnerstag um vierzehn Uhr fünfzig, wenn sein rotes Buch zufiel.

Mit Helen. Es war so gewesen. Sie hatte sich dann tatsächlich, wie in diesem Urlaub in Italien angekündigt, von Paul getrennt. Magda hatte ihn über die Details auf dem Laufenden gehalten, es hatte viel Gerede gegeben. Der Rausschmiss, Pauls Umzug in ein viel zu schäbiges Hotel (absichtlich, sagte Magda, macht er absichtlich, Helen würde ihm sogar Geld für eine bessere Unterkunft geben, aber er will sie bestrafen), die junge Freundin, Künstlerin natürlich, die er fast sofort aus dem Hut zauberte. Die Troubles mit Kind und Geld und Wohnung, der Abzug der jungen Freundin, (nichts über einen neuen Kerl bei Helen), die Paartherapie, der Abbruch der Paartherapie. Viktor hatte ihr nach langer Überlegung und gegen seine Überzeugung zwei oder drei poetische Mails geschickt, die aufrichtigen (na ja) Zuspruch enthielten, Mitgefühl und Verständnis, aber auch muntere, wenig subtil verklausulierte Einladungen zum Koitus. Helen hatte auf keines dieser Mails reagiert. Zwei Wochen, nachdem Viktor von Magda mit der Nachricht überrascht wurde, dass Paul wieder bei Helen eingezogen war, bekam er einen Anruf von unbekannter Nummer, nachmittags; er saß gerade mit Flüchtlingssozialarbeitern, Fluchthelfern, zwei Kuratorinnen, Künstlerinnen und Assistenten (kein Flüchtling dabei, wie ihm erst später bewusst wurde, nicht einmal jemand mit Flucht- oder Migrationshintergrund) in einem Meeting zur Festival-Ausstellung und befand sich eben inmitten einer krachenden, mitreißenden Ansprache, wie das werden müsse und dass es wirken müsse wie Schlingensiefs Container, nur aktueller, noch ärger, noch zündender.

Er sah sein Handy vibrieren und wurde davon in seinem deklamatorischen Schwung gebremst, Himmelheiliger, er hasste den Anrufer augenblicklich, wer immer es war. Unbekannte Nummer, Arschloch, er würde nicht abheben, sicher nicht. Es vibrierte lange, endlos, es hörte gar nicht mehr auf. Viktor geriet unschön ins Stocken, auch Lisa neben ihm wurde schon unruhig, und die Sozialarbeiterin vis-à-vis begann, nervös in ihr Tablet zu tippen. Das Vibrieren hörte endlich auf, Viktor holte tief Luft. Es vibrierte erneut, und Viktor hielt es nicht mehr aus.

«Ich muss da mal rangehen», sagte er und tippte auf den grünen Button.

Helen sagte: «Du kannst jetzt kommen.»

«Einen Moment», flüsterte Viktor, während er mit entschuldigendem Grinsen den Tisch verließ, «Helen?»

«Du kannst jetzt kommen», sagte Helen noch einmal.

«Wohin?», sagte Viktor, der endlich genug Distanz zum Besprechungstisch hatte. Loftbüros. Schön, aber scheiße.

«In meine Kanzlei», sagte Helen, nannte ihm eine Adresse und legte auf.

Viktor ging noch einmal zurück und erklärte dem Meeting, es sei leider ein Notfall, es tue ihm sehr leid, man müsse ohne ihn weitermachen, Lisa sei aber über alles informiert. Das stimmte nicht, Lisa war überhaupt nicht informiert, weil es noch sehr wenig Information gab, aber Lisa konnte gut improvisieren, deshalb hatte er ihr den Assistentenjob gegeben. (Und weil sie für jeden sichtbar eine Lesbe war, mit ihren seitlich rasierten Haaren, Undercut nannte man das wohl, mit ihren bunten Sneakers und den schmalen grauen oder khakifarbenen Cargohosen, mit ihren geraden Männer-T-Shirts über dem kaum vorhandenen Busen. Anzughosen und straighte Hemden, wenn der Anlass förmlicher war. Lesbe Lisa war in vielerlei Hinsicht gut für Viktor: a) bewies sie, dass Viktor Job und Sex zu trennen wusste, denn man konnte b) in Viktors Position eigentlich jede vögeln, nur nicht die eigene Assistentin, das taten nur Spießer, Provinzpolitiker und Banker der mittleren Führungsebene; c) wirkte es modern und extrem aufgeschlossen, einen schwulen Referenten hatte ja mittlerweile jeder Kleinstadtbürgermeister, lesbische Assistentinnen dagegen waren noch einigermaßen rar und exotisch. Viktor war sehr stolz auf Lisa, nein, auf seine Lisawahl, so eine Lisa passierte einem ja nicht zufällig, für so eine Lisa musste man prädestiniert sein, und er hatte sie gerne an seiner Seite.)

Viktor war aus dem hellen, ebenerdigen Loft geeilt, das ihm der Steuerzahler finanzierte, hatte im Vorbeigehen sein an seinem Industrieschreibtisch lehnendes Rad genommen – das schicke Puch Mistral, ausnahmsweise, das kindersitzfreie, weil er an diesem Tag kein Kind zu bringen oder zu holen hatte. Er hatte sich schon im Innenhof der alten Seifenfabrik auf das Rad geschwungen und dann noch mal angehalten, um die Adresse, die Helen ihm genannt hatte, in seine Bike-Navi-App einzugeben. Dann war Viktor losgefahren, ein Vierzehn-Minuten-Weg, für den er mit dem Taxi eine Dreiviertelstunde gebraucht hätte.

Er mochte es, mit dem Rad durch die Stadt zu rasen, und heute besonders. Das Rad, das Tempo, das er darauf bekam, der frühe Frühlingswind, der ihm um die Nase wehte, und vor allem natürlich die Aussicht auf frischen, ganz neuen Sex mit einer Frau mit wahnsinnigen Haaren, die ihn offenbar begehrenswert fand: Es machte, dass er sich jung fühlte, nicht wie bald fünfzig. Scheißalter, dieses Fünfzig, er hatte nur noch ein paar Monate bis dahin. Wenn man fünfzig war, begannen sie, dir Pensionisten-Zeitschriften zu schicken und dich mit Pflichtuntersuchungen zu nerven, Edith, die ein paar Jahre älter war als er, hatte sich schon darüber beklagt. Das klang auch einfach derart beschissen: fünfzig. Fünf. Zig. Fünfzig. Auch so scheißhässlich das Wort, vierzig, das konnte man aussprechen, aber fünfzig: Es klang, als würde man auf eine riesige Nacktschnecke treten. Es gab keine Art, das Wort fünfzig elegant auszusprechen oder auch nur irgendwie so, dass es nicht beschissen klang, man stolperte zwingend von dem mittleren Eff weg über das Zett oder in das Zett hinein, die Zunge verknotete sich, der ganze Sprechapparat war von einem organischen Unwillen gehandicapt, das Wort auszusprechen. Fünfzig. Oder einfacher: alt. ALT. Viktor Kirchner, alt.

Aber jetzt war er nicht alt, keine fünfundvierzig war er jetzt, so rein mental, während er durch eine schmale Gasse in der Innenstadt stob und einem Autofahrer, der ihn an den Randstein drängte, den Zeigefinger zeigte (der Zeigefinger: der Mittelfinger der Lässigen), lächelnd, nicht wie üblich mit brüllend vorgebrachten Beleidigungen und die Männlichkeit herabwürdigenden Kraftausdrücken. Er konnte es sich heute leisten, großzügig zu sein, bitte, gern. Die App führte ihn umweglos in Helens Straße und vor ihre Haustür. Er fand ihren Namen auf dem Klingelschild, Mag. H. Stankovski, und dann noch einmal, schön graviert in einer eleganten Serifenschrift, auf einem Messingschild neben der Tür, Mag. H. Stankovski, Anwaltskanzlei, Mezzanin, in einer schönen Serifenschrift, wieder nur H Punkt. Sie versuchte wohl zu verschleiern, dass sie eine Frau war, es gab vermutlich immer noch genug Klientel, die einer Frau weniger zutraute als einem Mann, speziell wenn es um Recht ging und um einen Auftritt vor Gericht. Viktor drückte auf die Klingel, er hörte ein Knacksen, dann ein Summen, er drückte das Tor auf. Viktor ging schnellen Schritts durch die kühle Halle, die Stiegen hinauf ins Mezzanin, die Tür stand einen Spalt offen. Er trat ein und schloss die Tür hinter sich. Viktor erblickte ein leeres, wenig charaktervolles Vorzimmer und einen schmalen, neutralen, unbesetzten Empfangsschreibtisch, der Raum war ordentlich und offensichtlich abschreckungsvermeidend unexklusiv eingerichtet, um Klienten nicht das Gefühl zu geben, dass ihre gepfefferten Honorare für sündteure, handgeschnitzte Vorzimmereinrichtungen verjubelt wurden, weil in der Villa am Wasser und auf der Yacht in der kroatischen Marina bereits kein Platz mehr für schicke Designerinterieurs war. Rechts neben dem Schreibtisch ging eine Tür ab. Sie stand offen. Er vernahm Helens Stimme durch die Tür.

«Viktor.»

Viktor ging hinein. Sie lag auf einem schmalen Diwan, der an der Stirnseite ihres Büros unter einem großen Gemälde von Paul stand. Sie sah ganz anders aus als im Urlaub oder wann immer er sie sonst gesehen hatte, sehr, sehr förmlich, in einem schmalen dunkelblauen Rock mit einer hellblauen Bluse, nur ihre Haare erkannte er, und die nackten, goldenen, übereinandergeschlagenen Beine. Biedere dunkelblaue Pumps mit kleinen Absätzen lagen neben dem Sofa. So sah sie also aus, wenn sie Klienten empfing und vor Gericht vertrat.

Helen sagte: «Hallo, Viktor.»

«Hello Helen», sagte Viktor.

Er betrachtete sie. Sie gefiel ihm, wie sie da auf dem braunen Leder lag, sie gefiel ihm fast noch mehr als in Italien. Ihr blondes Gebüsch war zusammengebunden und floss seitlich über den Diwan. Sie senkte einen Collegeblock und einen Stift auf ihre Brust und blickte ihm durch ihre Sekretärinnenbrille ungeniert keck in die Augen. Ihr Mund war wie ein Emoji für Sarkasmus. Er nahm ihr den Collegeblock und den Stift ab und warf ihn über seine Schulter quer durch das Zimmer, irgendwie in die Richtung ihres Palisanderschreibtisches. Er traf nicht annähernd, der Block schlitterte am Schreibtisch vorbei und wurde von der Kante eines Teppichs gestoppt.

Sie sagte: «He.»

Er schob ihren Rock hoch, zog ihr den Slip aus und leckte sie, bis sie ihn an den Ohren nach oben zog. Sie wollte lieber gleich ficken, aha, interessant, also zog Viktor seine Hose aus und fickte sie. Ihr Busch war dunkelbraun, was eine Frage beantwortete, die Viktor sich damals im Italienurlaub übertrieben oft gestellt hatte. Sie stöhnte erst leise, dann laut und kam vor ihm, mit einem gurgelnden Geräusch, das klang wie ein beidhändiger Akkord auf einer Bontempi-Orgel.

Dann

Es war früher Abend, als Magda die SMS bekam. Den Nachmittag hatte sie im Schrebergarten verbracht, nicht allein, mit Freundinnen, Kindern. Ihre beste Freundin Vesna war da, mit den Kindern. Rita war schon am Mittag heraufgefahren, mit den Zwillingen, Edith war gerade dazugekommen, direkt von der Arbeit, und hatte dankbar den Aperol Spritz hinuntergeschüttet, den Magda ihr in die Hand gedrückt hatte. Noch einen? Unbedingt; so ein Scheißtag war das. Viktors Schwester Annemarie war mit ihren drei Orgelpfeifenkindern da, acht, neun und elf, alle blond, alle gleich angezogen. Dieser William war da, ein New Yorker Choreograph, den Viktor irgendwann angeschleppt hatte, mit seinem Sohn, Jackson, der auch so acht oder neun war. Oder zehn. Die kleineren Kinder planschten seit Stunden mit Schwimmflügeln und Aufblastieren in dem kleinen, himmelblauen Pool, in den eine steinerne Treppe führte: Ein altes, gemauertes und mit dicker, fester Farbe gestrichenes Becken, in das Magda sich sofort verliebt hatte, als sie den Garten zum ersten Mal sah. Und in dessen unmittelbare Nähe sie nun Tisch und Sonnenschirm gerückt hatte; nur nie die kleineren Kinder aus den Augen lassen, auch wenn sie alle Schwimmflügel hatten und strikte Anweisung, sie nie, nie, niemals abzustreifen: Das dürfen nur Erwachsene, hörst du? Die Kinder wurden periodisch von den Erziehungsberechtigten aus dem Wasser geholt, mit bunten Badetüchern abgerubbelt, mit Schleckeis aus dem Tiefkühlfach gefüttert (zu Annemaries Missvergnügen, das Magda herzlich egal war) und dick mit Sonnencreme eingeschmiert, die nach Sommer roch. Es gab offenbar, hatte Magda beim Kauf der Creme festgestellt, einen genuinen, allgemein identifizierbaren Sommergeruch, der sich Cremen beimengen und in Tuben füllen ließ, und je höher der Sonnenschutzfaktor, desto intensiver der Geruch, und am stärksten nach Sommer riechen die Sonnencremen für kleine Kinder, die überall Spuren hinterlassen. Sogar auf den Badematten (die hölzernen Klappliegen hat Annemarie gleich weggeräumt, zu gefährlich, sie erzählte von einem Kind, das durch so eine Klappliege zwei Finger verlor, eine Geschichte, die Magda nicht glaubte), auf den Saftbechern (Saft, noch so ein Annemarie-Thema, da war auch nur Wasser drin, bewährte sich aber diesfalls, wegen der Wespen) und auf dem Holzboden der Veranda. Die größeren Kinder drängten sich drüben in der schattigen Laube um Jackson, der nur kurz im Wasser gewesen war und nun in der Hängematte mit seinem Handy spielte, was nun Magda nicht behagte, die nicht sehr konsequent war, was Unterhaltungselektronik im Kinderzimmer anging, außer sommers, wenn man in einem Garten war.

Für Magda, die als Kind in einem gartenlosen Wohnblock aufgewachsen war, gab es nichts Besseres: ein Garten, Sonne, Wiese, Bäume zum Hinaufklettern, Wasser aus einem Schlauch, ein Planschbecken. Und sie hatte jetzt sogar einen kleinen Pool! Deshalb hatte sie auch so dringend diesen Schrebergarten gewollt, hatte keine Ruhe gegeben, bis Vik-

tor endlich nachgegeben hatte: Kinder brauchen einen Garten! Sie müssen barfuß gehen können, ohne in Hundeschei-
ße zu treten, in Glasscherben oder in gebrauchte Spritzen!
Kinder brauchen frische Luft, und nein, der Spielplatz reicht
nicht, sie brauchen eine Wiese und Büsche und Wasser und
Nachbarskinder, mit denen sie Unsinn machen können!
Nachbarskinder im richtigen Alter gab es hier dann leider
kaum welche, eher Nachbarsgreise, die den Unsinn, den die
Kinder dennoch machten, nicht sonderlich goutierten, und
die regelmäßig auf der Matte standen, um sich über den
Lärm und nicht eingehaltene Vorschriften der Kleingarten-
vereinsordnung zu beschweren, was Magda hier rein- und
da rausging.

Sie hatte endlich einen Garten, sie war erst mal glücklich.
Ihre Kamera lag immer in ihrer Nähe, sie fotografierte alles,
permanent, immer wieder. Den Garten, die Kinder beim
Spielen, die Freunde um den Tisch, warm beleuchtet von
den Solargirlanden, die Magda kreuz und quer über die Veranda gespannt hatte und die, worüber sich die Nachbarn
auch beschwerten, bis tief in die Nacht hinein leise leuch-
teten. Abends, zu Hause in der Stadtwohnung, manchmal
noch am gleichen Abend, saß Magda am Küchentisch und
sah sich die Bilder auf dem Laptop an, Bilder von Menschen
im Grünen, von Sonnenflecken, die den Garten verzierten,
von Mondlicht, das ihn überstrahlte, und war noch einmal
glücklich. Es war so schön. Schau, es ist so schön! Auch die
Sterne leuchten viel heller hier!
    Und wenn man eben schon so ein Privileg hatte, so einen

Luxus wie diese Gartenoase, dann sollten Kinder darin Gartendinge machen und nicht mit dem Handy spielen. Schon die ganze Zeit wollte sie Jackson das Handy wegnehmen, hatte überlegt, wie sie das machen könnte. Sie fand, dass in ihrem Haus ihre Regeln gelten sollten, und die betreffende Regel lautete hier: Keine Elektronik vor Einbruch der Dunkelheit. Es gab Wasser, es gab Spritzpistolen und ein hübsches kleines Baumhaus, das Magdas Vater im Frühling gebaut und tagelang mit dem Akkuschrauber befestigt und gesichert hatte. Aber der Pool ist winzig!, das hatte dieser Jackson, kaum war er durch das Gartentor, moniert, das ist doch gar kein richtiger Pool! Das ist ja nur ein Babybecken! Das Kind hatte mit hängenden Schultern beim Gartentor gestanden, die Miene zur Anklage verzerrt, der Mund verbogen zu einem einzigen Vorwurf: Aber du hast einen *richtigen* Pool versprochen! Offenbar war Jackson von William ein Sportbecken in Aussicht gestellt worden. War er nicht schon einmal hier gewesen, mit Viktor? Was dazu führte, dass Magda sich jetzt für ihre armselige Minderbepooltheit genierte, als würde ein Dreißig-Meter-Pool zur vertraglich garantierten Grundausstattung eines Schrebergartens gehören. Natürlich nicht. Heiliger. Die Leute hatten Vorstellungen vom Leben. Und die Kinder waren so was von verwöhnt … Sie konnte Jackson nicht leiden, was lächerlich war, bei einem Acht- oder Neunjährigen.

Sie kam sonst mit den meisten Kindern gut zurecht, sie hatte gern Kinder um sich, sie sprach mit ihnen, scherzte und machte Quatsch mit ihnen, fotografierte sie auf eine Weise, die die Kinder mochten, weil sie sich dabei wichtig vorkamen, sie interessierte sich für ihre Kindergeschichten und Kinderprobleme und nahm sie ernst; sie war keine dieser Mütter, die Kinder von oben herab behandeln, mit schlecht verhohlenem Desinteresse, jaja, schönschön, ach wie lustig. Aber dieser Jackson, mit dem konnte sie nicht, obwohl sie seinen Vater mochte, der war ein ruhiger, zuvorkommender, höflicher Mensch, ganz anders als sein Sohn.

Sie hatte Jacksons Beschwerde freundlich und unbeschwert weggelächelt und dem Kind einen Saft angeboten, sie kannte William ja nicht so gut, er war zum ersten Mal bei ihnen, und eigentlich kannte er sowieso nur Viktor, war aber offenbar über jede Form von Unterhaltung und Gesellschaft für seinen Sohn sehr froh. Man pflegte jedenfalls noch eine freundlich-höfliche Distanz, was auch bedeutete, dass man den Kindern des anderen noch nicht zu nahe trat. Ediths Zwillinge, Vesnas Rotzpippen, sogar die Orgelpfeifen: Die konnte Magda auch mal freundlich zurechtweisen, das war okay, auch wenn sie dabei mitunter einen schiefen Blick von Annemarie kassierte, die sich aber lieber auf keine Debatte einließ. Weil Kinder und der korrekte Umgang mit ihnen ein ewiger Quell des Ärgers von und zwischen Erwachsenen war. Alles war verhandelbar, nur niemals der individuelle Erziehungsstil des oder der jeweiligen Erziehungsberechtigten nichteigener Kinder.

Viktor hätte längst da sein sollen, hatte aber, wie so oft, angerufen, dass ihm wieder mal etwas dazwischengekommen war, eine wichtige Besprechung wegen irgendeiner Katastrophe, die das Festival betraf, so was gab es ständig, er würde vielleicht später noch kommen, vielleicht. Sie glaubt kaum, dass er nach einem langen, aufreibenden Tag noch mit dem Fahrrad hier rausradeln würde … Der Tag war heiß gewesen, es war noch immer sehr warm, und die Sonne stand noch immer hoch. Die Kinder spielten, die Erwachsenen lümmelten auf Plastikrattan-Möbeln und tranken Aperol Spritz und Holunder-Bier, außer Rita mit ihrem Mineralwasser, wie immer. Sie war keine verbiesterte Antialkoholikerin, sondern mochte Alkohol einfach nicht, hatte ihn nie gemocht. Konnte Magda nie verstehen, aber. Gut.

Magda saß, während die anderen sich unterhielten, zufrieden mit ihrer Kamera im Sessel und zwirbelte sich die Haare, vor sich die Freunde, die Kinder, die Aussicht, die sie jedes Mal wieder entzückte und von der sie auch jetzt ein Foto schoss: das Grün und Bunt des Gartens, Blumen, Baumschatten, Sonnenwärme, unter ihr die Stadt in diesigem Dunst; die Gespräche der Kinder, die nun mit Saft und Eis und bunten Badetüchern auf einer Picknickdecke lümmelten und sich irgendwas erzählten. Sie wäre am liebsten die ganze Zeit hier oben, das ganze Jahr. So sollte es sein, immer.

«Wir essen ja fast kein Fleisch mehr», hörte sie Vesna sagen. «Selbst Richard kocht jetzt immer öfter vegetarisch. Früher hat er nur Fleisch gekocht, immer.»

«Sei froh, dass dein Mann überhaupt kocht», sagte Annemarie.

«Oder deine Frau», sagte Rita. Edith grinste ertappt, aber es war gespielt.

«Du kochst nicht gern?», fragte William.

«Ich kann's nicht», sagte Edith.

«Du willst nicht», sagte Rita.

«Deswegen habe ich doch eine Köchin geheiratet», sagte Edith.

Das Gespräch plänkelte dahin, alles unwichtig, alles gut.

Magda ließ sich zurücksinken, trank von dem orangen Getränk in ihrem Glas und lauschte hinüber, zu den Kindern.

«Ein Delphin nutzt nur zehn Prozent seines Gehirns.»

«Was?»

«Aber das Mädchen ist kein Geist, sondern …»

«Ein Delphin!»

«Woher weißt du das?»

«Aus dem Film!»

«Welcher Film?»

«Dem Film über die Delphine!»

«Und es spukt auf dieser Insel, und er meint, sie ist tot, und dann ist es aber ein anderes Mädchen, das schneidet dem anderen Kind die Kehle durch.»

«So was darfst du dir anschauen?»

«Nein, das ist ja ein Buch, das darf ich.»

«Was für ein Buch, ich dachte, es ist ein Film?»

«Das über die Delphine ist ein Film! Die Horrorgeschichte ist ein Buch!»

So war Magdas Leben, als die SMS darin eindrang und ein Loch hineinmachte. Alles mellow, alles easy. Ein Kind tat sich weh, man küsste es und tröstete es und pustete den Schmerz weg. Die Sonne schien. Das Gras war grün und gehörte gemäht, immer. Es gab billige rosa Getränke. Man hatte manchmal Geldsorgen und dann wieder nicht. Ein bisschen Wohlstand war okay, aber Luxus brauchte man keinen. Das Auto musste in die Werkstatt. Man musste schon wieder zum Elternabend. Man bekam manchmal zu wenig Schlaf. Man musste manchmal zu viel herumfahren. Es war manchmal stressig und dazwischen ein bisschen langweilig. Man trank ein wenig zu viel. Man redete schlecht über Leute, mit denen man am nächsten Tag scherzte. Man war zu viel auf Facebook. Man hatte zu wenig Erwachsenenzeit. Man sollte dringend mal zum Friseur. Und dringend mal aufräumen. Die Kinder hatten schon wieder Läuse. Die Wohnung gehörte mal wieder gestrichen. Die Nachbarn im Garten nervten. Man sollte wieder mal zusammen ausgehen. Man sollte wieder mal Mutter anrufen. Und dringend mehr Sport machen.

Aber meistens war es okay. Meistens war es gut. Eigentlich war man glücklich, oder zumindest zufrieden. Jetzt auch im Vergleich zum Rest der Welt. Es war eigentlich gut bis sehr gut. Es war gut, bis die SMS kam. Es war nur eine SMS, kein Geschoss, keine Boden-Luft-Rakete und keine Autobombe. Es war nur eine Reiche-weiße-Leute-SMS, die da in Magdas Handy aufploppte, aber Magdas kleine Welt brachte sie zum Einsturz, komplett.

Nachher

Diese Künstler. Diese Künstler und Kreativen. Diese Schrift-
steller und Architekten und Schauspieler und Journalisten
und TV-Personalitys. Alle ganz cool. Drogen, Saufen, große, depperte Reden schwingen auf dem Barhocker in Kühns
Vinothek, oder hinten, auf den alten Sofas, wo man rauchen
durfte, was sie Séparée nannten und was man niemals, nie
niemals bei Tageslicht und genauer sehen wollte. Saufen,
rauchen und was immer bis zur Sperrstunde oder bis weit
nach der Sperrstunde der normalen Gäste, also bis Kühn
fragte: Wohin geht's noch, gemma noch? Natürlich gingen
sie noch, oder die meisten von ihnen. Manchmal weiter in
irgendeinen Puff, mit Prostituierten philosophieren und
was sonst noch drin war, eine Nase nach der anderen rein-
ziehen, bissl Speed, vielleicht was kiffen, alles durcheinander, irgendwem MDMA ins Getränk kippen und es sehr
lustig finden, um vier Uhr früh pornographische SMS von
fremden, ungesicherten iPhones an irgendwelche Kontakte
darin schicken, die Sprache auf Japanisch umstellen und
einen Code programmieren, den man nach zwei Minuten
vergessen hatte, dann zum Würstelstand, a Eitrige und ein
Sechzehner-Blech, also Käsekrainer und Dosenbier, weiter-
philosophieren und Obdachlose und Schnorrer verarschen,
und wenn's hell wurde zum Branntweineser auf ein Slivo-
Frühstück, erst mittags heimkommen, stinkend, stolpernd,
Frau und Kinder anlallen, noch im Vollrausch. Alles kein

Problem, die Frauen erzählten es einander dann, offiziell genervt, mit verdrehten Augen, aber auch irgendwie stolz auf ihre verrückten, unkonventionellen Männer, die sich so etwas leisten konnten. Und leisten durften. Alles okay, alles erlaubt, alles große Kunst oder zumindest Inspiration, Ableitung überschüssiger Kreativität, Lebensfreude, Leben as we live it. Meistens waren es natürlich Kerle, manchmal mit ein paar Dekofrauen dabei oder ein paar Weibern, die schon so alt und unfuckable waren, dass man sie wie Kerle behandeln konnte.

Aber wenn herauskam, dass es zu ein bisschen oder periodischem Sex zwischen zwei Verheirateten gekommen war, dann gnade Gott. Wenn dann die gehörnte Frau mit den Kindern auszog oder den untreuen Kerl rauswarf oder die Täterin selber im Büßergewand aus dem Familiennest verschwand oder verlassen wurde oder auch nicht, dann wurde plötzlich alles ganz klein und traditionell. Ganz ganz ernst. Großes Buhuhu. Wie konnte man nur. Vor allem: wie konnte die nur. Weil, es war ja dann doch meistens die Frau schuld, die andere, nichteheliche Frau eben, die den armen hackedichten / sexsüchtigen / schwanzgesteuerten, jedenfalls praktisch wehrlosen Kerl ins Bett gezerrt hatte, der konnte ja irgendwie nix dafür, bei dem waren das ja die Triebe, diese Kerle liefen doch alle nur hinter ihrem Schwanz her und waren deshalb gar nicht satisfaktionsfähig, sodass es sozusagen besonders verwerflich von der jeweiligen Frau war, dass sie die männliche Schwäche ausgenutzt hatte, aus Liederlichkeit und Rücksichtslosigkeit, skrupellos, nur zu ihrem eigenen billigen Vergnügen. Wie konnte die so was tun, wie konnte man so egoistisch sein, dass die gar nicht an die Kinder dachte! Nicht nur an ihre, sondern auch an seine Kinder, die ja jetzt wegen der Gewissenlosigkeit dieser Frau auf ihren Vater verzichten oder einen grauenhaften Rosenkrieg erleiden mussten. Dass der Mann selber an seine Kinder dachte, konnte man nun mal nicht erwarten, erstens eben wegen der Schwanzgesteuertheit, zweitens dachten Männer ja prinzipiell nicht so an die Kinder, die waren einfach anders gestrickt. Die hatten dieses Mütterliche eben nicht. Da wurden dann ganz schnell wieder das Biologiebuch und die alten Traditionen hochgehalten. Denn die Frau dagegen, die ja selber Mutter war oder noch werden konnte, von der durfte man das doch erwarten, der hätte das doch klar sein müssen, was die da anrichtete, bei der anderen Frau, in der anderen Familie, dass und wie sie die ruiniert.

So war das. Beim Fremdgehen wurde es ganz schnell konservativ und reaktionär, besonders wenn man sich vorher schon kannte, und wenn auch nur aus fernster Ferne. Da war's dann schnell vorbei mit der Gleichberechtigung, Feminismus kein Thema. Da ging's bitte um etwas ganz anderes, da ließen sich solche Parameter nun wirklich nicht anwenden. Dabei war, wenn man es einmal ganz sachlich und emotionslos betrachtete, in Wirklichkeit doch gar nichts passiert, fast gar nichts, niemand war körperlich verletzt, niemand wurde gefährdet, es hatten nur zwei Erwachsene hinter verschlossenen Türen ihre Geschlechtsteile zusammengesteckt, brav geschützt, hatten danke gesagt und tschüss, waren gegangen. Niemand außer den beiden war davon betroffen. Keiner hätte es je zu erfahren brauchen. Es ging eigentlich niemand anderen außer den beiden was an. So hatte es jedenfalls Helen gesehen, und zwar, bis es doch jemand erfuhr, und dann noch jemand, und so ging es weiter, bis es Magda erfahren hatte, vor fast einem Jahr.

Wobei, erfahren? Erfahren war relativ. Was Magda erfahren hatte, offensichtlich durch das SMS einer von Viktors abgelegten und mutmaßlich enttäuschten Geliebten, war gar nicht so ein großes Geheimnis. Denn natürlich hatte man über Viktor Bescheid gewusst. Selbstverständlich gab es Eingeweihte, von denen Viktor mitunter Ficktor genannt wurde, es war eine Steilvorlage, es wäre fast absurd gewesen, wenn das nicht so gewesen wäre, zumal in dieser Gesellschaft von Besserwissern, Blitzgneißern und Superschlaumeiern. Und natürlich gab es Gerüchte, natürlich redeten die Frauen untereinander, die Frauen redeten immer. Zuerst verschwiegen sie, dann deuteten sie an, dann redeten sie vertraulich, dann tratschten sie. Sie erzählten sich Sachen, Geheimnisse, von bester Freundin zu bester Freundin, die sich dann als Gerüchte verbreiteten und als Gerede, bis es irgendwann jeder wusste, oder, wie nun in Viktors Fall, jeder gewusst haben wollte. Die Frauen behaupteten immer, sie redeten nicht, sie hielten sich für verschwiegen, diskret und zuverlässig, aber sie waren es nicht. Oder nur partiell. Oder sie waren es prinzipiell schon, platzten es dann aber heraus nach ein paar Gläsern Wein bei Leuten, die wiederum überhaupt nicht verschwiegen waren und die das lange und penibel gehütete und schließlich nur ihnen ganz exklusiv eröffnete Geheimnis wie mit der Gießkanne überallhin distribuierten, worauf dann schönste Gerüchte erblühten. Ich erzähl dir jetzt einmal was, aber du darfst es KEINEM –

Es war ja auch nicht anders möglich, bei einem Hallodri wie Viktor, der die Affären und Exaffären längst nicht mehr zählen konnte und bei Begegnungen mit Frauen mitunter unsicher war, ob er schon einmal mit ihnen geschlafen hatte oder doch nicht. Und obwohl Viktor zu seiner eigenen Sicherheit stets bemüht war, jede Geschichte mit jeder Frau im Guten enden zu lassen, so, dass sie sich nicht verraten, übrig gelassen, betrogen, abgelegt fühlte – es gab doch immer welche, bei denen das nicht gelang, vor allem, wenn eine gern mehr gewollt hätte. Was zu Viktors Glück nicht allzu oft der Fall war, denn hier kam ihm, endlich einmal ein Vorteil, die Unsichtbarkeit entgegen, in Form schnellen Vergessenwerdens, aber. Wenn es irgendwie machbar war, ließ Viktor die Frauen stets als Siegerinnen vom Platz gehen, stolz und erhobenen Hauptes vom Schlachtfeld seiner Lust schreiten, denn Siegerinnen sannen nicht auf Rache und Revanche. Besiegte dagegen schon. Viktor hatte eine gewisse Virtuosität entwickelt in der Kunst, einer Frau das Gefühl zu geben, sie sei in diesem Fall eine Art Cersei Lannister, sie töte Viktor, sie verlasse ihn, sie beende diese Sache, sie sehe keinen Sinn mehr darin, sie habe keine Freude mehr daran, sie. Nicht er, Viktor.

(Livia oder Lydia oder so ähnlich: Viktor hatte sie in einem Undergroundclub kennengelernt, bei einem Konzert, was war es gleich noch mal, ach: Heavy Trash, Jon Spencers Zweitband. Er kannte den Veranstalter, und der hatte ihn danach mit in den Backstage-Raum genommen, dort war

Livia oder Lydia oder so ähnlich um Spencer herumgetänzelt, hatte ihn angehimmelt, ein älteres Mädchen mit langen Haaren und eindrucksvollen Brüsten, vor nicht allzu langer Zeit gewiss noch sehr schön, jetzt sehr betrunken und hoffnungslos vernarrt in den Sänger, offenbar seit Jahren schon. Sie hing an den Lippen Spencers, der zusehends belästigt wirkte und irgendwann nicht mehr vom Klo zurückkam. Sie war mitleiderregend, aber Viktor hatte noch nie ein Problem damit gehabt, die Übriggebliebenen einzukassieren. Die Übergebliebenen waren immer dankbar und erleichtert, dass jemand ihr Unglück und ihre Übriggebliebenheit nicht zu bemerken schien, und dann waren sie freigebig in ihrer Dankbarkeit. Viktor lud sie auf eine Line ein und auf noch eine, und er sagte ihr, dass sie schön sei und sehr sexy, und sie zeigte ihm ihre großen Brüste, die wirklich sehr schön waren, und sie vögelten auf einem Ledersofa im Büro des Veranstalters, während es draußen hell wurde. Sie ruckelte mechanisch auf ihm und spielte ihm eine Ekstase vor, die er ihrem müden Antlitz nicht glaubte und in ihren Augen nicht sehen konnte. Er verabschiedete sich hastig von ihr, noch während sie sich wieder anzog, er floh, er rannte fast zur Tür hinaus und die Stiegen hoch zur Straße und setzte sich in das erste Taxi, das er heranwinken konnte, in einer vom vielen Koks dieses Abends nicht unbeeinflussten Angst, sie würde ihn verfolgen. Sie verfolgte ihn nicht, und er sah sie, soweit er wusste, nie wieder.) Das Siegenlassen gelang nicht immer, dann versuchte er die Mitleidstour, mitunter unter Anwendung tollkühner Lügen, wie bei Lisbeth, und damit kam er meistens durch. Aber Viktor wusste von Verletzungen und Verletzten, von Vernarbten und schlecht Verheilten, aber bisher hatte keine den Wunsch gehabt, ihn zu vernichten, was viel auch damit zu tun hatte, dass Viktor ja die ganz Fremden bevorzugte, die selbst Gebundenen und die, die auch beruflich mit ihm zu tun hatten und sich nichts verbauen wollten, und die paar anderen trachtete er nicht über Gebühr zu enttäuschen.

Aber natürlich redeten die Frauen dann. Sie redeten über Viktor, über andere Frauen und Viktor, dass die und die es mit Viktor getrieben hatte und dass es Viktor bei der und bei der versucht hatte, bei mir auch mal, natürlich, bei dir nie? Nachher, als alles herauskam, Frau um Frau, Geschichte um Geschichte, gab es keine, die nicht irgendeine Ficktor-Story zum Besten zu geben hatte, die nicht behauptete, irgendwann von Viktor angestiegen worden zu sein, weil Viktor ja, wie es hieß, absolut jede angegangen war. Schon deshalb konnte eine Frau schwer zugeben, dass es bei ihr nicht so gewesen war, denn was sagte das über ihre Weiblichkeit und vor allem Attraktivität, wenn nicht einmal ein Ansteiger wie Viktor, ein notorischer Weiberheld wie der darauf reagierte? Auf diese Weise vervielfachte sich danach die Menge der Frauen, mit denen Viktor geschlafen haben sollte, zu einer beachtlichen Verführer- und Stecher-Legende, die Viktor vorher nicht ganz ungern über sich selber vernommen hätte. Danach naturgemäß gar nicht mehr, weil nachher nicht nur er das hörte, sondern auch Magda und die anderen Frauen und seine Schwestern und der Stadtrat und der Minister; jedenfalls kam es ihm vor, als wisse die ganze Stadt von seinen

Verfehlungen, die ganze Welt. Plötzlich war Viktor sehr viel sichtbarer, als er es sich je gewünscht hatte, jeder sah ihn, und sie sahen ihn jetzt nur noch auf eine Weise, die ihm gar nicht gefiel. Es war in seiner Stellung schon okay, einen Ruf zu haben, aber Viktor hatte dann einfach ein bisschen zu viel davon; zumindest vorübergehend.

Und natürlich hatte auch Viktor geredet, hatte dann und wann, eigentlich immer wieder, zu später, betrunkener Stunde einem Freund und noch einem Freund von der einen oder anderen Eskapade erzählt, schon allein, weil die ja auch das eine oder andere mitkriegten. Aber unter Männern wurde ja geschwiegen. Darüber redete man nicht. Gentlemen's agreement. Man prahlte vielleicht ein bisschen, aber man redete nicht. Oder.

Einem sehr guten Freund erzählte man vielleicht ernsthaft, möglicherweise, wenn man sich, was bei Viktor nicht oft, aber doch hin und wieder vorkam, ein bisschen verliebt hatte, so für ein paar Stunden oder Tage, denn länger hielt Viktors Verliebtheit für gewöhnlich nicht an. Er liebte: Magda. Seine Kinder. Verliebt sein war wie Hunger haben, es wurde schnell gestillt und war dann weg. Die Männer waren vor dem Vögeln verliebt, die Frauen danach, war doch so. Nur selten war es Viktor auch danach noch, so wie bei Helen, ein bisschen. Nie erzählte er einer Frau was von einer anderen. Und immer sagte er ihnen: Nicht reden! Niemandem erzählen! Und dann hielt Viktor sich selber nicht daran. Na ja. Er war auch nur ein Mensch.

Vorher, bevor alles herauskam, als sich Viktor noch kugelsicher fühlte und unangreifbar, wusste er von ein paar

Gerüchten über sich, von ein bisschen Gerede, aber er hatte es ignoriert, er hatte versucht, das auszublenden und bei seltenen Anspielungen zu disqualifizieren, das war doch typisch, das war doch das typische dumme, infame, rufmörderische Gerede der zu kurz Gekommenen, der nicht so Erfolgreichen, der Missgünstigen und Neider, das kannte man doch. Das war doch normal. So etwas wurde doch jedem angehängt, der mehr Erfolg hatte, mehr Talent, mehr Presse, mehr Förderer, und je höher einer in der Nahrungskette und in der Wichtigkeitsskala aufstieg, desto dümmer, infamer und diffamierender wurde das Geschwätz hinter ihm, und Viktor war als Intendant nun eben relativ weit nach oben gekommen. Da gab es viele, die ihm schaden wollten, zum eigenen Nutzen, die ihm das missgönnten, aus den niedrigsten Motiven. So tat Viktor es ab, damals, mit der Nonchalance des gelassenen Aufsteigers, der solchen Neid und solchen Kummer gewohnt war, er verlachte es, wenn es ihm zu nahe kam. Einmal deutete ein Rathausmitarbeiter, irgendwer aus dem Kulturamt, an, dass er von einer Affäre Viktors mit einer ihm ebenfalls bekannten Musikerin wisse, lalala. Sie saßen auf den roten Polsterbänken des Café Eiles in der Nähe des Rathauses, es gab irgendwelche Termine und Zeitpläne zu koordinieren, und als Lisa kurz vor das Kaffeehaus ging, um einen Anruf zu machen, ließ der Kulturamtsmensch das Gerücht auf den Tisch fallen, und Viktor tat, was Männer in so einer Situation tun, er leugnete. Blickte dem anderen blank in die Augen, sagte, tue ihm leid, er wisse nicht, was der andere meine, er habe keine Ahnung, worum es hier jetzt gehe. Der andere fing an zu stottern, wechselte das Thema und war sichtlich froh, als Lisa sich wieder an den Tisch setzte.

Das konnte Viktor. Und er hatte Einfluss, er hatte Jobs zu vergeben und damit ein bisschen Macht, zumindest die Macht, Talente bekannt zu machen, Karriere zu forcieren, Ideen zu unterstützen und auch Nebenfiguren wie irgendwelche Rathaus- oder Ministeriumsbeamten in seinem Schein ein wenig glänzen zu lassen. Oder eben auch nicht. Wenn Viktor es wollte, konnte man bekannt werden. Sein bester Freund Sam war Kulturchef einer Tageszeitung, war die Freundschaft nun Zufall oder nicht, es war nun mal so. Viktor hatte hervorragende Kontakte zu den Medien und wusste sie zu nutzen, nicht nur für sich selbst. Es gab in seinem Einflussbereich wenige Leute, die ihm aktiv schaden wollten, und die, die es wollten, waren Konkurrenten, wollten seinen Job, ihre Motive waren billig und für jeden durchschaubar und ließen sich deshalb leicht entschärfen.

Compliance war wichtig, und Viktor legte großen Wert darauf, dass Compliance-Regeln eingehalten wurden, auch von seinen Mitarbeitern, und wenn er Interviews gab, erwähnte er stets und gern seine Gewohnheit, die meisten Strecken mit dem Rad zu fahren, mit seinem eigenen (er ließ sich gerne mit dem Puch Mistral fotografieren, er fand, es ließ ihn jung, sportlich und hip aussehen), und dass er gar keinen Führerschein besitze und nur einen alten Familienkombi, in dem seine Frau die Kinder herumfahre. Nein, er habe natürlich auch keinen Fahrer, wo denken Sie denn hin. In einer Wirtschaftskrise, in der viele Menschen nicht wissen, wie sie ihre Miete bezahlen sollen? In einer Zeit, in der

Flüchtlinge im Mittelmeer verrecken, Männer, Frauen und Kinder? Das wäre doch unappetitlich, finden Sie nicht? Er hatte das Talent, seine guten Seiten hervorzukehren, oder zumindest Züge, die in der Gesellschaft als zurückhaltend, bescheiden und verantwortungsbewusst galten, als moralisch hochwertig, wobei ihm auch hier sein unauffälliges Erscheinungsbild sehr von Nutzen war.

Und wenn, selten, die dreckige Brühe des Geredes mal in Richtung Magda schwappte, wusste er sie einigermaßen geschützt von dem Umstand, dass sie mit ihrer Großmütter-Armada eben kein Teil der Kulturschickeria war. Oder höchstens ein dienstleistender, denn einige von Viktors Kolleginnen und Freunden beschäftigten Magdas Leihgroßmütter, Babysitterinnen und Haushaltshilfen, und so war Magdas Stellung innerhalb des Viktor-Komplexes eine außerordentliche, sie war außerhalb und damit praktisch unangreifbar. Plus sie interessierte sich nicht besonders für den Kulturbetrieb. Sie fotografierte, sie befehligte die Armada, beschäftigte sich in ihrem Garten, sie hatte die Kinder und ihre eigenen Freunde. Ein paar von ihnen überschnitten sich mit denen aus Viktors Kreisen, aber es waren nicht viele. Helen ja, aber überraschenderweise war nicht Helen Viktor zum Verhängnis geworden, erstaunlicherweise nicht.

Magda zuerst: Äh. was. Aha. Was soll das. Erstaunen. Un-
gläubigkeit. Eine schnelle Gedankenfolge, dass sie sich ver-
lesen hatte, dass es sich um ein Missverständnis handelte,
um eine unglückliche Formulierung oder eine fehlgeleitete
SMS. Eine Fehlinformation. Ihr Kopf fing leise an zu rauschen, sie las die Information noch einmal, das Rauschen
verstärkte sich, sie versuchte, sich mit der Idee zu beruhi-
gen, dass es eine Verleumdung sein könnte. Ja, eine billige,
durchsichtige Lüge zum Zweck, Viktor Schaden zuzufü-
gen, irgendein Konkurrent wahrscheinlich, eine enttäuschte
Schauspielerin, die auf ein Engagement gehofft hatte und
der nun jedes Mittel recht war, sich zu rächen. Das alles wir-
belte in Sekunden durch Magdas Denken, während der Text
sich in ihr Hirn einbrannte, während sie darauf starrte und
kurz Richtung Edith blickte, weil die grad vor ihr saß, und
dann wieder auf den Text.

«Was ist los», sagte Vesna, die Magdas Irritation bemerkte. Rita und Annemarie unterbrachen ihre Plauderei und
blickten Magda an. Auch Edith sah hoch, sie hatte Heidi auf
dem Schoß und zählte gerade mit ihr zusammen Heidis Ze-
hen. In den Linden ging die Sonne unter.

Magda dachte: Was mach ich jetzt. Was sag ich jetzt. Ihr
Kopf rauschte immer noch viel zu laut.

«Hier steht, dass Viktor eine Liebesaffäre hat», sagte
Magda dann nicht. Das sagte sie nicht. Das wollte sie sagen,

aber irgendetwas warnte sie: Sag das nicht, sag das nicht, auch wenn du das jetzt gerne sagen würdest, sag das nicht, geh dem erst mal nach, denn wahrscheinlich stimmt es nicht, und dann hast du das Gerücht in die Welt gesetzt.

«Nichts», sagte Magda, «eine SMS, die offenbar an eine falsche Nummer geschickt wurde.» Ein leichter Wind bewegte die beiden Linden und spielte mit ihren Schatten, eine rote Katze spazierte müde über eine Wiesenecke und verschwand dann wieder im Gebüsch.

«Katzeeee!», sagte Heidi und rutschte von Ediths Schoß.

«Was steht denn drin?», fragte Rita.

«Ach, nichts. Nur eine Einkaufsliste», sagte Magda.

Vesna sah sie skeptisch an, sie kannte Magda zu lange, um das zu glauben. Das Rauschen in Magdas Kopf wurde ein wenig schwächer und ließ Fragen durch: Was, wenn es stimmt, was, wenn es stimmt, ich muss herausbekommen, ob es stimmt, wie kann ich herausbekommen, ob es stimmt, ohne jemanden zu fragen? Heidi hatte die Katze nicht wieder gefunden und gab bekannt, dass sie Durst habe.

Magda hörte sie erst gar nicht. Kann ich Wasser? Mama, ich hab Durst!

Sie hatte dann schnell ein Glas Wasser vor Heidi abgestellt, hatte mechanisch auf die weiteren Wünsche der Kinder reagiert, ihnen Kleidung zusammengesucht oder übergezogen, hatte dann Nudeln aufgesetzt und die Becher vom Nachmittag abgespült. William, wollt ihr noch mit uns essen? Gern, danke. Kann ich was helfen? Nein, alles gut. (Jackson natürlich: Was gibt's? Und: Das mag ich nicht!)

Sie hatte den Tisch gemeinsam mit Annemarie gedeckt, sich mit ihr über irgendwas unterhalten, das Magda nicht interessierte, jedenfalls in diesem Moment nicht. William schmierte Brote für Jackson. Vesna hatte versucht, sie zur Seite zu nehmen, aber Magda hatte abgewunken. Rita hatte Parmesan und Zitronenschale in eine große Schüssel gerieben, ein paar Eidotter, Zitronensaft und Olivenöl hineingerührt, Basilikumblätter vom Busch auf der Veranda gezupft, während Magda in der winzigen Küche gedankenverloren vor dem Topf mit den kochenden Nudeln stand und die Information in ihr arbeitete und wogte und sich setzte und verhärtete.

Konnte es stimmen? Sie tastete die letzten Tage und Wochen und Monate nach Indizien dafür ab und nach Beweisen dagegen. Sie schüttete die Nudeln ab, mischte einen Teil davon in der Schüssel mit Ritas Sauce und hob das Basilikum darunter, rührte dann Butter zu den restlichen Nudeln im Topf.

Wer mag Nudeln mit Zitronensauce? Ich, ich, ich, ich gerne. Die Erwachsenen.

Wer mag nur mit Butter? Iiich!

Magda funktionierte, alles okay, alles unauffällig, aber ihr Kopf war woanders, und ihre Seele war nicht dabei. Eine nette, harmlose Kinder-Erwachsenen-Plauderei, wie Magda sie liebte, aber Magda floh sie, indem sie das Geschirr in die Spülmaschine räumte und über die Information nachdachte. War das wahr? Konnte das wahr sein?

Sie hatte dann nicht mehr viel getrunken, alle hatten zusammen aufgeräumt, und die anderen waren irgendwann abgezogen, danke, so nett war's, und Magda und die Mädels fuhren als Letzte auch. Daheim hatte sie die Kinder schnell ins Badezimmer geschickt und zu Bett gebracht. Dann hatte sie sich ein Glas Wein eingeschenkt und noch mal die Nachricht gelesen und kurz nachgedacht. Dann hatte sie das Glas hinuntergeschüttet, so wie sie es in Filmen und Serien gesehen hatte. Dann hatte sie angefangen, Viktors Sachen zu durchsuchen.

So eine war sie jetzt: eine, die nicht mehr glaubte. Eine, die plötzlich das Vertrauen verloren hatte, eine, die die Sachen ihres Mannes durchwühlte. Seine Jackentaschen, seine Mäntel, den Laptoprucksack fürs Büro. Sie fand nichts, das die Information bestätigte, aber das beruhigte sie nicht. Sie überlegte, Vesna anzurufen, aber das hätte bedeutet, dass sie diesen Scheiß glaubte, offiziell, dass sie offiziell beunruhigt war, aber das war sie nicht. Nicht sie, Magda. Sie überlegte, Viktor anzurufen, und dass sie es nicht tat, nicht tun wollte, irritierte sie, zeigte ihr, dass sie doch beunruhigt war. Verunsichert. Alarmiert. Das wollte sie nicht sein. Sie, Magda, war nicht hysterisch, und sie würde es auch jetzt nicht werden. Es war sicher alles Blödsinn, garantiert.

Sie ging ins Bett und schaltete den Fernseher ein, sie stand wieder auf und trank noch ein Glas Wein, sie legte sich wieder ins Bett und starrte auf den Bildschirm. Sie ging ins Wohnzimmer, wo auf einem winzigen, vollgeräumten Sekretär Viktors kleiner Heim-Laptop lag. Es dauerte ein wenig, bis sie den Mut hatte, ihn zu öffnen. Er war mit einem Passwort gesichert. Sie gab die Namen von jeder von Viktors

Töchtern ein, aber keines stimmte. Wieso hatte er ein Passwort? Und wieso hatte sie ihn nie danach gefragt? Sie ging in die Küche und ließ einen Kaffee aus der Maschine, schüttete ihn runter und legte sich wieder ins Bett. Der Fernseher lief leise. Sie war hellwach, sie hätte den Kaffee nicht gebraucht, und sie schlief nicht ein, bis sie Viktors Schlüssel im Schloss hörte. Sie machte den Fernseher aus und lauschte.

Viktor schlurfte durch die Wohnung. Sie hörte, wie er etwas aus dem Kühlschrank nahm, Tellerklappern, das Knallen des Toasters. Dann die Balkontür, er rauchte offenbar noch eine. Sie war ungeduldig. Es machte sie nervös, dann ärgerlich. Sie wollte, dass er endlich schlafen ging. Es verging noch eine Weile, bis sie hörte, wie er ins Badezimmer ging, bis die elektrische Zahnbürste surrte und seine Kleider auf den Boden fielen, bis er endlich die Tür zum Schlafzimmer öffnete und leise um das Bett herumschlich, auf seine Seite, und sich in seine Decke wurschtelte. Sie hörte seinen Atem, lauschte, bis er gleichmäßiger wurde und schließlich in ein leises Schnarchen überging. Das Schnarchen wurde lauter und sehr regelmäßig. Sie hörte ihm noch ein bisschen zu, dann stieg sie leise aus dem Bett und schlich auf seine Seite. Der Mond war hell genug, sie fand sein Telefon sofort. Sie nahm es vorsichtig von dem Sessel und schlich damit aus dem Zimmer. Sie schloss sich am Klo ein, ließ sich auf den Boden rutschen und wischte das iPhone wach. Sie gab den Code ein, den sie bei Viktor unzählige Male gesehen hatte, 3012, und das iPhone leuchtete auf.

Ihr Herz klopfte laut, als sie seine Nachrichten öffnete und viel mehr fand, als in der Information angedeutet wurde, viel mehr, als sie wollte, lauter Information, die sie nicht finden wollte, nicht haben wollte, und noch viel mehr, völlig wahnsinnige Sachen. Helen? HELEN?!?!, ihre Freundin?, wie lange ging das schon? Und eine Anja, und Nachrichten von Frauen namens Kurhotel oder Tanzmaus, und ein Schönwar's-Mail von Natalie, Natalie!, seine verhasste Ex!, eine, die ihr mal vorgestellt worden war, und zwei, die sie aus dem Fernsehen kannte. Es gab Fotos. Selfies. Brüste, Hände, kleine, ekelhafte Videos, auf einem davon masturbierte Viktor, er hatte es an eine Frau namens Nora geschickt, die darauf nicht geantwortet hatte. Und das waren nur die Nachrichten der letzten Wochen, alles davor hatte er offenbar gelöscht.

Sie las alles, sah sich alles an, mit rasendem Kopf, schockiert, überwältigt von der Information. Und dann ging sie in seine Mails und las dort alles, was ihr verdächtig vorkam, und fand noch einen Namen und mehr Fotos, und dann ging sie in seinen Facebook-Messenger und fand diese Lisbeth aus dem SMS und ihre Liebesbotschaften und Fotos von ihren bizarren Brüsten, und auf WhatsApp gab es mehr davon. Sie war so schockiert, sie konnte nicht einmal weinen. Alles taub in ihr. Wieso hatte sie nichts davon gewusst, nichts gemerkt, nichts geahnt, nichts wissen und ahnen wollen? Und wer hatte es gewusst, hatten es alle gewusst außer ihr? War sie eine dieser Frauen, dieser naiven, gutgläubig liebenden Weibchen, die nicht sehen, nicht sehen wollen, was alle anderen sahen? Was ihre Männer wirklich für welche waren, und zwar offenbar direkt vor ihrer Nase … Helen. Helen. Helen. Offenbar war Magda das: eine Idiotin. Völlig blind. Blind und blöd. Ein vertrauensseliges Trutscherl. Wie konnte sie das nicht wissen, nicht merken, wie konnte sie Viktor nicht erkennen als den, der er war? Natürlich hatte sie von seinem Vorleben gewusst, und natürlich war sie wie alle vertrauensseligen Trutscherl, wie alle Vollidiotinnen davon ausgegangen, dass sie, Magda, ihn davon geheilt hatte, ihm ein Leben und genug guten Sex geboten hatte, dass es ihm den Verzicht auf sein einstiges Lotterleben ermöglichte, leicht machte, versüßte. Wann hatte er wieder damit angefangen? Wie lange ging das schon so? Oder hatte er gar nie damit aufgehört?

Es zersetzte sie jetzt von innen heraus, es zerfleischte sie und radierte ihre Persönlichkeit aus, jene Magda, die sie geworden war in den Jahren mit Viktor und den Kindern, Magda als solche. Es gab sie nicht mehr. Sie war nicht mehr da, nicht als Magda, nicht als die, die sie heute früh noch gewesen war, eine glückliche Frau, die alles hatte, was sie wollte. Sie hatte nichts. Es hatte ihre Vergangenheit nie gegeben, nicht so, wie Magda sie erlebt hatte. Es gab dieses Leben gar nicht. Es war alles ganz anders. Es war eine Katastrophe. Sie überlegte, ob sie Vesna anrufen sollte, ließ es aber: Sie hätte nicht gewusst, wie sie ihr das um drei Uhr früh erklären sollte.

Dann saß sie ganz lange einfach nur da und starrte in die vollkommene Zerstörung ihres Daseins, in die totale Detonation aller vermeintlichen Sicherheiten und Wahrheiten. Was war wahr, was war nicht wahr; was war, was war überhaupt nicht, auf welche ihrer Erinnerungen konnte sie sich verlassen, gab es überhaupt irgendetwas, das noch stimmte, wenn so viel falsch war, wenn ihr gemeinsames Leben auf lauter Geheimnissen basierte, seinen schmutzigen, bösen Geheimnissen, die sie nicht einmal geahnt hatte. Alles Lüge. Alles nur Fassade. All das Gute gab es in Wirklichkeit gar nicht, hatte sie sich eingebildet und zurechtphantasiert.

Sie starrte ohne Hoffnung in das Nichts, das ihr Leben plötzlich geworden war, in das furchtbare Chaos, das vor ihr lag, in das ihre Zukunft sich plötzlich verwandelt hatte, an all den Streit, all die schrecklichen Gespräche, die nun bevorstanden, all die Geständnisse, all die Konsequenzen, die Kränkung, die Erniedrigung, die Schande, die Scham. Und all die Traurigkeit, die daraus erwuchs, und der Schmerz, den die Mädchen erleiden würden, der jetzt auf sie zukam und über sie hinwegtoben würde wie eine Lawine. Oder. Oder nicht auf sie zukam … Magda wurde plötzlich bewusst, dass es noch eine Möglichkeit gab, dass sie es in der Hand hatte: Sie konnte einfach so tun, als sei nichts gewesen, nichts geschehen, als sei alles wie vorher. Sie konnte wählen: Sie konnte sich entscheiden, für nur die eigene Traurigkeit, für die eigene stille Verzweiflung, und gegen den Rest. Sie konnte den Rest weglassen. Sie könnte jetzt einfach nur ein bisschen weinen und das iPhone zurücklegen, neben Viktor. Sie könnte die Nachricht auf ihrem Handy löschen und schweigen über die Information. Über alles, was sie jetzt wusste und gesehen hatte. Und es würde sein, als sei nichts gewesen, als sei alles okay, das Leben würde weitergehen, alles ganz normal, alles wie immer.

Wie Helen es sah (oder besser, gesehen hatte:) Wenn niemand von einer Affäre wusste, war sie dann überhaupt manifest? Existierte die Affäre dann überhaupt? War dann überhaupt etwas passiert? Es war diese philosophische Frage, Kant oder so, Helen hatte es vergessen: Gab es den Tisch, wenn ihn niemand sah? Existierte er dann, oder existierte er erst, wenn er im Blick eines anderen manifest wurde, wenn er als Tisch erkannt wurde und als Tisch benannt? So konnte man es, fand Helen, auch bei Affären sehen: Es gab sie nur, wenn jemand sie sah oder davon wusste. Wenn niemand etwas wusste, wenn niemand geschädigt wurde oder gekränkt, niemand dadurch verletzt wurde: War denn dann etwas passiert? Es war eine philosophisch-juristische Frage: Wenn es keine Leiche gab, keine Verletzten, keine Geschädigten, wenn niemand etwas ahnte und niemanden, der etwas anzeigte, nach dem Richter rief: Gab es dann überhaupt ein Vergehen? Wenn man eine Affäre denn überhaupt als Vergehen oder Verbrechen sehen wollte. Das Problem dabei: Es waren zwei mit von der Partie, und einer machte immer einen Fehler, einer quatschte, einer passte nicht auf, einer wurde erwischt, einer sicherte sein Handy nicht. Viktor, der Vollidiot. Und da stand es dann in digitalen Lettern, und es wurde gelesen, wurde manifest. Es war passiert.

Helen kam eben aus dem Gericht, es war vertagt worden. Sie hatte, als sie ihr Handy wieder einschaltete, fünf Anrufversuche und drei dramatische Nachrichten von Viktor vorgefunden. Abgehackte Botschaften.

Es sei die totale Katastrophe passiert, Magda habe alles erfahren, es tue ihm sehr leid.

Helen sank das Herz, während sie sich hastig von ihrer Klientin verabschiedete, wir telefonieren morgen und besprechen die weitere Vorgangsweise, das wird schon, auf Wiedersehen, auf Wiedersehen.

Um Gottes willen. So eine Scheiße. Was, wenn Paul es auch schon wusste? Die Sonne brannte auf die graue Mauer, an der Helen lehnte, sie suchte etwas Schatten und sah, während sie Viktors nächste SMS las, auf der anderen Straßenseite ein Kellerfenster mit Sims, auf den sie sich dann setzte, der Sims war schmutzig, es war ihr egal.

Man müsse sich absprechen, schrieb Viktor, sie solle in ihre Mailbox schauen, jetzt sofort.

Paul wusste es sicher schon.

Warum sie nicht abhebe und nicht antworte???!!, las Helen, und schon traf mit erschreckend lautem Döng die nächste Nachricht ein.

Alles ganz schreckliche geschichte, bittebitte melde dich, und falls magda anruft oder sich sonst wie rührt, auf keinen fall antworten oder abheben!!!!!

Fünf Rufezeichen. Keine Emojis.

!!!!! Bitte erst mit mir sprechen!

Helen antwortete: *Bin bei Gericht, melde mich.* Sie wollte Zeit gewinnen. Damit er aufhörte, aber er hörte nicht auf.

Döng.

Ach ja, keine sorge, magda wird es paul nicht sagen, sie hat es versprochen.

Viktor war offenbar doch noch auf die Idee gekommen, zwischendurch an jemand anderen als nur an sich selbst zu denken. Aber wie konnte er sich darauf verlassen, dass Magda schwieg? Es gab nichts Unberechenbareres, Rachsüchtigeres als verletzte, gedemütigte Frauen, Helen wusste das besser als irgendwer, denn sie hatte als Anwältin ständig mit ihnen zu tun. Sie hatte Angst. Und sie fühlte sich miserabel. Sie hatte nie ein schlechtes Gewissen verspürt, solange Magda und Paul nichts von der Sache wussten, jetzt wurde sie unversehens gerammt. Es war ein Fehler gewesen, ja. Sie hätte das nicht tun sollen. Es war falsch. Wieso hatte sie sich darauf eingelassen?

Helen tippte auf ihre Mailbox und fand dort eine Nachricht von Viktor vor, mit noch mal demselben Inhalt: Es sei alles ganz schrecklich, eine reine Katastrophe, Magda habe sein Handy geknackt und alle ihre Nachrichten aus den letzten Wochen gelesen. Magda sei völlig am Boden zerstört (er drückte sich, fand Helen, in ganz schön abgelutschten Phrasen aus) und er ebenfalls. Und wie notwendig es sei (er konnte offenbar trotz der immensen Ambodenzerstörtheit noch ganz gut strategisch denken), dass sie beide sich genau absprachen, um die Sache überzeugend und gleichstimmig als eine kurze, oberflächliche, nur äußerst sporadisch exekutierte Affäre von ein paar Wochen darzustellen, wirklich, das sei auf jeden Fall besser, *für uns beide.*

Aha, er wollte es also herunterspielen, okay. Sie antwortete weiter nicht.

Er schrieb, er wisse jetzt, was das Beste sei: Könne sie bitte alles, was er bisher geschrieben hatte: *löschen*, *Mails*, *SMS, ALLES!!!* Denn er befürchte, dass Magda weiterhin Zugriff auf sein Handy verlange und möglicherweise auch seine Mailbox hacke, also *BITTE! NUR NOCH AUF DIE NÄCHSTE MAIL* antworten, die er ihr in ein paar Minuten schicken werde, und zwar bittebitte ungefähr so: dass sie furchtbar bedaure, was passiert sei, auch wenn es nicht viel oder fast nichts gewesen sei, es sei Viktor passiert (aha) und dass sie (noch mal: aha) Magda ja nicht habe verletzen wollen, und dass es ja eh überhaupt nicht gepasst (aha, aha) und deshalb schon wieder so gut wie vorbei gewesen sei (aha, aha, aha), weil sie ja wisse, dass Viktors Schuldgefühle für ihn unerträglich geworden seien. (WASS??!!) Könne sie das bitte so schreiben, am besten erst mal einen Entwurf, er werde ihr dann eine für Magda möglichst erträgliche Version zurücksenden, die sie dann final noch mal an ihn schicken solle, bitte, liebe Helen, bitte. *UND ALLES VORIGE DANN LÖSCHEN? ES GEHT UM ALLES! FÜR UNS BEIDE, NEIN, FÜR UNSERE BEIDEN FAMILIEN. NUR DIESEN EINEN GEFALLEN NOCH! DANKE, DASS DU DAS FÜR UNS TUST!!!*

Sie konnte fast sehen, wie er das MICH wieder gelöscht und in UNS umgeschrieben hatte. Das Arschloch, dachte sie. Zum ersten Mal dachte sie: Was für ein unglaubliches Arschloch. Will nur seinen eigenen Arsch retten, dieses Arschloch.

OK, HELEN? DANKE!!!!!

Er hatte offenbar Capslock eingestellt und brüllte nur noch, Rufzeichen-Alarmismus galore.

Aha, soso. Helen blickte endlich hoch von ihrem Smartphone. Der Himmel hatte zugezogen, die Sonne war weg, sie spürte einen Tropfen auf dem Unterarm. Sie fühlte sich betäubt, wie eben aus tiefem Schlaf erwacht. Sie erhob sich und klopfte ihren staubigen Rock sauber. Sie nahm ihre schicke Tasche und ging langsam die Straße lang, zu ihrem Auto. Schloss es auf. Das war's jetzt also. Alles aus, alles anders jetzt. Sie fuhr zu ihrem Büro und hörte dreimal ihr Handy, das auf dem Beifahrersitz lag, das SMS-Geräusch machen, ein Blick bestätigte, dass es wieder Viktor war. An der Ampel öffnete sie schnell die Nachrichten.

Ob sie alles gelesen habe, ob sie sein Mail bekommen habe, ob sie eh mit allem einverstanden sei.

Sie fand einen Parkplatz nicht weit von der Kanzlei, ging ins Büro, sperrte auf und ließ sich kurz von ihrer Assistentin über die Telefonate der letzten Stunden informieren. Ein paar Klienten, die sie kannte, die Assistentin eines Richters, ein Viktor Kirchner, zweimal. Ihr Handy klingelte, sie befürchtete, dass es nun Paul sei, aber es war wieder Viktor. Sie hob wieder nicht ab. Sie setzte sich an ihren Schreibtisch, öffnete ihre Mails und fand neben den schon gelesenen ein neues, ohne Betreff.

Hallo Helen, schrieb Viktor, Magda habe von ihren Begegnungen erfahren, und dann wälzte er sich wortreich im Staub und warf sich das Büßergewand über, beschuldigte sich bitterlich selbst, dass er in diesen letzten Wochen (es waren sieben Monate gewesen, und Helen hatte noch alle SMS und Mails aus dieser Zeit) zugelassen hatte, dass sie beide die Grenzen der Freundschaft überschritten hätten, dass er sich darauf eingelassen habe. Es tue ihm so leid. Er bereue das so entsetzlich. Und er habe solche Angst, dass Magda ihn nun verlassen würde, was das Schlimmste wäre, das ihm passieren könnte, und dass er nicht mehr verstehen könne, wie er für ein bisschen dummen Spaß alles aufs Spiel setzen habe können, seine Beziehung, seine Familie, sein Leben. Und wie gerne er die Zeit zurückdrehen und alles rückgängig machen würde, aber leider …

Leb wohl. V.

Mein Gott, was für ein schreckliches Pathos, das passte überhaupt nicht zu ihm, das würde ihm doch Magda auch nicht glauben, das glaubte doch keiner. Aber das war jetzt also seine Verteidigungslinie: großes Herunterspielen, theatralische Selbstgeißelung und im Wesentlichen ihr, Helen, die Schuld zuschieben.

Und Helen dachte: dieses Riesenarschloch. Und sie dachte: Oh mein Gott, das Arschloch ist nun auch noch völlig irre geworden. Es muss ihm, dachte Helen, doch klar sein, dass ich nur auf «Weiterleiten» tippen muss, und das geht alles an Magda? Alles von heute, seine ganzen Versuche, die Wahrheit geradezubiegen, an den Tatsachen herumzudoktern und seine Haut zu retten, dass ich ihr das alles mit einem Knopfdruck schicken könnte, das und alles aus den letzten Monaten? Das musste er doch wissen? Wie konnte er davon ausgehen, dachte Helen, dass ich das nicht tue, dass ich nicht versuchen würde, meinen eigenen Arsch zu retten anstatt seinen? Er war, das wurde Helen nun klar, ein totaler Borderliner, das gab's doch nicht, und wieso hatte sie das nicht längst bemerkt? Na gut, hatte sie vielleicht, aber es war ihr egal gewesen, weil Viktor unsichtbar war für alle anderen außer für sie. Aber jetzt würde man ihn sehen, ihn und sie, alle würden ihn sehen, und alle würden Helen sehen oder glauben, sie zu sehen, neben Viktor (und unter ihm und auf ihm), und es gefiel ihr nicht.

Was Helen dann tat: Sie drückte nicht auf Weiterleiten, sie tat gar nichts, sie antwortete nicht auf Viktors Mail, hob nicht ab, als er erneut anrief, und blockierte dann seine Nummer. Sie ließ seine Mails vom Abwesenheitsassistenten mit «Empfänger unbekannt» zurückgehen, entfreundete und blockierte ihn auf Facebook und beschloss, in Zukunft eine Bannmeile einzuhalten um alle Orte, an denen die Möglichkeit bestand, ihn zu treffen. Er war eindeutig verrückt, und Verrückten ging man lieber aus dem Weg.

Und noch etwas tat sie: Sie schrieb Magda ein Mail und entschuldigte sich für etwas, für das es – sie wusste das und schrieb, dass sie das wusste – keine Entschuldigung gab und dafür, dass sie nicht nur ihre Freundschaft verraten hatte, sondern die Freundschaft als solche. Sie schrieb, es habe nichts, überhaupt nichts mit ihr, Magda, zu tun gehabt, und keinen Moment habe sie Magda verletzen wollen, auch wenn natürlich genau das jetzt geschehen sei und Magda das auch nicht glauben und verstehen müsse. Viktor erwähnte sie in ihren Zeilen nicht: So wie es vorher nur um Viktor und sie gegangen war, ging es hier und jetzt nur um sie und Magda, eine Sache zwischen Frauen, die nur zufällig, über Eck, über einen Mann lief. Sie erwartete keine Antwort und bekam nie eine.

Sie schrieb Paul eine SMS und bat ihn, sich am Abend nichts vorzunehmen, sie wolle mit ihm reden, so um sieben herum, wenn es ihm recht sei. Er antwortete, er könne um halb acht daheim sein, ob das passe. Ja, tat es.

Sie rief die Mutter eines Hortfreundes von Hugo an und bat sie, Hugo nach dem Hort mitzunehmen, samt Übernachtung, wenn möglich. War kein Problem, machten sie öfter, auch umgekehrt.

Sie empfing noch zwei Klienten, machte Anrufe, aß lustlos die Hälfte der Mozzarella-Ciabatta, die ihre Assistentin ihr gebracht hatte, diktierte ein paar Briefe, setzte Verträge auf und ging den Kalender durch. Dann fuhr sie nach Hause, duschte, zog sich um, und als Paul kam, öffnete sie eine Flasche Weißwein.

«Ich soll trinken?», fragte Paul.

«Heute ja», sagte Helen, «willst du?»

«Wenn du willst, ja», sagte Paul.

Sie schenkte Paul ein, schenkte sich ein und sagte, sie sehe keine Zukunft für sie beide, das sei keine Liebe mehr, schon lange nicht, und was immer er erfahren würde oder schon wisse, das sei nur ein Symptom gewesen. Es habe jedenfalls keinen Sinn zu kämpfen und es noch weiter versuchen zu wollen, nur falls Paul das erwäge.

Paul erwog nicht. Paul sagte gar nicht viel, trank nur sehr

schnell und machte ein paar zynische Bemerkungen über falsche Heilige, die über das Leben anderer urteilten und selber tüchtig Dreck am Stecken hatten.

Wer es denn gewesen sei?

Da er es eh bald erfahren werde, sagte Helen, könne sie es ihm eh gleich sagen: Viktor.

Paul lachte höhnisch, Viktor, meinst du das ernst?, ausgerechnet Viktor? Was ihr denn an dem … Ach egal. Vollkommen egal. Er schien nicht eifersüchtig. Er war also nicht mal mehr eifersüchtig. Da war wirklich keine Liebe mehr zwischen ihnen, nichts.

Helen sagte, sie werde so schnell wie möglich ausziehen.

Paul sagte, es sei okay für ihn, wenn sie mit dem Kind in der Wohnung bleibe; es war ihnen beiden klar, dass sie das Kind behielt.

Sie besprachen die Trennung wie Bekannte, planten die nächsten Tage, und danach packte Paul das Nötigste und zog in sein Atelier. Im Lauf der folgenden Wochen holte er den Rest seiner Sachen ab. Er fand bald ein eigenes Apartment, in das er übersiedelte, während Helen mit Hugo ein Wochenende bei einer Freundin in Berlin verbrachte. Für Hugo richtete Paul ein nettes kleines Zimmer ein, das Hugo allerdings dann nicht sehr oft benutzte, weil Paul mit dem Laufen und dem Tai-Chi schnell wieder aufhörte und stattdessen mit dem Koks weitermachte, mit dem Speed, dem Rotwein und dem Schnaps.

In den Nächten, in denen Hugo bei ihm war, schlief Helen unruhig, auch wenn Paul ihr versicherte, dass er selbstverständlich nüchtern bleibe, wenn das Kind bei ihm war, so verantwortungsbewusst sei er, was glaube sie denn. An allen anderen Tagen war es Helen meistens egal, was er tat, was er nahm und wie viel davon, wie er sich benahm und mit wem. Es war nicht mehr ihr Leben. Er war nicht mehr da. Das ging sie nichts mehr an, oder kaum mehr was. Es tat ihr nicht weh. Das Kind tat ihr leid, obwohl es nicht mehr so sehr litt wie beim ersten Mal, Kinder gewöhnen sich schnell, und wenn es schon einmal passiert ist, tut es beim zweiten Mal offenbar nicht mehr so weh, und vielleicht spürte das Kind, dass es diesmal echt war, unwiderruflich, für immer. Und vielleicht auch deshalb wurde dann vieles besser. Ruhiger, sicherer. Anders.

Später, danach, hörten sie dann einen anderen Radiosender, den, den Paul immer ganz unerträglich gefunden, Helen aber stets in ihrem Auto eingestellt hatte. Sie gingen samstags auf den Markt, was Paul wegen der Menschendichte nicht ausgehalten hatte. Sie gingen mit Freunden wandern, was Paul immer zu kleinbürgerlich war, wahrscheinlich in Wirklichkeit einfach zu anstrengend. Und sie aßen dann auch Brokkoli, sie und das Kind. Davor hatten sie nie Brokkoli gegessen. Sie hatten immer gesagt, Brokkoli sei blöd, Brokkoli schmecke einfach nur widerwärtig, Brokkoli sei ein Spießergemüse, sie jedenfalls seien keine Brokkoli-Familie. Es war aber eher so, dass Paul kein Brokkoli-Mann war, und sobald Paul von seiner Familie und ihrem Alltag subtrahiert war, erwies sich Brokkoli als wohlschmeckendes Gemüse, das sich auf vielerlei Weise interessant zubereiten ließ und dabei meist attraktiv aussah.

Ihr ging es auch so ähnlich wie dem Kind, sie trauerte, sie trauerte um die Vergangenheit, um das, was sie einmal hatten, was nicht mehr war und aufgegeben werden musste, weil es verkümmert war. Aber sie bereute nicht. Danach.

Nur: Das mit Viktor tat weh, überraschenderweise. Sie war wirklich sehr wütend auf ihn, sie fand, dass er wirklich alles auf die schlimmstmögliche Weise versaut hatte, aber es tat ihr eben auch ein bisschen weh. Und das mit Magda tat ihr sehr leid; sie vermisste sie. Ja, selber schuld, schon klar. Sie war verletzt von der Art, wie ein paar der früheren Freunde und Bekannten sich von ihr abwandten. Auch Bastian und Marlen, sie wusste eigentlich nicht, warum, hatte sie etwa mit Bastian geschlafen? Hatte sie nicht, allerdings wurde ihr zugetragen, dass Marlen herumerzähle, dass sie es bei ihrem Basti auch versucht hätte, was eine dreckige Lüge war, für diesen kreuzbraven Langeweiler hatte Helen sich wirklich nie interessiert, und so gesehen war es ihr jetzt auch egal.

Nur der Ernstl, der Trottel, hatte sich dann irgendwann, als sie ihn zufällig in einer Bar traf, wo sie mit Freundinnen tratschte und gerade am Tresen neue Getränke holte, besoffen von hinten an sie gedrückt, sie spürte seinen Schwanz durch die Hose, und ihr ins Ohr geflüstert, dass er Viktors nun freien Platz schon einnehmen würde; als sei sie ein Wanderpokal, als habe sie es nötig, sich von einem Wichser wie dem Ernstl begatten zu lassen. Auch daran gab sie Viktor und seiner Dummheit und Indiskretion die Schuld: dass sich kleine Arschlöcher wie der Ernstl jetzt trauten, sich ihr gegenüber so etwas herauszunehmen, hätte er früher nie.

Dass sie Kontakt hatte haben müssen mit Ernstls Schwanz, auch wenn ein paar Stoffschichten dazwischenlagen: Das würde sie Viktor nie verzeihen. Hätte Viktor dichtgehalten, wäre Viktor nicht so dumm gewesen, gäb's keinen Ernstl für sie, und sie wäre immer noch eine ehrenwerte Frau, Dr. Stankovski, Helen, die Anwältin. Jetzt war sie Helen, das Flittchen, die skrupellose Ehebrecherin, bei der man es probieren konnte, die lässt ja vielleicht jeden ran, vielleicht auch den Ernstl und vielleicht auch dich.

Helen wartete, dass Viktor irgendwann bei ihr ankriechen würde, aber das tat er nicht. Sie hörte von Rita, die überraschenderweise mit Helen weiterhin auf *Speaking Terms* war, dass Magda ihn rausgeschmissen habe und dass er leide wie ein Viech und ständig bei Rita und Edith auftauche, um sich bei Edith auszuweinen, und Helen stellte fest, dass Rita kein großer Fan vom ehemaligen Lebensgefährten ihrer Frau war. Dass sie Viktor eigentlich für eine lächerliche Figur hielt und ihn nur akzeptierte, weil er nun mal der Vater von Ediths erstem Kind war. Rita unterhielt sich mit Helen in einer Mischung aus Tratschlust und Neugier auf das, was Helen über Viktor zu erzählen hatte, und Helen wusste das und wählte ihre Worte und selektiven Informationen mit Bedacht, weil sie damit rechnen musste, dass Rita es Edith erzählte und Edith vielleicht Viktor. Oder gar Magda.

Weshalb Helen ihre eigene Rolle im Drama möglicherweise ein wenig beschönigte, herunterspielte, etwas zurückhaltender gestaltete. Sie waren mittagessen, saßen sich gegenüber an einem großen Tisch, an dem noch andere Leute saßen, auf ungemütlichen Bänken. Rita – das war sozusagen der Deal zwischen ihr und Helen – sog alles gierig und mit großer Begeisterung auf und erzählte Helen im Gegenzug mit einer gewissen Häme von dem gebrochenen Viktor, der nun versuche, Magda zurückzuerobern, weil er plötzlich festgestellt hatte, dass er doch ein Familienmensch war. Es fehlten ihm aber wohl augenblicklich die dafür notwendigen Mittel. Viktor hatte wohl gerade nicht, was Magda wollte, hatte nichts, was Magda noch gewollt hätte, nichts anzubieten, was Magda gerade brauchen konnte oder wünschte. Und sein Heiratsantrag, um den Magda vor der Katastrophe offenbar immer wieder gebettelt hatte, war nun schon wiederholt und nicht ohne Kraftausdrücke zurückgewiesen worden, was heißt: zurückgeschleudert, an den kaputten Irren, der auf solche Ideen kam, jetzt ausgerechnet.

Rita war es auch, die Helen von all den anderen Frauen erzählte, von denen Helen allerdings nichts gewusst hatte, auch wenn sie das Rita gegenüber nicht zugab, sondern mit einem Na-eh-wissma-doch-Schulterzucken parierte, obwohl die Neuigkeit in ihrem Kopf ein komplexes Zahnradwerk in Bewegung setzte. Einige Frauen, sagte Rita, einige. Arge Sachen. Fotos auf dem Handy und alles, und das waren nur die aus der letzten Zeit, alles davor hat er offenbar regelmäßig gelöscht, tut aber natürlich so, als sei da gar nichts gewesen. Als wäre die Sexsucht plötzlich über ihn hereingebrochen, als käme das wie ein Virus, das er sich irgendwo am Spielplatz eingefangen und das ihn plötzlich infiziert hätte, hahaha. Rita war vor Lachen fast auf den Tisch des Restaurants gefallen, zog mit dem Zeigefinger das Augenlid herunter; dann erzählte sie weiter von den Ficktorias, viel zu laut, wie Helen fand.

Ficktorias? No offense, Helen, sagte Rita, bei dir war das ja offenbar was anderes. Es war natürlich ein offense, total, was sonst. Und sie störten Helen, diese Weiber, diese Ficktorias, zu ihrer eigenen Überraschung. Es war ihr schon klar gewesen, dass sie es bei Viktor mit keinem Chorknaben zu tun hatte, schon aus der Art, wie er sie angebaggert hatte, diese ungenierte Direktheit, diese Routine der Attacke, ohne Scheu vor Zurückweisung. Daran hatte sie erkannt, dass er das öfter probierte, sie hätte allerdings nicht gedacht, dass er so viel Erfolg damit hatte. Dieser durchschnittliche, nicht besonders attraktive Mann. Sie fragte sich, wie er das machte. Aber im Grunde wusste sie es ja, sie hatte sich ja schließlich auch verführen lassen, letztlich. Oder, wie sie es Rita gegenüber darstellte, erbarmt.

Offenbar hatten sich einige andere aber auch erbarmt, und das zwickte Helen. Sie hatte ihn tatsächlich auch einmal darauf angesprochen, an einem frühen Abend auf dem Daybed in ihrem Büro, bin ich eigentlich deine einzige Geliebte, oder gibt's da noch andere? Viktor hatte darauf überraschend verstimmt reagiert, als gehe sie das überhaupt nichts an. Das hier sei etwas zwischen ihnen, alles andere sei nicht ihre Sache. Er hatte offensichtlich etwas zu verheimlichen gehabt, es gab Dinge in seinem Leben, die er ausdrücklich nicht mit ihr teilen wollte. Sie hatte nicht nachgebohrt und es dabei belassen, denn eigentlich war es ihr ziemlich egal. Sie war nicht so sehr verliebt in ihn, ein bisschen, nicht wirklich, sie war vor allem geil auf sein Begehren, auf sein Interesse an ihr und darauf, einmal in der Woche verlässlichen Sex zu haben, zu vögeln und gevögelt zu sein, eine zu sein, die regelmäßig Sex hatte und vögelte, eine, die ein Geheimnis hatte, nicht nur die kühle, straighte, sachliche, langweilige Anwältin. Und für all das war Viktor tatsächlich der Richtige gewesen, plus: Er hatte geliefert, immer. Auf ihn war Verlass gewesen, er hatte die Abmachung erfüllt. Von Exklusivität war nie die Rede gewesen, weder auf ihrer noch auf seiner Seite. Wie konnte man auch von einem Betrüger Treue erwarten, wie konnte man als Betrügerin selbst Treue schwören? Eben.

Aber jetzt, wo alles vorbei war, störte es sie, kratzte es sie in ihrem sonst robusten Selbstbewusstsein, dass sie nicht Viktors heimliche Prinzessin gewesen war, sondern nur ein Teil seines, laut Rita, immensen Harems. Eine von den Ficktorias, auch wenn Rita sie ausnahm, oder halt jetzt so tat, weil Helen ihr zufällig gegenübersaß, hinter ihrer Suppe mit Kokoscurry und Huhn. Sie wollte keine von den Ficktorias sein. Es giftete Helen, und zum ersten Mal bereute sie wirklich, dass sie sich auf ihn eingelassen hatte, auf den Trottel Viktor. Während Rita Reis mit Gemüse gabelte und Helen nun erzählte, dass Ficktor wegen seiner Sexsucht, man könne es ja nun ruhig so nennen, auch wenn Ficktor …

«Kannst du bitte aufhören, ihn so zu nennen? Ich fühle mich davon irgendwie beschmutzt.»

«Hahaha, okay, Wwwiktor», sagte Rita.

«Danke, sehr freundlich von dir.»

«Jedenfalls nennt es Wwwiktor lieber ‹hypersexuell›. Und er behauptet, er sei …»

«Hypersexuell? Ehrlich? Hahaha. Er will wohl, dass es wie eine moderne Kulturtechnik klingt. Eine erotische Kunstform.»

«Eine intellektuelle Spielart der Vielweiberei, hahaha.» Rita nahm den Faden sehr gerne auf.

«Was wolltest du erzählen?» Es interessierte Helen doch sehr.

«Er ist in Therapie deswegen. Er behauptet, jedenfalls Magda gegenüber, er sei schon eine Zeitlang gegangen. Behauptet, er habe sofort damit angefangen, als es wieder akut geworden sei mit seinem Fickzwang. Er nennt es Zwangsstörung. Er geht jetzt jede Woche zu einem Psychiater.»

«Aha. Glaubst du es?» Helen war irritiert. Es machte die Sache mit den anderen Ficktorias nicht besser, dass Viktor offenbar so akut herumvögelte, dass er professionelle Hilfe in Anspruch nahm. Auch das hatte er Helen gegenüber nie erwähnt, natürlich nicht.

«Weiß nicht», sagte Rita, «vielleicht.»

«Merkwürdig», sagte Helen.

«Ja», sagte Rita, «ich glaube ja nicht an Sexsucht. Ich glaube, dass er einfach ein schwanzgesteuertes, rückgratloses Arschloch ist. Sorry.»

Helen lächelte müde.

«Weiß Magda eigentlich, dass du dich mit dem Feind triffst?»

Was Helen eigentlich fragte, war: Weiß Viktor, dass du mit mir in Kontakt bist? Und spricht er über mich? Vermisst er mich?

«Glaub nicht», sagte Rita.

Helen rührte in ihrer Suppe herum. Was machte sie hier überhaupt. Worüber redete sie hier. Sie hatte eine Klientin, deren Exmann sich Zugang zu ihrem Haus verschafft, dort versteckte Kameras installiert und Fotos von ihr im Internet veröffentlicht hatte. Sie vertrat eine Frau, deren Mann oder bald Exmann ziemlich sicher das gemeinsame Kind missbrauchte, auch wenn es bisher nicht zu beweisen war. Sie vertrat einen Mann, dessen Exfrau mit den Kindern ins Ausland gezogen war und ihm jeglichen Kontakt verweigerte. Sie vertrat eine Flüchtlingsfamilie aus Afghanistan, die in ihrer Heimat verfolgt worden war, auf der Flucht alles verloren hatte und dennoch abgeschoben werden sollte. Was machte sie hier. Worüber redete sie hier. Das war doch alles nur völlig belangloser Mist. Nichts als Luxuslappalien. Das war doch alles überhaupt nicht wichtig.

Aber es war eben doch wichtig. War es eben doch. Es war wichtig für sie. Und für Hugo. Es war wichtig, weil sie einmal glücklich gewesen war oder sich zumindest für einen glücklichen Menschen gehalten hatte, und jetzt war sie es nicht mehr. Schon lange nicht mehr. Und sie wollte wissen, warum das so war. Ob es ihr passiert war, ob es ihr zugefügt worden war, oder ob sie es selbst verschuldet hatte. Wo in ihrem Leben sie sich verfahren hatte. Auch wenn das hier wohl der falsche Ort war, es herauszufinden. Vielleicht sollte sie auch eine Therapie machen, wie Viktor, nur ernsthaft.

Und Magda die ganze Zeit: Das ist nicht mein Leben. Das ist nicht mein Leben.

An die ersten Tage danach konnte sie sich später kaum mehr erinnern. Sie hatte ihre Eltern angerufen: Bitte holt die Kinder für ein paar Tage, es ist wichtig. Nein, ich kann nicht sagen, warum, aber es ist wichtig. Ja, es ist leider nichts Gutes, nein, ich sage es jetzt nicht. Wird schon wieder, nehmt einfach die Kinder für ein paar Tage. Zum Glück waren Ferien, und die Vascheks kamen und nahmen die Kinder entgegen von ihrer Tochter, die ihre verweinten Augen vor den Kindern, aber nicht vor ihren Eltern verbergen konnte. Willst du wirklich nicht mit uns darüber reden? Die Kinder waren über die plötzlichen Oma-Opa-Ferien überrascht, aber nicht unglücklich, ein Bauernhof in Tschechien, mit Pferden, Kühen und süßen kleinen Streicheltieren, gut, da fragten sie nicht lange nach, nur Fanny fragte bei der Abschiedsumarmung: Alles okay, Mama? Ja, alles okay, Mausi, hab's schön, ich hab dich lieb. Ich dich auch.

Die Kinder hatten schöne Tage, an die sie sich ihr Leben lang erinnerten, Magda hatte schwere, schreckliche Tage, in ihrer Erinnerung war alles durcheinander und vermischt mit viel Alkohol und ein paar Beruhigungsmitteln: das Weinen, das Schreien, das Reden, das Fragen, das Immer-wieder-Nachfragen, das Nicht-glauben-Können, die Selbstzerfleischung, Viktors Beschwichtigungen, Viktors Erklärungen,

Viktors Reue, Viktors Schwüre, Viktors Verzweiflung, Viktors Antrag. Alles gemeinsam, wie eingekerkert in der verrauchten Wohnung, weil eh schon alles egal war. Dazwischen lagen sie sich in den Armen, hatten betrunkenen, verheulten Sex. Und dann noch mehr Weinen, mehr Schreien und mehr Fragen. Zwischendurch flüchtete Magda hoch in den Schrebergarten, lief durch den Wald oberhalb des Hauses und versuchte, den Kopf klar zu bekommen, aber was dabei nur immer wieder herauskam, war: Alles kaputt. Nicht zu reparieren. Es wurde immer klarer für Magda: Das war so kaputt, das war nicht wieder ganz zu kriegen. Da war mit Kosmetik nichts zu machen, da rottete tief die Basis, ganz tief.

Einen Tag verbrachte sie mit Vesna, schickte Viktor ins Büro, ja, mach doch deine Arbeit, ist ja alles wichtiger als deine Familie!, ALLES!, sie war so hysterisch wie nie zuvor. Viktor: einen Kopf kleiner als sonst, noch unsichtbarer, ganz zerknittert. Vesna war ganz Vesna-ruhig und Vesnasachlich und hörte sich alles an. Und sagte an den richtigen Stellen Scheiße, und nahm sie in den Arm, und weinte mit ihr und schimpfte mit ihr, und widersprach Magda nicht, als sie sagte, dass alles leichter wäre, wenn Viktor tot wäre. Weißt du, es wäre schöner, versteh mich nicht falsch, und Vesna verstand sie nicht falsch, sie wusste genau, was Magda meinte. Es wäre romantischer gewesen. Ein toter Mann, das war was anderes als ein Mann, der ein stadtbekannter Herumficker war. Das wäre ein anderes Mitleid, das man da bekäme. Witwe war besser als Gehörnte, das alles sagte Magda nicht, aber Vesna verstand es trotzdem. Vielleicht sagte Vesna deshalb:

«Weißt du was? Heirate ihn, nimm den scheiß Antrag an.»

«Spinnst du, warum?» Sie waren in Vesnas Küche, Fenster und Balkontüre offen, Magda rauchte fast die ganze Zeit draußen. Sie war jetzt auch tagsüber Raucherin, über Nacht geworden, nicht mehr nur am Abend.

«Ganz ehrlich? Danach kannst du ihn immer noch verlassen. Aber dann hast du was davon, rechtlich, finanziell, in jeder Hinsicht. Du bist ja auch schon vierzig. Du hast drei Kinder. Es ist nicht falsch.»

«Aber es ist auch nicht richtig.»

«Aber falsch auch nicht.»

Magda dachte darüber nach, in einer von den Stunden, in denen sie klar war. Und ja, es hatte was, es passte auch zu diesen ersten Gedanken, die sie gehabt hatte, als sie Viktors Handy durchforstet hatte, in dieser schrecklichen ersten Nacht auf dem Klo. So tun, als sei alles okay, als sei nichts passiert. Aber es war passiert. Er war so einer. Und so einer, das wusste Magda jetzt, änderte sich nicht von heute auf morgen, so einer wurde nicht plötzlich ein anderer, wie er es natürlich versprochen hatte in den Tagen nach der Katastrophe, in denen er ihr, glaubhaft sogar, versichert hatte, wie viel sie ihm bedeute und dass er nicht sein wolle ohne sie und die Kinder, dass er sich das Leben ohne diese Familie nicht mehr vorstellen könne. Aber er war trotzdem so einer, und er würde so einer bleiben. Sie konnte ihn so nehmen, wie er war, oder nicht. Und sie konnte es nicht. Es war falsch, für sie, für Magda, war es falsch. Es passte nicht. Sie hätte so gern geheiratet, davor. Sie hätte so gern diesen goldenen

Ring an der Hand getragen: davor. Aber die Welt, die sie damit besiegeln hatte wollen, gab es nicht mehr, und das Leben, das sie geliebt hatte, war nicht mehr. Nicht mehr wie vorher. Und es würde auch nicht mehr so sein, und es wäre verlogen gewesen, nicht mehr richtig, ganz falsch.

Also verließ Magda Viktor sofort. Sie warf ihn raus. Sie packte, gemeinsam mit der eher skeptischen Vesna und ein paar starken tschechischen Cousins von Cousins aus ihrem Holzkarteikasten, Viktors Sachen in Kisten und ließ das Zeug in das Lager eines weiteren Cousins bringen, wo es Viktor abholen konnte. Es war an einem Tag erledigt. Sie rief ihre Mutter an und erklärte ihr alles und sagte ihr, dass die Kinder jetzt heimkommen konnten. Bist du sicher, sagte ihre Mutter. Ja, sagte Magda. Sie machte den Mädchen Schinken-käsetoasts mit extra viel Käse, wie sie es liebten, und sie verschlangen alles glücklich, während sie begeistert von dem Bauernhof erzählten und Magda danebensaß, ihnen zusah und laut weinen wollte, weil sie ihnen ihre schöne Bullerbü-Welt gleich für immer zerstören würde. Vielleicht hätte sie doch … Vielleicht hätte sie sich doch anders entscheiden, den Betrug ignorieren sollen, den Kindern zuliebe … Sie brachte Heidi ins Bett, sang ihr ein tschechisches Schlaflied und setzte sich dann mit den beiden Größeren aufs Sofa. Und erzählte ihnen, dass ihr Vater ausgezogen sei und ausgezogen bleiben würde, und die Kinder sahen sie an, als sei sie verrückt geworden. Und weinten dann fürchterlich und endlos, alle beide, links und rechts in ihrem Arm. Und dann, nicht mehr in ihrem Arm: Wieso, Mama, WIESO?

Magda weinte mit, leise und verzweifelt, obwohl sie eigentlich die starke Mutter sein wollte, aber es gelang nicht, es gelang einfach nicht, weil sie wegen der Kinder weinte, die ihr so entsetzlich leidtaten. Für Magda war es die richtige, die einzige Entscheidung, aber für die Kinder hatte es nichts Gutes. Nichts. Für die Kinder machte es alles kaputt, es nahm ihnen den Vater, es zerstörte ihr Vertrauen, es raubte ihre Sicherheiten. Für die Kinder war davor alles gut gewesen, jetzt war alles schlecht, ohne ihr Zutun, gegen ihren Willen, sie konnten nichts machen. Sie konnten nur schluchzen, die halbe Nacht lang, die sie bei Magda im Bett schliefen, so wie die meisten der folgenden Nächte.

Später, später würde sie den Kindern vielleicht einmal sagen können, dass sie das auch für sie gemacht hatte, dass sie ihnen habe zeigen wollen, dass man gehen kann, wenn es nicht stimmt, dass man sich nicht schicksalhaft einer unerträglichen Situation ausliefern muss, einem falschen Leben, das man nicht leben möchte. Aber im Augenblick war es für die Kinder einfach nur eine Tragödie und die komplette Zerstörung ihrer wunderbaren, heilen Welt.

Und auch für Magda war das, was dann kam, nicht ihre Welt, nicht ihr Leben. Nichts davon hatte sie gewollt, sie war dazu gezwungen worden, von Viktor, von den Umständen. Aber natürlich musste sie dann die ganze Zeit so tun, als wäre es das doch. Als wäre sie noch die Alte, oder zumindest eine Bessere, Andere, Neue. Musste auf Facebook Fotos von sich posten, auf denen sie glücklich aussah (ohne Viktor), auf denen sie Spaß hatte (mit Freundinnen, ohne Viktor), auf denen ihre Autonomie selbstgewählt wirkte: Seht, ich hab ihn rausgeschmissen, es war meine Entscheidung! Ich bin eine starke, selbstbestimmte Frau! Es geht mir gut!

Aber es ging ihr nicht gut. Viktor hatte alles ruiniert, hatte sie ruiniert. Sie hatte einen Lebensplan gehabt, und Viktor hatte ihn kaputt gemacht. Sie hatte Viktor gewollt und das Leben mit ihm, und Viktor machte es ihr nun unmöglich, das weiter zu wollen. Weil: Wie sollte sie? Und hätte sie gekonnt? Er hatte sie gedemütigt, in aller Öffentlichkeit, sie hatte ihren Stolz, sie konnte nicht zurück.

Als Viktor angekrochen kam und ihr am Telefon den Antrag machte, den nächsten von noch vielen folgenden Anträgen: Sie hätte trotz ihrer Wut, trotz ihres Schmerzes, trotz der Verletzung und der Demütigung gerne ja gesagt. Sie hätte gerne gesagt: Ja, ich will. Weil es einerseits die Wahrheit war, weil sie es wollte, es war die finale Erfüllung dessen, was sie gewollt, was sie sich hier gebaut hatte, des Lebens, das sie liebte, und Viktor war ein Ermöglicher dieses Lebens gewesen. Aber andererseits leider eben der Falsche. Er hatte sie gedemütigt und verraten, und deshalb konnte und wollte sie nicht ja sagen, nicht zu ihm, nicht zu so einem.

Beim ersten Mal legte sie einfach auf.

Beim zweiten Mal, er hatte gerade die Kinder zurückgebracht, warf sie ihm die Tür ins Gesicht. Beim dritten Mal war sie bereit, sich mit ihm zusammenzusetzen, auf einer Bank im Park.

Viktor sagte: Bitte, Magda, bitte.

Magda sagte: Wenn du dich jetzt hinkniest, bin ich auf der Stelle weg.

Viktor sagte: Ich weiß. Ich weiß das. Werd ich nicht.

Magda sagte: Wenigstens. Du hast dich rasiert. Schaut besser aus.

Viktor sagte: Ja, du hattest recht. Du hast immer recht.

Magda sagte: Ich weiß.

Dann sagte sie nichts mehr, antwortete auch nicht, während Viktor redete und redete und erklärte und erklärte und alles nur noch schlimmer machte.

Magda sagte: Du machst alles nur noch schlimmer.

Viktor sagte: Wieso?

Magda sagte: Ich geh jetzt. Danke für den Antrag. Aber: Danke, nein.

Viktor sagte: Weil ich ein Arschloch bin, ich weiß.

Magda sagte: Ja und nein.

Viktor sagte: Was.

Magda sagte: Ja: Du bist ein Arschloch. Nein: Du weißt es nicht.

Viktor sagte: Ich weiß es. Es tut mir so leid.

Magda sagte: Eben nicht. Nimmst du am Freitag die Mädchen, wie ausgemacht?

Viktor sagte: Ach ja, darüber wollte ich mit dir auch noch sprechen. Ich kann am Freitag leider doch nicht. Der Minister … Aber ich kann wen organisieren, der auf die Mädchen aufpasst.

Magda sagte: Wie ich sagte.

Viktor sagte: Ach komm, Liebste, ich sagte doch, ich kümmere mich darum.

Magda sagte: Tschüss. Wir mailen.

Viktor sagte: Süße. Bitte.

Später fragte sich Magda oft, wie alle anderen das schafften. Wie sie diesen Schmerz aushielten, diese Demütigung und diese Kränkung. Wie sie es schafften, Lebwohl zu sagen zu einem, der fast oder mehr als das halbe Leben lang da war, in denselben Zimmern, im selben Bett. Und wie der andere es ertrug, nicht mehr da zu sein, obwohl: Viktor ertrug es eh nicht. Wie man weiterleben konnte, nachdem man den anderen gehen hatte lassen, und wie der andere selber einfach gehen konnte. Und wie sie einfach alle weitermachen konnten. Und wie sie dann oft mit jemand anderem einfach weitermachen konnten, wie das überhaupt möglich war, und bei manchen auch noch so schnell. Jeder trennte sich ein- oder mehrmals im Leben. Mehr als die Hälfte aller Ehen wurden geschieden, und keine ohne Verletzung und ohne dass es weh tat. Gut, vielleicht eine mal, ganz selten. Aber weil es fast alle überlebten, dachte man: Ist ja vielleicht gar nicht so schlimm. Kann wohl also nicht so schlimm sein. Geht ja jedem Zweiten so, und sind alle noch da, die allermeisten, haben neue Leben angefangen, neue Partner gefunden, neue Familien gegründet. Scheint ja nicht so ein Drama zu sein. Ist ja ein ganz normales Ereignis in einem ganz normalen Leben, das jedem einmal passiert und manchem öfter, keine Katastrophe. Magda hatte das auch gedacht.

Aber es war schlimm. Es war eine Katastrophe. Es war der schlimmste Schmerz, den sie je erlebt hatte. Und er schwoll an. Er schwoll an, dann schwoll er ein bisschen zurück, und sie glaubte, sie könne es ertragen, es würde schon besser, erträglicher, und dann schwoll er wieder an, und es war schlimmer als zuvor. Sie war am Leben, sie funktionierte, sie schaffte es, aber alles tat ihr weh, einfach alles.

All about Lisbeth: Lisbeth liebte Viktor, wirklich. Sie hatte ihn schon bemerkt, als er damals mit Josi in ihrer Wohnung war, er hatte ihr schon gefallen damals, aber er gehörte Josi. Sie hatte ihn gesehen und gedacht: Du. Du bist es. Sie konnte nicht erklären, warum das so war. Vielleicht hatte sie es in einem Film so gesehen, und es hatte ihr gefallen. Aber auf jeden Fall war es so. Du. Nachdem Christopher gestorben war, hatte es niemanden mehr gegeben, der bei ihr auch nur eine Idee von Interesse ausgelöst hätte, eine Ahnung von Zusammengehörigkeit, nichts. Bei keinem hatte sie zweimal hingesehen. Dann sah sie Viktor, und sie sah: Der ist es. Aber Viktor war nicht frei, in so vielfacher Hinsicht nicht. Also sah sie wieder weg, es brachte ja nichts. Sie sah Viktor und sah wieder weg. Und sie sah ihn dann ja auch faktisch nicht mehr, und während sie ihn nicht mehr sah, verblasste er in ihr.

Nachdem Christopher gestorben war, nachdem sie ihn vergehen und verrecken sah, schockierend schnell, während sie gerade noch versucht hatten, ein Kind zu bekommen, gab sie ihren Job im Controlling der Bank auf. Sie wollte etwas Besseres tun, etwas Gutes, etwas, das ihr Freude machte. Und so ging sie zur Caritas, ins Management. Christophers Tod hatte sie erschüttert, in jeder Beziehung, es dürstete sie nach etwas Sinnvollem, etwas, das die Welt besser machte, nicht ungerechter, und bei der Caritas hatte sie es, anders als in der Bank, mit Leuten zu tun, die das auch wollten. Es war besser. Und sie lernte dort Jakob kennen, der sie bald liebte. Er war sehr engagiert. Er war sehr nett. Er sah nicht schlecht aus. Er hatte keine übertriebenen Macken, er rauchte nicht, und er trank wenig. Und er wollte sie. Er schrieb ihr liebevolle Mails, er brachte ihr Blumen und kleine Geschenke, sie machten zusammen Urlaub in den Bergen und am Meer. Sie sprachen übers Zusammenziehen. Jakob liebte Lisbeth. Es war okay, nein, mehr noch: Es war schön. Lisbeth dachte wieder an ein Kind, vielleicht sogar an zwei.

Dann sah Lisbeth Viktor wieder, beim Begräbnis eines Kollegen, der mit Viktor zur Schule gegangen war: Und es schnitt in sie ein, hackte sie entzwei. Und Lisbeth beschloss, egal wie und egal, wie ungünstig die Rahmenbedingungen noch immer aussahen, ihn diesmal nicht weggehen zu lassen; er sollte nicht wieder verschwinden und verblassen.

Und das tat er auch nicht. Er blieb, vorhanden und präsent. Sie gab ihm, was er brauchte, und bekam dafür ihn, Viktor. Ganz allmählich, sehr langsam gab sie ihm einen Platz in ihrem Leben, und den nahm er ein. Sie liebte ihn, eigentlich sofort, auf jeden Fall aber, nachdem sie das erste Mal miteinander geschlafen hatten. Und sie war so beseelt, in diesen Tagen nach dem ersten Mal, sie hätte alles auf den Kopf stellen wollen. Alles passte zwischen ihnen, es war eine derartige Harmonie, ein so unglaubliches, seltenes Gleichschwingen: Lisbeth spürte es, und sie war sicher, dass Viktor es auch spürte, wie könnte er nicht. Aber Viktor hielt etwas zurück, das merkte sie dann. Natürlich. Er hatte ein Leben, eine Familie, das überforderte ihn alles. Und sie hatte auch ein Leben und hatte Jakob, hatte ebenfalls allen Grund zu zögern. Sie waren beide nicht frei, nicht bereit für ein gemeinsames Leben, noch nicht. Später vielleicht. Es würde alles kommen, wie es kommen sollte. Es würde richtig werden, Lisbeth war sich sicher.

Und sie hinterfragte Viktor nicht, er war offenbar verliebt in sie, auch wenn er das nicht so sehr zeigte und kaum in diesen Worten schrieb. Aber sie fühlte es. Viktor gab Lisbeth, was sie brauchte: das Gefühl, sein Mädchen zu sein, sein heimliches zwar, weil die Umstände eben waren, wie sie waren, aber: sein Mädchen. Er liebte sie zurück, Lisbeth war davon überzeugt, und sie hatte Beweise, Mails, SMS, Dinge, die er gesagt und getan hatte, das Vertrauen, das er offensichtlich in sie hatte. Und mit den zwei oder drei eingeweihten Freundinnen untersuchte, analysierte und drehte sie diese Beweise so lange herum, bis für Lisbeth herauskam: Viktor liebte Lisbeth zurück. Er hatte es ja auch einmal gesagt. Gut, da war er ein bisschen bekokst gewesen, aber er hatte es gesagt. Und sie wusste es ja sowieso.

Jedes ihrer Treffen mit Viktor sehnte Lisbeth herbei, wie sie als Kind ihren Geburtstag ersehnt hatte: Sie organisierte Tage und Termine um Viktor herum, sie machte nichts anderes aus für die Woche, solange sie nicht wusste, wann Viktor Zeit hätte. Wenn Viktor Zeit hatte, hatte Lisbeth auch Zeit, immer, und wenn Lisbeth keine Zeit hatte, schaffte sie sich die Zeit. Wenn Viktor verschob, verschob auch Lisbeth: Sie sagte Mittagessen mit Freunden ab, änderte berufliche Termine, hantierte mit Wochenenden, die sie mit ihrer Familie geplant hatte. Wenn Viktor eine SMS oder Mail oder WhatsApp-Nachricht schickte, war es ein guter Tag, wenn nicht, eher nicht. Lisbeth legte das Smartphone niemals weiter weg als auf den Tisch vor ihr, auf den Nachttisch neben ihr, es war ihre Verbindung zu Viktor, ihre einzige fast, im Moment jedenfalls noch.

Sie wartete auf eine SMS von Viktor, bis sie einschlief, und wenn das Smartphone in der Nacht tatsächlich einmal ein Geräusch von sich gab, wachte sie sofort auf, wartete ein paar Minuten und ging dann, wenn Jakob da war, damit aufs Klo, um eine von Viktors beschwingten Nachrichten zu lesen, ein bisschen geil meistens. Im Lauf der Zeit wurden diese nächtlichen Nachrichten seltener, aber in den ersten Wochen simste Viktor häufig. Natürlich wurde Jakob, wenn er bei ihr schlief, davon auch wach und fragte, was sie da für Nachrichten bekomme und warum sie sie beantworte, und sie erzählte ihm, dass ihre Schwester Liebeskummer habe, ganz fürchterlichen. Sie hatte Viktor als *Josi* eingespeichert und Josi als Josi, und hätte Jakob den Namen je aufleuchten sehen, er wäre nicht misstrauisch geworden.

Lisbeth hatte ihm gegenüber ein schlechtes Gewissen. Ja, Jakob war nett zu ihr, aber er war auch ein wenig langweilig, sehr berechenbar, ein freundlicher Spießer, ein braver Gutmensch, der mehrmals die Woche nach der Arbeit laufen ging und an den Wochenenden auf die Berge wollte. Das war eigentlich schön. Und Lisbeth wusste, dass Jakob gut für sie war, gesund, er war lieb zu ihr, konnte gut ihre Stimmungen auswuchten, er kannte die labile Verfassung, aus der sie sich nur mit Mühe nach Christophers Tod geschält hatte. Umgekehrt wusste Lisbeth auch, dass Viktor für sie und ihre seelische Gesundheit eigentlich nicht gut war, mit den Lines, die er für sie auflegte, und den Joints, die sie manchmal mit ihm rauchte, schon am Nachmittag, von denen sie paranoid und fahrig wurde. Und hinterher oft beinahe unfähig, mit Jakob zu kommunizieren, in ihrem Versuch, sich unter Kontrolle zu bekommen, wieder ins normale Leben zu finden, wenn sie Jakob danach noch traf. Was sie allerdings so gut wie möglich zu vermeiden versuchte, denn das passte nicht zusammen, und sie wollte in Erinnerungen an Viktor schwelgen, nachdem er gegangen war, sie wollte sich darüber freuen, dass das neue Tattoo auf seiner Leiste offensichtlich ihr gewidmet war, sah es nicht aus wie ein L, es sah doch aus wie ein L?

Lisbeth fand gut, was Viktor gut fand, und sie tat, was er gerne tat, und wenn ihm vor dem Sex nach Kiffen war, war es ihr auch danach. Sie fing an zu rauchen, wegen Viktor, damit er sich besser fühlte, wenn er in ihrem Schlafzimmer rauchte. (Jakob verstand es nicht, fand es schrecklich, natürlich.) An Tagen, an denen sie mit Viktor verabredet war, rasierte und schmierte sie in der Früh sorgfältig ihren mageren Körper, zupfte Haare aus und zog ihre guten Dessous an, manchmal Strümpfe. Es passte eigentlich nicht zu ihr, und sie kam sich verkleidet vor, aber Viktor schien es zu gefallen: Wahrscheinlich, nahm Lisbeth an, bekam er daheim nicht allzu viel von so was. Sie hatte Magda einmal gesehen, eine große, lässig in Jeans und Sneakers gekleidete Frau Anfang vierzig, mit schönen Haaren, die zu einem schlampigen Dutt zusammengedreht waren. Sie schien überhaupt nichts mit

Lisbeth gemein zu haben. Sie trug, soweit Lisbeth beurteilen konnte, kein Make-up, während Lisbeth sich sorgfältig schminkte; und an den Tagen, an denen sie Viktor traf, stylte sie ihr kurzes, Marilyn-blond gebleichtes Haar aufmerksamer als sonst, zwängte sich in schmale Röcke und zog bessere Schuhe an. Was Viktor alles nicht zu bemerken schien, aber er liebte ihre Brüste, und Lisbeth überließ sie ihm gern. Sie überließ ihm alles. Solange Viktor nur zu ihr kam, solange er sie küsste, wie er sie küsste, solange er mit ihr Liebe machte, genau so, wie er es tat.

Wenn Viktor da war, dann veränderte sich ihr Zimmer. Es bekam ein Zentrum, einen Magnetismus. Das Licht änderte sich, die Temperatur, die Wände strahlten Wärme aus. Viktor war Lisbeths Sonne. Mit ihm fühlte sie sich wie in einem anderen Raum-Zeit-Kontinuum, in einer Welt, die mit ihrer normalen nichts zu tun hatte. Sie führten wunderbare Gespräche. Sie hatten Spaß. Sie passten zueinander. Alles stimmte, alles war gut: Die Nachmittage mit Viktor waren eine Auszeit von allem, die Vorfreude darauf machte ihre Tage besser, die Restwärme verschönerte ihre Tage, manchmal die ganze Woche. Der Sex mit ihm war phantastisch, es war wie … Lisbeth fand nur kitschige Umschreibungen dafür, RTL-Vorabend-Metaphern: Sex mit Viktor war wie Tanzen auf Wolken, Trampolinspringen in Zeitlupe, war so, wie sie sich Wingsuit-Fliegen vorstellte.

Wobei dieser Vergleich vielleicht gar nicht so abwegig war. Denn genau so fühlte sich dann auch der Crash an, als sie abstürzte. Mit Jakob lief es nicht mehr so gut, sie hatten einfach nicht genug gemeinsam, dass es ausreichte. Er wollte fit und nüchtern und nett bleiben, sie wollte sich lieber ein bisschen gehenlassen, bisschen leben. Sie trennten sich, überraschend unschön, und Lisbeth versuchte, Jakob aus dem Weg zu gehen, auf der Arbeit. Obwohl es ihr eigentlich egal war: Sie hatte ihren Wingsuit an und flog zu Viktor.

Nur dass in Richtung Viktor plötzlich etwas mit der Thermik nicht mehr stimmte. Lisbeth wusste natürlich, was los war: Viktor hatte sich verändert von dem Moment an, als sie ihm die Trennung gestanden hatte, die zu diesem Zeitpunkt schon ein paar Wochen zurücklag. Sie hatte gezögert, vielleicht weil sich tief in ihrem Bewusstsein eine Ahnung versteckte, was dann passieren würde. Und es passierte.

Plötzlich hatte Viktor das eine oder andere Mal keine Zeit mehr, sagte ab, verschob. Die Festivalorganisation fraß ihn auf. Er schickte liebevolle Mails, voller Bedauern, aber er fand keinen freimachbaren Nachmittag diese Woche, es tut mir so leid. Schauen wir nächste? Aber in der nächsten war auch etwas, und dann fingen die Probleme mit seiner mittleren Tochter an, die offenbar sehr krank war, besorgniserregende Symptome zeigte, man musste Schlimmes befürchten. Magda verbringe, schrieb Viktor, viel Zeit mit dem Kind bei langwierigen Untersuchungen in verschiedenen Stationen verschiedener Krankenhäuser, weshalb Viktor zu Hause unabkömmlich sei. Bis auf weiteres. Er sei außer sich vor Sorge, schrieb Viktor, er werde sich wieder melden, sobald Ärgeres hoffentlich ausgeschlossen wäre, die Situation sich beruhigte; sie möge an ihn und das Kind denken, er schicke ihr viele Küsse.

Irgendwann schnallte es auch Lisbeth. Viktor würde nicht mehr kommen. Es war aus. Er hatte sie abgewimmelt, abserviert, das war's. Auf ihre Mails antwortete er nur noch vereinzelt. Sie schrieb ihm hin und wieder noch eine Karte, aber dann auch das nicht mehr. Sie hatte es geschnallt.

Und sie dachte dennoch jeden Tag an Viktor, von früh bis spät. Sie wachte auf mit dem Gedanken an ihn und schlief ein mit Viktor. Sie hasste es, aber es ging nicht weg. Sie litt. Sie fing an zu laufen, aber es ging nicht weg, sie dachte auch beim Laufen an ihn. Sie arbeitete mehr, so viel wie möglich, oft bis spät in die Nacht hinein. Sie war viel auf Facebook, postete aktiv Fotos von sich und ihren Unternehmungen und hoffte, Viktor würde sie sehen. Sie nahm die Einladung von Freundinnen an, mit nach Griechenland zu kommen, für zwei Wochen, in der Hoffnung, dass es weggehen würde, wenn sie woanders war und unter Leuten. Aber es ging nicht weg. Es wurde sogar schlimmer, ohne die Arbeit, in diesem Idyll, ohne Viktor. An einem Morgen schließlich schickte sie ihm eine Nachricht: *Das können wir besser, Viktor.* Weil sie überzeugt davon war, dass niemand es besser konnte als Viktor und sie, zusammen.

Aber er antwortete nicht. Und am Nachmittag dieses heißen griechischen Tages, an dem er nicht antwortete, zog sie sich zurück auf ihr Zimmer, klappte auf dem Balkon den Laptop auf und las alle Mails, die Viktor ihr geschrieben hatte, alle nächtlichen SMS, und hörte dazu «I know» von Fiona Apple, ein Lied, das von ihr und Viktor zu handeln schien. Sie trank griechischen Wein. Und sie fand in den Mails all das, was sie gesucht hatte, auch noch in den letzten, sogar in den letzten: Alles war voll von seiner Liebe, der offenen und sehr versteckten. Das war doch alles klar. Das war doch alles total deutlich! Sie spürte es doch, hatte es immer gespürt. Und ihr wurde klar, ohne jeden Zweifel, dass es Viktor auch so ging und dass er nur aufgrund seiner schwierigen Situation nicht die Kraft hatte, zu ihr zu stehen. Oder auch nur zu antworten. Aber sie, Lisbeth, sie hatte die Kraft. Sie hatte Kraft für beide. Viktor brauchte vielleicht nur einen kleinen Schubser. Ja, er braucht nur einen Schubser, er kann den Schritt nicht selber machen, aber ich kann das für ihn. Sie konnte das, Lisbeth fühlte es jetzt, und es strömte durch sie hindurch. Sie musste das jetzt machen, denn sonst saß sie hier in einem Jahr immer noch, irgendwo auf einem Balkon, allein, immer noch. Und er immer noch in seinem Limbus, aus dem er selber nicht rauskam, in dem sie beide gefangen waren. Also hatte sie es getan, tat es für sich und für Viktor, vor allem: für ihn.

«Grumelfdlrjfd.»

«Was?»

«Grumelfdlrjfd!»

«Was?!»

«Grumelfdlrjfd!!!»

«WAS!?»

Das «Was» stieg immer steiler in die Höhe, wurde immer schärfer, es durchschnitt Viktors Heroinschläfrigkeit und auch den beständigen, wandernden Schmerz auf seiner Brust.

«He, geht das auch ein bissl leiser? Ich arbeite hier. Bisschen Ruhe wär schön!»

Larissa hatte es nicht gern, wenn man sie in ihrer Konzentration störte, das Gespräch irgendwo hinten in ihrem Studio verstummte, und Viktor fand das gut. Larissa war hier die Chefin. Und sie hielt eine Waffe in der von dünnem, blauem Nylon überzogenen Hand, eine pulsierende Maschine, und mit dieser Maschine bearbeitete sie gerade Viktors Brust. Seine rasierte Brust. Dem waren Gespräche vorausgegangen.

«Ich frage aus rein professionellen Gründen: Bist du dir sicher?»

«Ja.»

«Na gut, dann frage ich dich auch noch als alte Freundin: Bist du dir sicher, Viktor?»

«Ja!»

Sie standen in Larissas Studio, vor Larissas großem Spiegel, Viktor mit nacktem Oberkörper, Larissa hinter ihm, mit skeptischem Blick.

«Ich dachte, sie hat dich verlassen?»

«Ja, eben.»

«Aber vielleicht hat sie es genau so gemeint.»

«Egal.»

«Vielleicht kommt sie nie wieder zurück.»

«Vielleicht schon.»

«Und vielleicht steht sie auf so was gerade nicht.»

«Vielleicht aber schon. Vielleicht versteht sie, dass ich es ernst und endgültig meine. Und mich sozusagen markiere für sie. Nur für sie.»

«Dann solltest du das vielleicht lieber woandershin tätowieren lassen statt auf die Brust.»

(Larissa: Viktor hatte sie einmal, nachdem er sich auf den linken Oberarm eine halbnackte Frau auf einer Bombe hatte stechen lassen, so B52s-Pin-up-artig, so ähnlich, wie er es bei Daniel Josefsohn gesehen hatte, ins Badezimmer verfolgt, die Tür geschlossen und sie an die Wand gedrückt. Er hatte gesagt: Das wollte ich immer sch–. Mehr nicht, denn an dieser Stelle drückte sie ihm ihr Knie sehr schmerzhaft gegen die Hoden, als freundschaftliche Andeutung dessen, was sonst noch so möglich wäre. Während sie ihn grob von sich wegschubste, fragte sie ihn, ob er jetzt komplett deppert geworden sei. Echt Viktor, du Idiot. Viktor hatte gesagt: Sorry; und sie hatte gefragt, ob er sich lieber woanders tätowieren lassen wolle, und er sagte nein, sie sei doch die

Beste. Dann lässt du so einen Scheiß künftig, hatte Larissa gesagt, und er hatte den Scheiß künftig gelassen.)

«Ha. Ha. Ha», sagte Viktor.

«Aber vielleicht vertreibt sie so ein Tattoo gerade endgültig.»

«Wieso?»

«Weil sie es vielleicht als eine Art Stalking empfindet. Ich sag nur. So wie die Frau von diesem Ami-Musiker, der sie Länge mal Breite betrogen hat und dann, als sie ihn rausgeschmissen hat, ein Album mit ihrem Namen gemacht hat.»

«Was für ein Musiker? Welches Album?»

«Den Musiker hab ich vergessen. Eh ein schlechter. Aber berühmt, hatte irgendeinen Hit ... Hab ich auch vergessen. Aber das Album hieß dann PAULA. Das hab ich mir gemerkt.»

«Und?»

«Die Medien haben es nicht gut aufgenommen.»

«Aha. Und Paula?»

«Hat sich sofort scheiden lassen, soweit ich weiß.»

«Aha.»

«Also, du bist sicher, dass du das da gestochen haben willst. So groß und fett, wie ich es dir skizziert habe.»

«Jess, Madam.»

«Und mit dem Gemüse im Hintergrund.»

«Das sind Lindenblätter. Magda liebt Linden. Wir haben Linden im Garten.»

«Okeeeee.»

«Noch mal, Larissa: JA, ich will das.»

«Aber …»

«Weißt du, Mädchen, du bist wirklich eine super Tätowiererin. Sonst wäre ich gar nicht hier. Du quatschst nämlich viel zu viel.»

«Na gut, mach dich flach. Das Mädchen legt dann mal los.»

«Gut», sagte Viktor, «ich geh nur noch schnell aufs Klo.»

«Du siehst übrigens komisch aus, so ohne Bart.»

«Jaja, danke, ich bin gleich zurück.»

Jetzt lag er da, in schönem, warmem, wattigem Dusl. Das Surren der Maschine vermischte sich gleichmäßig mit dem gedämpften Schmerz oberhalb seines Sternums, der Schmerz vermischte sich mit den Stimmen im Studio. Sein Dealer hatte ihm unlängst zusätzlich zum Üblichen ein kleines Briefchen Heroin zugesteckt, da, was Braunes, probier mal, und heute hatte Viktor gefunden, es sei der geeignete Zeitpunkt, ein bisschen davon durch die Nase zu ziehen. Er hatte das schon davor ein- oder zweimal probiert, Heroin ging gerade herum. Früher hatten nur stinkende, kaputte Straßenjunkies Heroin genommen, jetzt war es in der Kunstszene wieder schick. Sogar die alten Säcke waren plötzlich interessiert. Man war jetzt wieder Boheme, hippiger, entspannter, weniger aggressiv, wieder mehr William S. Burroughs als Hunter S. Thompson, mehr Kippenberger als Hirst, eher Normcore als Haute Couture. Viktor war es recht. Er ließ sich hineinsinken, während er den Schmerz, der sich jetzt dennoch verstärkte, wegatmete und sich in den weichen Boden des Waldes fallen ließ, mit dem Larissa die Studiodecke fototapeziert hatte: hellgrüne Wipfel, durch die sanft und warm die Sonne brach. Es erinnerte ihn an ein Bild, das Magda gemacht hatte, von den Linden im Garten, und wie die Abendsonne durch die Blätter rieselte, und er vermisste sie.

Viktor meinte es ernst. Wirklich ernst. Er wollte heim. Er wollte seine Familie wiederhaben und alles, was dazugehörte: die Gespräche mit Magda, das unkomplizierte, unbeschwerte Geplauder mit den Kindern, das Chaos in der Wohnung, das Gefühl, dass alle da waren, wenn er heimkam, von wo auch immer. Er wusste jetzt, wo daheim war. Gewusst hatte er es vorher schon, aber jetzt spürte er es auch, sein ganzer, wunder, weher Körper spürte es. Er hatte das schlimmste Jahr seines Lebens hinter sich, und er wollte, dass dieses Jahr zu Ende ging und mit ihm auch das Schlimme, er wollte, dass es besser wurde, wieder gut. Und er wollte nicht, dass irgendwas Neues wurde, er wollte das Alte zurück, das gute Alte, das er viel zu wenig geschätzt hatte, früher. Aber der von früher war er nicht mehr. Er war jetzt ein anderer. Er nahm die Therapie jetzt ernst. Und er war jetzt fünfzig, war fünfzig geworden auf die traurigste Weise: nicht mit seiner Familie, mit all seinen Freunden, nicht mit dem stolzen Strahlen seiner Frau vor sich – so nannte er Magda jetzt: seine Frau, auch wenn sie das eben gerade nicht sein wollte –, sondern beim Kühn, mit dem Sam und dem Ernstl und dem Schrader, und die Geschenke waren die üblichen gewesen. Es wäre ihm falsch vorgekommen zu feiern, es war ihm nach nichts weniger als danach. Sogar seine nervigen Schwestern hatten das kapiert, vor allem seine jüngste Schwester, bei der er in einer Art Geschwister-WG wohnte, seit Magda ihn hinausgeworfen hatte. Er könne halt nicht ganz ohne Frau leben, der arme Vicky: Seine Schwestern machten sich lustig über ihn, aber okay, es war ja auch so.

Sein Leben bestand jetzt daraus, ernsthaft zu arbeiten und um Magda und seine Familie zu kämpfen. Das eine lohnte sich, das andere noch nicht. Das Festival stand im zweiten Jahr gut da, es stand stabil und war, wie ihm Kollegen, Journalistinnen und auch der Stadtrat nach der letzten Sitzung bestätigten: schon sehr mutig, das alles, gewagt, aber unbedingt das Risiko wert. Das könnte wirklich eine ganz große Sache werden, ein wirklicher Erfolg, der weit strahlen würde, ein Leistungsausweis für Viktor, ein Ernsthaftigkeitsbeweis, der Viktors Ruf nicht nur in der internationalen Kulturszene festigen würde, sondern, dachte Viktor, vielleicht auch seine Position bei Magda verbessern könne. So wie seine tatsächlich ernsthaften Bemühungen um seine Töchter.

Er strengte sich an, gut, es ging wegen seiner Arbeit nicht immer so, wie er gerne hätte, aber er nahm die Mädchen, so oft er konnte, brachte sie, holte sie ab (oder ließ sie von Lisa holen) und unternahm was mit ihnen. Und Magda hatte das bemerkt, musste es bemerkt haben, und falls nicht, scheute er sich nie, sie darauf hinzuweisen, immer wieder: Schau, ich bin jetzt ein anderer! Schau, sogar der Bart ist ab, ich hab mich glatt rasiert für dich, ich kann mich ändern, will mich ändern, verändere mich für dich: Ich bin nicht mehr der alte Viktor! Und ich bin dir jetzt treu, sogar wenn du mich gar nicht willst, ja. Ich kümmere mich um die Kinder, schau! Ich bin jetzt erwachsen, Magda, bitte, sieh es doch. Sie sah es, oder würde es sehen, bald, ohne Zweifel; sie würde, Viktor spürte es. Denn es war Fakt. Der neue Viktor: stabil einbetoniert, eine neue, bessere Persönlichkeit, unübersehbar. Er würde bald wieder bei ihr und den Mädchen einziehen. Er würde sie heiraten. Mit einem riesigen, rauschenden Hochzeitsfest. Und es würde alles gut werden, alles würde gut, bald würde alles gut.

Josi war mit Karl zusammengezogen. Fühlte sich richtig an für sie, es machte alles einfacher, plus, Karl konnte gut kochen, und er war lustig. Das konnte sie gerade gut brauchen: lustig, unbeschwert, normal. Auch weil Lisbeth ihr alles erzählte: die ganze Viktor-Scheiße, immer und immer wieder, und sie es sich angehört hatte, weil Lisbeth ihr leidtat, das arme Ding. Aber es würde vorbeigehen, irgendwann, es würde besser werden, es würde Lisbeth wieder bessergehen, und Josi passte auf sie auf. Sie erzählte Lisbeth nichts von ihrer eigenen Viktor-Geschichte, und sie machte die winzige Eifersucht, die Lisbeths Berichte in ihr auslösten, mit sich selber aus. Es war okay. Sie hatte jetzt Karl, und der Sex mit ihm war gut, besser als der mit Viktor je gewesen war.

Viktor traf Josi noch einmal, ein Jahr oder so nach dem großen Crash. Nach der großen Explosion. Ein paar Monate, nachdem Josi von Viktor einen Brief bekommen hatte, ein paar hastig hingeworfene Zeilen, die müde klangen und sehr verzweifelt, in denen er sich entschuldigte (wofür?) und ihr in ein paar Sätzen auch die Sache mit Lisbeth gestand. Die sie von Lisbeth schon wusste. Sie solle ihm, schrieb Viktor, bitte keine Mails schicken (tat sie ohnehin nie), ihn auch bitte nicht anrufen (genauso wenig) und bloß keine SMS. Irgendwann, Monate später, rief er sie auf einmal an, von einer Festnetznummer, und sie trafen sich.

Er sah verändert aus, so glatt und ganz ohne Bart. Sauber irgendwie. Und geläutert, in seinem offensichtlichen Schmerz. Und dann erzählte er ihr die ganze Geschichte, das ganze fürchterliche Drama, nicht nur die Lisbeth-Sache, auch ein bisschen was von anderen Frauen, von denen auch Josi nichts gewusst hatte, aha. Und wie er nun sein Leben völlig geändert hatte. Er erzählte ihr von seiner Arbeit und von dieser Sexsüchtigen-Therapie, die er da machte, und wie er um Magda kämpfte und um seine Familie, und wie wichtig ihm das nun alles sei. Wie sehr er Magda liebe, dass sie die Frau seines Lebens sei und dass er das nun endlich wisse. Und ganz tief drinnen spüre. Und wie sehr er sich wünsche, dass seine Frau – er nannte sie jetzt immer seine Frau, das hatte er früher nie – zu ihm zurückkehre, und dass er glaube, sie seien ganz knapp davor. Es brauche nicht mehr viel. Dass er Magda getroffen habe, vor ein paar Tagen, sie sei mit ihm essen gegangen, in dem Restaurant, in dem sie zum ersten Mal miteinander verabredet waren, beim ersten Date, und sie habe seinen Antrag zwar nicht angenommen, aber sie sei auch nicht aufgestanden und davongelaufen wie die Male davor. (Ach so, du machst das jetzt öfter? Ja, das war das fünfte oder sechste Mal.)

Und er hoffe, sagte Viktor mit ganz klarem Blick. Und er glaube. Denn er wisse jetzt, wo er zu Hause sei. Es tue ihm so schrecklich leid, was er Magda angetan hatte. Er sei ihr treu jetzt, er sei vollkommen bei ihr. Und er sei es gern. Er gehe nicht mehr so viel aus. Keine Drogen mehr, wenig Alkohol. Er kümmere sich sehr um die Kinder, verbringe viel Zeit mit ihnen, beschäftige sich mit den Mädchen und ihren Problemen, und es mache ihm Freude. Es sei ihm ernst. Er habe, sagte Viktor, während er sich eine Zigarette anzündete, sein Leben von Grund auf geändert, seine Parameter. Er könne selbst nicht mehr glauben, was er für ein Arschloch gewesen sei, die ganze Zeit davor. Der Schock habe ihn aus den Schuhen gehoben, er sei ein anderer geworden.

Josi glaubte es Viktor. Sie sah ihn an: Er wirkte tatsächlich verändert, reiner irgendwie, sauberer, auch wenn das vermutlich nur an der ungewohnten Bartlosigkeit lag. Aber er überzeugte Josi, er überzeugte sie durch die lautere Ernsthaftigkeit, mit der er ihr alles erzählte. Jetzt außer vielleicht, dass er dabei nackt neben ihr lag, mit dem $MAGDA\text{-}4EVER$-Schriftzug auf der Brust und mit schlaffem Penis, frisch gevögelt.